Hans-Jürgen Fuß

RÜGEN

Ein Wanderführer

Mit Hiddensee

grünes herz

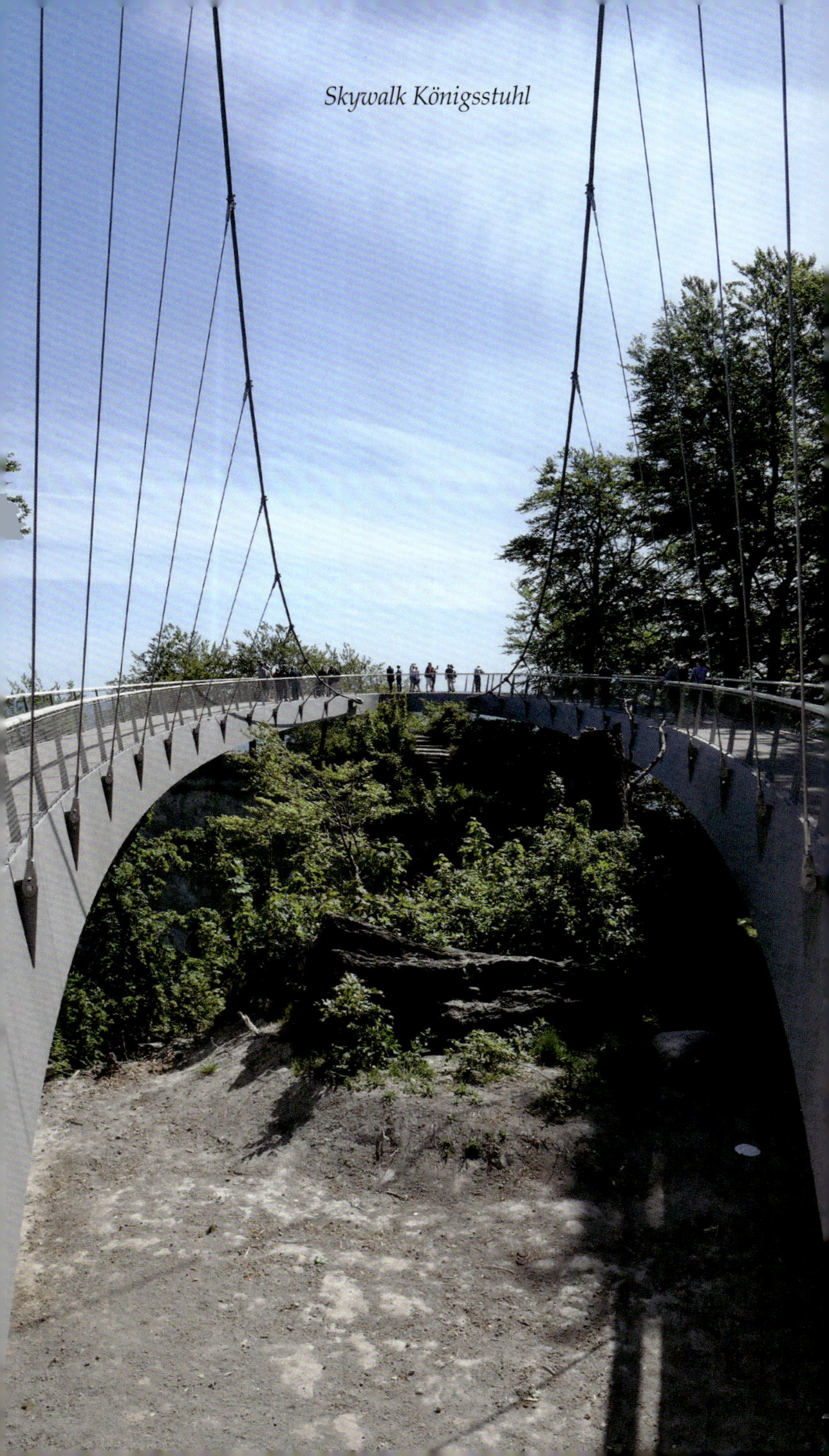

Skywalk Königsstuhl

Inhaltsverzeichnis

Zeichenerklärung

- Eisenbahnlinie mit Bahnhof
- Eisenbahnlinie stillgelegt
- Schmalspurbahn "Rasender Roland"
- Industriegleis
- 96 Bundesstraße
- Wichtige Verbindungsstraße
- Hauptstraße; Nebenstraße
- Treppe; Weg; Pfad, Schneise
- Fährlinie, Schifffahrt
- Grenze Nationalpark/Biosphärenreservat
- Grenze Nationalpark Schutzzone I (dürfen nur unter Führung oder gar nicht begangen werden)
- Grenze UNESCO-Weltnaturerbe (Buchenurwälder der Karpaten und Alte Buchenwälder Deutschl.)
- NSG Grenze Naturschutzgebiet (NSG)
- Siedlungsfläche
- Garten/Grünanlage
- Wald/Park
- Wiese
- Sumpf, Schilf
- Sandstrand
- Sperrgebiet
- 2 – 30 Tiefenlinie; Höhenlinie (Abstand 10m)
- 90 Höhenpunkt, Berg
- Steinbruch; Halde; Böschung; Damm
- Kleine Reliefformen (Felsen; Kuppe; Loch)
- Wallanlage; Hügelgrab
- Großsteingrab; Findling
- Für Kfz gesperrt; Durchgang verboten
- Schutzhütte; Rastplatz

- Aussichtsturm; Funkturm
- Aussicht; Aussichtsplattform
- Leuchtturm
- Windmühle; Windkraftanlage
- Information
- Baudenkmal/Gutshaus
- Denkmal
- Schloss/Burg; Ruine
- Museum; Galerie
- Kirche; Technisches Denkmal
- Kapelle; Friedhof
- Bergwerk; Turm
- Freilichtbühne; Theater
- Hofladen
- Ausflugsgaststätte (Auswahl)
- Imbiss; Café (Auswahl)
- Hotel/Pension (Auswahl)
- Feriendorf; Herberge
- Jugendherberge
- Campingplatz
- Wohnmobilstellplatz
- Reiterhof; Storchennest
- Sportplatz; Tennisplatz
- Golfplatz; Minigolf
- Kegelbahn; Bowling
- Sommerrodelbahn; Grillplatz
- Hochseilgarten; Skateranlage
- Flugplatz; Wetterstation
- Grenzübergang, Zollstelle

- Nationalparkinfo; Naturdenkmal
- Hervorragender Baum
- Park; Tierpark
- Parkplatz; Tankstelle
- Parkhaus; Parken und Reisen
- Fahrrad-; Bootsvermietung
- Badestrand, Bademöglichkeit; FKK
- Hallenbad; Erlebnisbad
- Kurhaus; Hundestrand
- Segeln/Surfen; Kitesurfen
- Fischereihafen; Sportboothafen
- Wassermühle; Quelle
- Hecht Angeln; Fischvorkommen
- Klärwerk
- Sonstige Sehenswürdigkeit
- Gefahrenstelle; Bushaltestelle (Auswahl)
- Klinik/Krankenhaus/Reha
- Signalfeuer
- autofreie Zone
- Deutsche Alleenstraße

Fernradwege

- Ostseeküsten-Radweg (798km/D)
- D-Route 2 (1189km/Ostseeküstenroute)
- Hamburg-Rügen (ca. 550km)
- Rügen-Rundweg; -Traverse

Fernwanderwege

- E10 Europäischer Fernwanderweg E10 (von Finnland nach Spanien)
- E9 Europäischer Fernwanderweg E9 (Europäischer Küstenweg, Ostseeküstenwanderweg)

Wanderwege

- Heilige Stätten Nord (14,2km)
- Heilige Stätten Mitte (40,5km)
- Heilige Stätten Ost (36km)
- Heilige Stätten West (30,3km)
- Silber des Meeres Rügen Hiddensee (7,7km)
- Silber des Meeres West (69,5km)
- Silber des Meeres Nord (80,1km)
- Silber des Meeres Ost (51,9km)
- Romatisches Rügen Nord (16,2km)
- Romatisches Rügen Mitte (18,6km)
- Romatisches Rügen Süd (34km)
- Rügens "Weißes Gold" (26km)
- Rügens "Weißes Gold" Abkürzung (5,1km)
- Tagesetappe Hiddensee (13,9km)
- Tagesetappe Wittow (12,8km)
- Tagesetappe Garz (12,6km)
- Hochuferweg Stubnitz-Nationalpark Jasmund (12,6km)
- Bodden Panoramaweg (26,5km)
- Weg durch die Granitz (9km)
- Zickersche Berge (9,6km)
- Bergen Nonnensee (4,9km)

Pilgerwege

- Jakobsweg; Heilige Birgitta v. Schweden

- Tourenverlauf

- 398 / 6034 UTM-Koordinaten der Zone 33 (WGS 84, Ost- u. Hochwert in km)

Der vorliegende Wanderführer enthält neunzehn Rund- und sechs Streckentouren. Die Rundtouren können auch an anderen als den empfohlenen Startpunkten beginnen.

Die Tourenbeschreibungen sind bewusst sehr ausführlich und detailgenau abgefasst: Das Rügener und Hiddenseer Wandergebiet ist riesig – leider gibt es immer noch keine einheitliche Ausschilderungen oder Wegmarkierungen. Während in den letzten Jahren die Anzahl von hilfreichen Wegweisungs- und Hinweisschildern stark zugenommen hat, sind die herkömmlichen farbigen Wegmarkierungen – bis auf ganz wenige stark frequentierte Wanderwege – vernachlässigt worden. Die in den handelsüblichen Wanderkarten enthaltenen Wegmarkierungen sind in der Realität oft nicht mehr vorhanden, verblasst oder sehr lückenhaft. In allen Tourenbeschreibungen werden die am Weg aufgestellten Wegweiser und Hinweisschilder (meist ausschnittweise) korrekt zitiert (z. B. „Wegweisung Bobbin").

Die zu jeder Tour bereitgestellten Tourenskizzen basieren auf der Wanderkarte „Rügen und Hiddensee" (Maßstab 1:50.000) oder auf der Fahrradkarte „Rügen und Hiddensee" (Maßstab 1:75.000) aus dem Verlag *grünes herz*®.

Neben den Wegbeschreibungen gibt es zu jeder Tour Hintergrundinformationen zu Orten, Sehenswürdigkeiten, Einrichtungen u. a. (grün unterlegt) sowie Tipps zu Wegvarianten und Abstechern (blau unterlegt).

In dem jeder Tourenbeschreibung vorangestellten Informationsblock werden unter den Rubriken „Einkehr" und „Sehenswertes" nur die Gastbetriebe und Sehenswürdigkeiten genannt, die direkt am beschriebenen Wanderweg liegen. Die bei einigen Gastbetrieben gegebenen „Empfehlungen" sind persönliche Einschätzungen des Autors.

Schwierigkeitsgrad der Touren:

■ leicht ■ mittel ■ schwer

Putbus – Von der „Modellstadt Später Klassizismus“ zum Wreechensee

Kultur und Natur bestimmen in gleichem Maß die Rundwanderung. Wir besuchen die Sehenswürdigkeiten der ehemaligen Residenzstadt Putbus und lernen eine abwechslungsreiche, weitgehend ursprüngliche Landschaft am Rügischen Bodden kennen.

Start/Ziel: Putbus, Parkplatz am Circus
An-/Abfahrt mit öffentlichen Verkehrsmitteln:
ab/bis Circus Putbus mit den Buslinien 30 (aus/in Richtung Bergen/Stralsund) und 31 (in/aus Richtung Bergen), ab/bis Bahnhof Putbus mit dem „Rasenden Roland“ (in/aus Richtung Göhren/Binz), der „Pressnitztalbahn“ (in/aus Richtung Bergen)
Anforderungen: leichte Rundwanderung auf überwiegend breiten Wander-, Feld- und verkehrsarmen Fahrwegen.
Für Familien mit Kindern geeignet.
Streckenlänge: 10,7 Kilometer
Anstiege/Abstiege: 80 Höhenmeter
Einkehr: außerhalb von Putbus Hotel-Restaurant „Nautilus“ in Neukamp
Karte: Blatt „Bergen, Putbus“
Sehenswertes: Klassizistische Bauten und Schlosspark in Putbus, Kopfweidenallee in Neuendorf, Hochufer Neuendorfer Kiefern, Wreechensee, Kunstort alte Wassermühle in Wreechen

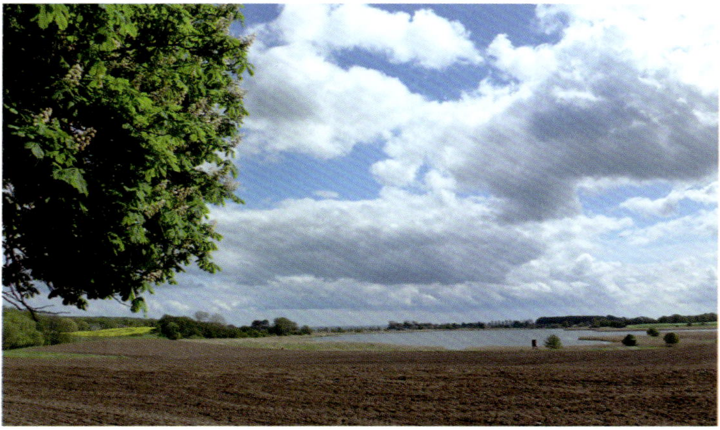

Wreechensee bei Glowitz

Putbus, die „weiße Stadt auf Rügen“, gilt als die letzte planmäßig angelegte Residenzstadt in Europa. Bereits seit 1253 Stammsitz der Freiherrn von Putbus entsprach dieser immer weniger dem gesellschaftlichen Stellenwert der Familie – so empfand es jedenfalls der junge **Graf Wilhelm Malte I.** (1783–1854). Nach dem Vorbild der Sommerresidenz des Herzogs von Mecklenburg-Schwerin, Doberan-Heiligendamm, wurde der 1808 begonnene Ausbau der Residenz mit der Neugründung eines Seebades (Lauterbach) verbunden – der weitgereiste Fürst war nicht nur kunstverständig, er verstand auch etwas vom „Geschäft“. Den Mittelpunkt der fürstlichen Stadtanlage bildet der Circus (1828–45). Um den riesigen kreisrunden Platz gruppieren sich fünfzehn zwei- und dreigeschossige klassizistische Gebäude. Im Zentrum der streng geometrisch gegliederten Anlage erhebt sich ein 19 Meter hoher **Obelisk** (1845), der an die Residenzgründung erinnern soll. Am großen **Markt** reihen sich um das **Rathaus** zahlreiche, fein herausgeputzte klassizistische Bauten. Das klassizistische **Theater** (1819/21) gehört zu den schönsten Spielstätten Nordeuropas. Die Zeit verbringen kann man überall auf Rügen, die Zeit erleben nur im **Historischen Uhren- und Musikgeräte-Museum**. Die **Orangerie** (1824/Umgestaltung 1853) geht auf einen Entwurf des preußischen Baumeisters **Karl Friedrich Schinkel** zurück. Sie wird gegenwärtig für wechselnde Ausstellungen genutzt (alle *Alleestraße*). Die **(Schloss-)Kirche** gibt es erst seit 1891, zuvor diente das spätklassizistische Gebäude als Kurhaus mit Tanzsalon und Spielsaal (1846) (Zugang von der *Alleestraße*). Der einstige **Marstall** (1821/24) wird gegenwärtig als Austragungsort kultureller Veranstaltungen genutzt, deren Highlight das alljährlich stattfindende „Rossini-Opernfestival“ ist. Im ehemaligen **Affenhaus** (1830) werden heute anstelle der bemitleidenswerten Tiere Puppen und Spielzeuge ausgestellt (beide *Kastanienallee*). Der 1730 angelegte **Schlosspark** wurde zwischen 1805 und 1825 nach Plänen von **Wilhelm von Humboldt** zum englischen Landschaftspark umgestaltet. Er beherbergt neben einem Wildgehege zahlreiche dendrologische Kostbarkeiten. Wo aber ist das Schloss? Aus bestem Carrara-Marmor gemeißelt steht **Fürst Wilhelm Malte I.** seit 1859 auf einem szenischen Sockelrelief einsam auf der Schlosswiese und schaut auf das, was von seinem **Schloss** heute übriggeblieben ist: die Terrasse am Schwanenteich. Ein vorhandenes Barockschloss ließ der Fürst nach Plänen des Berliner Baumeisters **Johann Gottfried Steinmeyer** 1827–32 umbauen und erweitern. Nach einem vernichtenden Brand wurde der ehemals klassizistische Schlossbau im gründerzeitlichen Stil neu errichtet (1867–72). Der Neubau diente der fürstlichen Familie bis 1945 als Wohnsitz. Nach wechselvoller Verwendung wurde das Schloss 1960–64 aus ideologischen („Symbol der Ausbeutergesellschaft") und finanziellen Gründen dem Erdboden gleichgemacht.

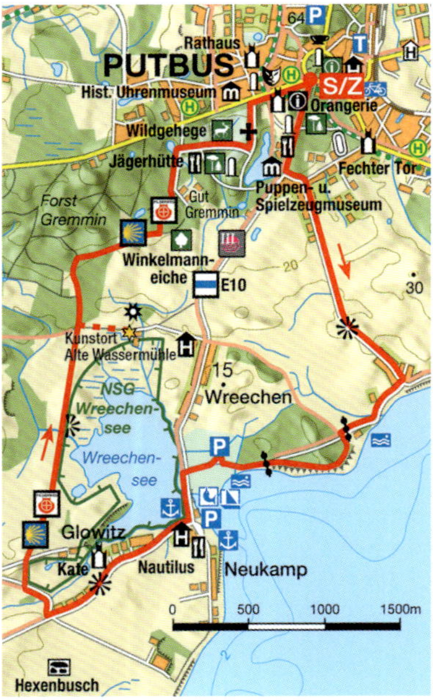

Vom **Parkplatz am Circus** gelangen wir in die asphaltierte *Kastanienallee*, auf der wir der *Wegweisung Neuendorf* folgend in den **Schlosspark** eintauchen. Alsbald passieren wir das **Denkmal des Fürsten Wilhelm Malte I.** Wir bummeln am **Marstall** vorbei, schauen auf den **Schwanenteich** und gelangen schließlich zum **Affenhaus**. Hinter dem Museum verlassen wir den **Schlosspark**. Wir zweigen nach links in den *Wreechener Weg*. Nach wenigen Metern gelangen wir nach rechts in den *Neuendorfer Weg*. Auf Höhe des letzten Hauses geht der anfänglich asphaltierte in einen geschotterten Fahrweg über. Durch eine sanft hügelige Felderlandschaft erreichen wir das am **Rügischen Bodden** gelegene verträumte **Neuendorf**. Vor der Badestelle folgen wir mit *Wegweisung Neukamp* einem beidseitig von wunderschönen, über einhundert Jahre alten Kopfweiden gesäumten Betonspurweg nach rechts. An einem stattlichen Ferienhaus vorbei erreichen wir die **Neuendorfer Kiefern**. Wir verlassen den Forstweg nach wenigen Metern nach links und folgen einem Pfad (Hinweisschild: „Steilufer - Vorsicht Absturzgefahr") zum ausgeprägten Hochufer. Unweit der Abbruchkante schlängelt sich der Pfad durch einen wunderschönen

Küstenwald. Beeindruckende Blicke auf das zerklüftete Steilufer und den davor liegenden wilden Naturstrand wechseln mit weitreichenden Aussichten. Linker Hand reicht der Blick auf die Insel **Vilm** sowie die Küstenlinie des **Rügischen Boddens** mit der **Goor**. Zum Greifen nah zeigt sich rechter Hand unser Zwischenziel, die Siedlung **Neukamp**. Auf Höhe einer kleinen Bucht gelangen wir vom Hochuferpfad zurück auf den (zuvor verlassenen) Forstweg. Linkshaltend erreichen wir einen großen Parkplatz (Badestrand Wreechen). Über diesen hinweg stoßen wir auf eine schmale Landstraße am schilfumsäumten Ufer des **Wreechensees**.

Der während der letzten Eiszeit aus einem Toteisblock entstandene **Wreechensee** ist heute eine lagunenartige Bucht des Rügischen Boddens. Der unter Naturschutz gestellte Brackwassersee ist mit seinem breiten Röhrichtgürtel ein wichtiges Brut-, Rast- und Überwinterungsrevier für zahlreiche (Wasser-)Vogelarten.

Der Straße nach links folgend passieren wir die zum **Biosphärenreservat Südost-Rügen** gehörende **Informationsstelle Netzschuppen Neukamp** samt aussichtsreich am Bodden gelegenem Rastplatz. Über eine Holzbrücke, die die Verbindung des **Wreechensees** mit dem **Rügischen Bodden** überspannt, erreichen wir die kleine Siedlung **Neukamp**. Neben einigen hübschen reetgedeckten Fischer- und Bauernkaten lohnt das „Innenleben" des **Hotel-Restaurants „Nautilus"** einen Blick: Die Ausstattung des gastronomischen Betriebes gleicht bis ins kleinste Detail dem Unterwasserboot „Nautilus" aus Jules Vernes Roman „20000 Meilen unter dem Meer". Vor dem Gasthaus zweigen wir mit *Wegweisung Altkamp* nach rechts auf einen Betonspurweg. Mit schöner Sicht auf den **Wreechensee** wandern wir an einigen hübschen (Ferien-)Häusern entlang. Durch sanft hügeliges Ackerland gelangen wir schließlich hinauf zur kleinen Siedlung **Glowitz**. An der Kreuzung folgen wir der *Wegweisung Krakvitz* nach rechts auf einen leicht abfallenden Schotterweg. Durch eine hügelige Felderlandschaft erreichen wir eine Weggabelung. Mit *Wegweisung Putbus* folgen wir dem rechten Weg. Der überwiegend von prächtigen Eichen gesäumte alte Landweg führt leicht ansteigend durch die Feldmark. An einer Wegkreuzung stoßen wir auf eine steinerne Sitzgruppe und eine **Bildtafel**. Auf dieser ist das 1824 entstandene Gemälde „Blick über den Wreechener See nach Putbus" von **Caspar David Friedrich** abgebildet.

Caspar David Friedrich (1774–1840) gilt als der bedeutendste Maler der deutschen Romantik. Sieben Mal weilte er zwischen 1801 und 1826 auf Rügen. Auf mehrtägigen Wanderungen (be)suchte er die Naturschönheiten der Insel – Kreidefelsen, Boddenlandschaften, Baumgruppen. Die dabei erstellten zahllosen Skizzen verarbeitete er in vielen seiner Gemälde.

Wir setzen unsere Wanderung geradeaus durch eine Allee aus uralten Eichen und Kastanien fort. Rechter Hand zeigt sich der **Wreechensee** - von **Putbus** ist allerdings nichts zu sehen. Nach Durchquerung einer feuchten Senke führt der Landweg in leichtem Auf und Ab zu einer Kreuzung.

Abstecher: Kunstort Alte Wassermühle

Mit *Wegweisung Galerie Alte Wassermühle* zweigen wir auf einen breiten, von stattlichen Kastanien gesäumten Feldweg. Wir passieren einen über-

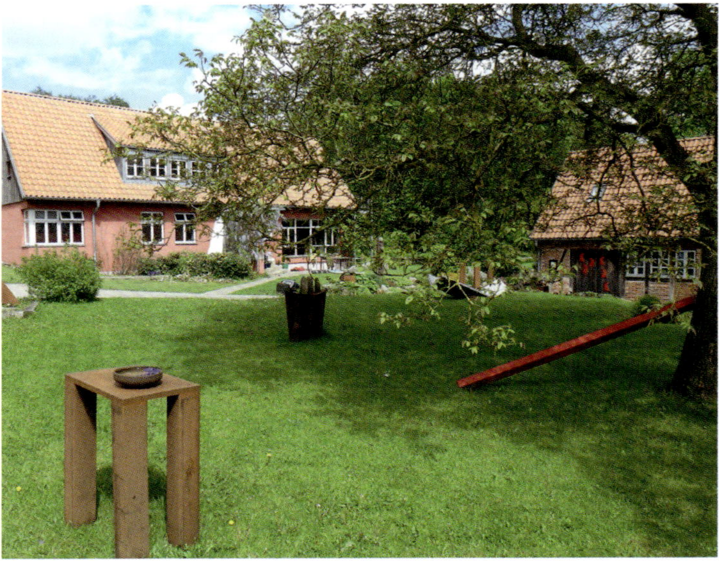

 Gesamtkunstwerk „Kunstort Alte Wassermühle"

dachten Rastplatz, von dem aus sich eine großartige Sicht auf den **Wreechensee** bietet. Nach wenigen Schritten haben wir den **Kunstort Alte Wassermühle** erreicht (Mehraufwand insgesamt 0,8 Kilometer).

Eine gewaltige Plastik am Wegesrand zeigt unmissverständlich, worum es am **Kunstort Alte Wassermühle** vor allem geht: Skulpturen und Bilder aus Stahl. Wo 600 Jahre lang eine heute nicht mehr existierende Wassermühle stand, hat sich der auch international tätige Stahlplastiker **Bernard Misgajski** mitten in der Natur ein lebendiges „Gesamtkunstwerk" geschaffen: In einem liebevoll gestalteten Skulpturenpark finden die „großen" Werke des Künstlers einen angemessenen Raum. „Kleinere" Arbeiten werden in der in einem ausgebauten Stall entstandenen Werkstattgalerie ins „rechte Licht" gerückt. Gelegentlich wird die Galerie für Ausstellungen von Werken anderer Künstler genutzt. Der KUNSTORT ist Treffpunkt der von Misgajski mitgegründeten **Künstlergruppe „E6"**, die die inzwischen seltene Tradition des Emaillierens von Stahl pflegt.

Mit *Wegweisung Putbus Schlosspark* folgen wir geradeaus einem breiten, leicht ansteigenden Waldweg. Bei einer Weggabelung wählen wir den rechten Weg, überqueren mit einer Brücke einen kleinen Bachlauf. In offenem Gelände passieren wir nacheinander eine große Villa und eine aussichtsreich gelegene Bank. Bei einer weiteren Weggabelung wählen wir den linken Weg. Im Wald überqueren wir mit einer Brücke einen kleinen Graben und bleiben bei einer weiteren Weggabelung geradeaus auf dem Hauptweg. Dieser mündet auf Höhe der **Försterei** in einen breiten Forstweg, dem wir nach links bis vor das **Wildgehege** folgen. **Putbus** ist erreicht. Der *Wegweisung Circus* folgen wir nach rechts. Am **Wildgehege** entlang passieren wir die **Gaststätte „Jägerhütte"** und gelangen in den **Schlosspark**. Über eine Kreuzung geradeaus hinweg steuern wir den **Schwanenteich** an. Dem Querweg folgen wir mit *Wegweisung Markt* nach links. Auf einem sanft ansteigenden Pflasterweg kommen wir zur **Schlosskirche**. Durch eine imposante Lindenallee gelangen wir zu einer großen Treppe, über die wir die *Alleestraße* erreichen. Vis-a-vis liegt der **Markt**. Rechts haltend passieren wir das **Theater** und die **Orangerie**. Sanft ansteigend schlendern wir am Rande des Schlossparks zurück zum **Parkplatz am Circus**.

Baabe – Vom Baaber Bollwerk nach Lauterbach

Die lange Wanderung am Rügischen Bodden mit seinen beiden Ausbuchtungen Having und Stresower Bucht bietet viel Abwechslung – mit Moritzdorf, Seedorf, Neu Reddevitz und Groß Stresow beschauliche Siedlungen, ständig wechselnde Landschaften und Aussichten, historisch bedeutsame Stätten und am Ziel ein überaus reizvolles Angebot: Auf dem Wasserweg können wir mit der „Weißen Flotte“ zum Baaber Bollwerk zurückkehren.

Start: Baabe, Parkplatz am Baaber Bollwerk
Ziel: Lauterbach, Hafen
An-/Abfahrt mit öffentlichen Verkehrsmitteln:
ab/bis Bahnhof Baabe mit dem „Rasenden Roland“ (in/aus Richtung Göhren/Binz) und der Buslinie 20 (aus/in Richtung Bergen/Sellin und Göhren), ab/bis Bahnhof Baabe zum/vom Baaber Bollwerk mit „Uns Lütt Bahn“ (Ortsbahn Baabe)
Rückfahrt mit öffentlichen Verkehrsmitteln:
ab Hafen Lauterbach mit der „Weißen Flotte“zum Baaber Bollwerk oder mit der „Pressnitztalbahn“ zum Bahnhof Putbus und weiter mit dem „Rasenden Roland“ zum Bahnhof Baabe
Anforderungen: lange und anstrengende Streckentour auf leichten Feld- und Waldwegen sowie verkehrsarmen Rad- und Fahrwegen. Für Familien mit Kindern unter 12 Jahren bedingt geeignet.

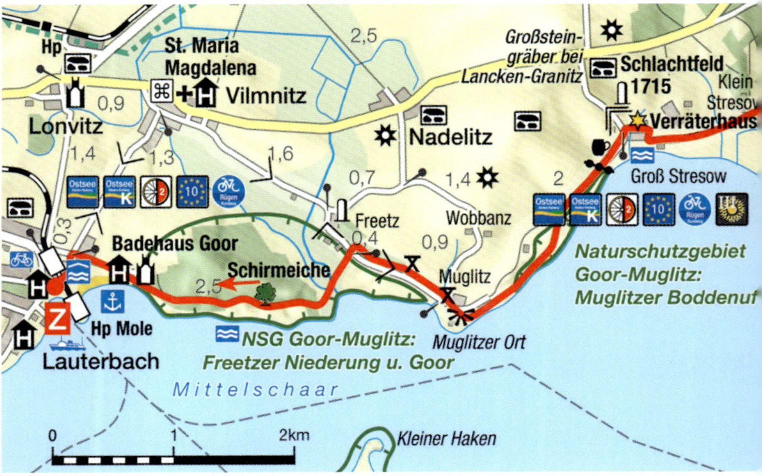

Streckenlänge: 18,5 Kilometer
Anstiege/Abstiege: 130 Höhenmeter
Einkehr: außerhalb von Baabe und Lauterbach Hotel-Restaurant „Solthus am See" und Fischimbiss „Lütt Matten" am Baaber Bollwerk, Restaurant „Seedorf 13", Gasthaus „Drei Linden" und „De Seedörper Fischräucherei" in Seedorf, Hofladen und Café „Klein Stresow" in Klein Stresow, „Haases Eishütte" in Groß Stresow
Karten: Blatt „Mönchgut, Granitz" und Blatt „Bergen, Putbus"
Sehenswertes: Bollwerk in Baabe mit der Ruderbootfähre, Moritzdorf, Seedorf, Neu Reddevitz mit Fischanlandeplatz, Gräberfeld von Lancken-Granitz, Gräberfeld Ziegensteine, Stresow, Badehaus Goor in Lauterbach

„Fährmann, hol över!" – mit der Ruderbootfähre gelangen wir mühelos hinüber ins beschauliche **Moritzdorf**. Die am Fuß eines bewaldeten Höhenrückens liegende ehemalige Fischer- und Bauernsiedlung wurde 1841 von **Fürst Wilhelm Malte I. zu Putbus** (→ S. 7) gegründet. Zwischen schmucken Häusern zur Rechten und gepflegten Gärten zur Linken bummeln wir auf der gepflasterten Dorfstraße bis zum Ende des denkmalgeschützten Zeilendorfes. Auf Höhe des ehemaligen **Hotel-Restaurants „Moritzdorf"** lohnt der Blick auf die hauseigene Wiese, auf der zahlreiche geschützte Orchideenarten (z. B. Geflecktes Knabenkraut, Natternzunge) prächtig gedeihen. Nach ein

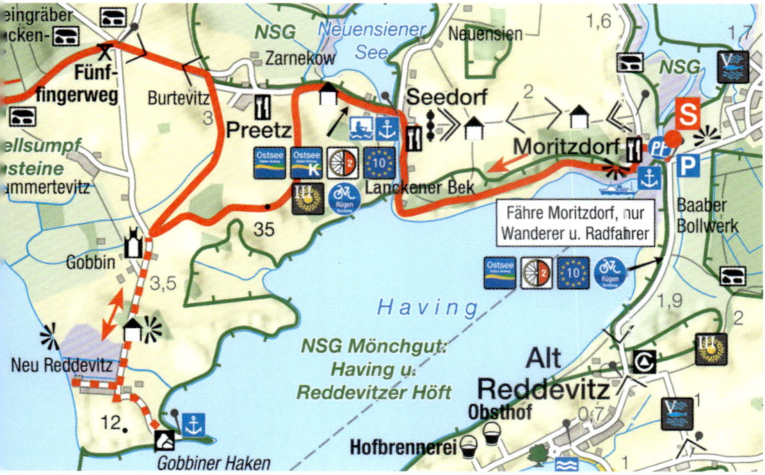

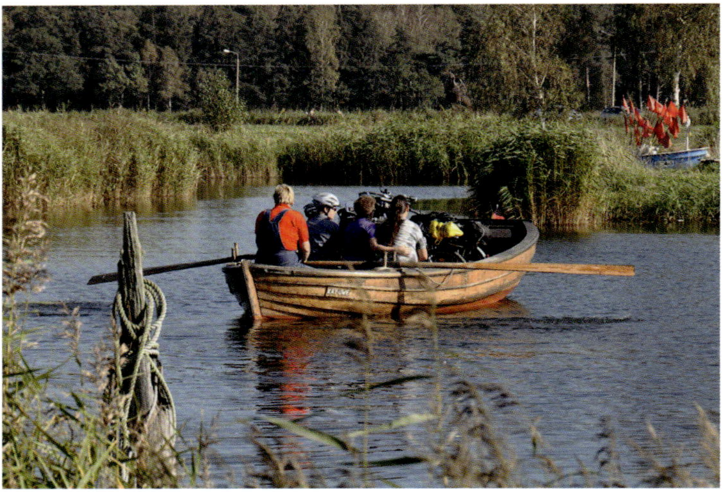

Ruderbootfähre Moritzdorf

Das **Baaber Bollwerk** (zum Ort → S. 49) ist eine bereits 1813 erbaute Hafenanlage an der Baaber Bek, der Verbindung der Having mit dem Selliner See. Der 2014 umfassend sanierte Hafen bietet Ausflugsschiffen eine moderne Anlegestelle sowie der Sportschifffahrt einen sicheren Liege- und Rastplatz. Unweit der eigentlichen Hafenanlage befindet sich die Anlegestelle der seit 1891 existierenden **Fähre** zwischen dem Baaber Bollwerk/Baabe und Moritzdorf. Über die an dieser Stelle nur 38 Meter breite Baaber Bek werden Personen und Fahrräder per Muskelkraft transportiert (bei starkem Andrang und widrigen Bedingungen auch mit Motorhilfe).

paar Metern Wiesenpfad passieren wir die steile, 174-stufige Treppe hinauf zur **Moritzburg** – die Anstiegsmühen werden mit einer großartigen Aussicht auf das **Baaber Bollwerk**, die **Baaber Heide** und über die **Having** auf das **Reddevitzer Hövt** und die **Zickerschen Berge** belohnt. Mit und ohne den Abstecher folgen wir mit *Wegweisung Seedorf über Küstenweg Having* einem ebenen, zweimal von einer längeren Bohlenwegpassage unterbrochenen Wanderweg. Der schmale Weg führt zunächst am Schilfsaum der **Having** entlang, ehe er in leichtem Auf und Ab den bewaldeten Uferhang quert. Vor einer aussichtsreich gelegenen Rastbank wendet sich der Weg deutlich nach rechts. Linker

Hand begleitet uns nun ein bewaldeter Kamm, der jeglichen Blickkontakt zur **Having** „unterbindet“, rechter Hand dehnt sich eine von Bäumen und Sträuchern überzogene Hochfläche aus. Dank eines kurzen „Durchschlupfs“ gelangen wir an das schilfgesäumte Ufer der **Having**. Am Fuß des bewaldeten **Weißen Bergs** erreicht der Küstenweg alsbald die **Lanckener Bek**. Die in der Eiszeit entstandene, beidseitig von Endmoränen begrenzte Strömungsrinne verbindet die **Having** mit dem **Neuensiener See**. An ihrem östlichen Hang liegt das beschauliche **Seedorf**.

Das um 1800 entstandene Bauern- und Fischerdorf **Seedorf** war im 19. Jahrhundert ein bedeutender Werftstandort, in dem leistungsfähige Schiffe aus Holz gebaut wurden. In dem 1892 gegründeten Seedorfer Schifferverein versammelten sich die zahlreichen ortsansässigen Kapitäne. Heute bietet das liebevoll gepflegte Dorf mit seinen neuen Hafenanlagen zahlreichen Freizeitkapitänen einen naturnahen Liegeplatz. Die wenigen Berufsfischer haben sich zu einer Genossenschaft zusammengeschlossen – frisch angelandeter Fisch bestimmt die Speisekarten der Dorfgastronomie.

Alte Fischerhäuser und moderne Ferienhäuser zur Rechten, akkurat gepflegte Grünanlagen mit verschwiegenen Anlandeplätzen am schilfgesäumten Ufer der **Lanckener Bek** zur Linken begleiten uns auf dem Weg zum „Dorfzentrum“ am Hafenplatz. Hier lockt der vor allem wegen seiner leckeren Fischgerichte beliebte alte **Gasthof „Drei Linden“** mit einer großen Terrasse und einer maritim gestalteten Gaststube. Nicht nur frisch zubereitete Fischbrötchen gibt es in **„De Seedörper Fischräucherei“**. Auf Höhe des **Hauses „Zur Brücke“** folgen wir der *Wegweisung Lancken-Granitz* nach links. Die neue Fußgänger- und Radfahrerbrücke ermöglicht nicht nur die Überquerung der **Lanckener Bek**, von ihr bieten sich großartige Ausblicke auf **Seedorf** und den **Neuensiener See** (→ S. 52). Auf einem Betonspurweg setzen wir unsere Wanderung fort. Nachdem wir eine überdachte Unterstandshütte passiert haben, zweigen wir mit *Wegweisung Neu Reddevitz* nach links auf einen spürbar ansteigenden Feldweg. Im „Rückspiegel“ bietet sich uns eine weitreichende Sicht auf **Lancken-Granitz**, die **Granitz** mit dem **Jagdschloss** und den **Neuensiener See**. Kaum haben wir die mit Buschwerk und Bäumen bestandene Kuppe überschritten, überrascht uns eine wunderschöne Sicht über das sich vor uns ausbreitende Feldermeer hinweg auf die **Having** und die **Halbinsel Reddevitz**. Leicht rechts haltend folgen wir dem beidseitig von Buschwerk und einzelnen Bäumen eingefassten Weg ohne nennenswerten Höhenverlust. Wir queren ein ausgedehntes Feld und gehen links an einem kleinen Wald entlang. Zuletzt leicht abfallend mündet der Feldweg in einen breiten Querweg.

Abstecher: Neu Reddevitz

Mit *Wegweisung Neu Reddevitz* folgen wir dem Querweg nach links bis zur wenig befahrenen Straße und gelangen mit gleicher Wegweisung nach **Gobbin**. Nachdem wir das 1828 erbaute, 2004 denkmalgerecht sanierte **Gutshaus Gobbin** passiert haben, steigt die schmale Straße hinauf zur bewaldeten Kuppe des **Teschenbergs**. Von dem überdachten Rastplatz bietet sich über die Felder hinweg eine schöne Aussicht auf die **Having** und die **Stresower Bucht**. Mühelos geht es hinab nach **Neu Reddevitz**.

Das Straßendorf **Neu Reddevitz** entstand erst 1815, als einige Fischerfamilien aus Baabe und Alt Reddevitz hier siedelten. Noch heute leben die wenigen Bewohner teilweise vom Fischfang – existenzsichernd ist auch der „Beifang" in Form von Ruhe und Einsamkeit suchenden Touristen.

Am Ortseingang folgen wir zunächst der *Wegweisung Fischanlandeplatz* geradeaus zum Wendeplatz. Von diesem gehen wir nach links auf einem anfänglich geschotterten Feldweg bis zum **Fischanlandeplatz** – „Hafen" wäre für das sich bietende, motivreiche Stillleben auch ein unangemessener Begriff. Der weltabgeschiedene Platz am **Gobbiner Haken** mit seinen schönen Aussichten über die **Having** und den **Rügischen Bodden** sowie auf die **Halbinsel Reddevitz** bietet sich für eine Rast geradezu an. Mit etwas Glück können wir ein Seeadlerpärchen beim Jagen beobachten. Ausgeruht gehen wir auf dem Hinweg zurück zum Ortseingang von **Neu Reddevitz**. Wir folgen nun der kopfsteingepflasterten Dorfstraße durch das pikfeine Zeilendorf bis an die **Stresower Bucht**. Vom schmalen Naturstrand bietet sich eine schöne Sicht über die Bucht hinweg zur **Insel Vilm**, in der Ferne ist unser Tourenziel **Lauterbach** auszumachen.
Auf dem Hinweg gehen wir zurück bis zur Straßengabelung hinter **Gobbin** (Mehraufwand insgesamt 4,9 Kilometer, 40 Höhenmeter).

Das in der Bucht stehende ungewöhnliche Bauwerk ist eine auf 600 Holzpfählen gründende, 700 Quadratmeter große künstliche Insel, die zu DDR-Zeiten als **Entmagnetisierungsstation** genutzt wurde: Wenn ein Schiff über eine in zehn Meter Tiefe liegende Kabelschleife fuhr, wurde es entmagnetisiert und war damit vor Magnetminen „geschützt". Heute befindet sich das Bauwerk in privatem Besitz.

Rechts haltend folgen wir dem Querweg mit der *Wegweisung Großsteingräberfeld* an ausgedehnten Feldern entlang nach **Burtevitz**. Vor dem gleichnamigen **Reiterhof** stoßen wir auf einen Betonspurweg, auf den wir mit *Wegweisung Groß Stresow* nach links einschwenken. Über eine Kuppe hinweg erreichen wir am Rand der **Großsteingräber von Lancken-Granitz** den **Fünffingerweg**. Vom Wegkreuz folgen wir mit *Wegweisung Groß Stresow* einem breiten Forstweg in das Waldgebiet der **Stresower Tannen**. Nach

Die inmitten weitläufiger Felder und Wiesen liegenden, von kleinen Baumgruppen beschatteten **Großsteingräber von Lancken-Granitz** gehören zum größten und am besten erhaltenen jungsteinzeitlichen Gräberkomplex auf Rügen. Die sieben, in Ost-West-Lage ausgerichteten Megalithgräber gewähren aufgrund ihrer unterschiedlichen Bauweisen einen guten Einblick in jungsteinzeitliche Grabkultur.

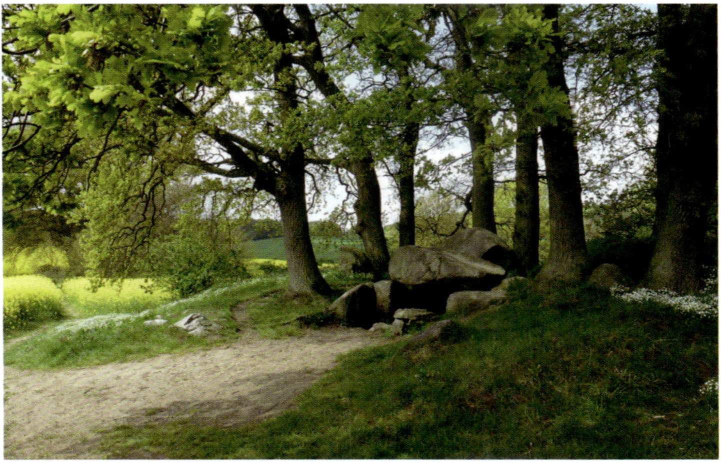

Großsteingräber von Lancken-Granitz

kurzer Wegstrecke passieren wir das am Rand des kleinen **Naturschutzgebietes Quellsumpf Ziegensteine bei Groß Stresow** gelegene **Großsteingrab Ziegensteine** samt einladendem Rastplatz. Nach einer weiteren Rasthütte gabelt sich der Weg. Auf dem linken Weg gelangen wir aus dem Wald hinaus. Mit weitreichender Sicht über die **Stresower Bucht** wandern wir durch ausgedehntes Weideland an der neuen **Feriensiedlung Kein Stresow** (mit Hofladen und Café) vorbei nach **Groß Stresow**.

Das erstmals 1381 erwähnte ehemalige Bauerndorf **Groß Stresow** ist ein idyllischer und geschichtsträchtiger Ort. An seinem Strand vollzog sich 1715 die preußisch-dänische Seelandung, die der Schwedenherrschaft nach 177 Jahren ein Ende setzte. Zum Gedenken an diese Schlacht wurde 1855 auf dem Berg oberhalb des Dorfes eine **Preußensäule** mit der überlebensgroßen Statue des Preußenkönigs **Friedrich Wilhelm IV.** errichtet. Heute steht die Originalstatue neben dem Neubau des ehemaligen **Stresower Verräterhauses**, der im Stil eines Rügenschen Rauchkaten erstellte Reetdachbau wird als Museum und Gemeinschaftshaus genutzt.

Auf der gepflasterten Dorfstraße passieren wir das **Verräterhaus** samt **Statue** des Preußenkönigs, folgen einem Querweg mit *Wegweisung Lauterbach* nach links und erreichen nach wenigen Schritten **„Haases Eishütte"** am einladenden Naturstrand. Dorfaus setzen wir unsere Wanderung auf einem asphaltierten Fuß- und Radweg fort. Rechter Hand begleiten uns ausgedehnte Felder, linker Hand genießen wir eine weitreichende Sicht über die **Stresower Bucht**. Im **Naturschutzgebiet Goor-Muglitz: Muglitzer Boddenufer** steigt der Weg bis zur kleinen Siedlung **Muglitz** spürbar an. An der Wegkreuzung folgen wir dem durch eine Schranke „gesicherten" Weg mit *Wegweisung Putbus* geradeaus. Mit schöner Sicht über den **Rügischen Bodden** auf die an dieser Stelle zum Greifen nahe **Insel Vilm** erreichen wir eine Weggabelung. Mit *Wegweisung Lauterbach* gelangen wir nach links in das **Naturschutzgebiet Goor-Muglitz: Freetzer Niederung und Goor**. Auf einem von bizarr geformten, alten (Kopf-)Weiden gesäumten Wanderweg erreichen wir die **Freetzer Niederung**. Mit Brückenhilfe überqueren wir einen Graben, passieren einen aussichtsreich am Bodden gelegenen Rastplatz und gelangen in den überwiegend aus Rotbuchen und Stieleichen bestehenden **Goorer Wald**. Dort folgen wir mit *Wegweisung Badehaus* dem **Pfad der Muße und Besinnung**, einem Projekt der **Michael Succow Stiftung zum Schutz der Natur**. Der unweit der Abbruchkante des bewaldeten Steilufers entlang führende Pfad mündet in einen breiten

Im Jahr 1818 eröffnete das **Badehaus Goor** als erstes Warmbad auf der Insel – Fürst Wilhelm Malte I. zu Putbus kam damit dem Bedürfnis seiner zahlreichen Gäste nach, in richtigem Meerwasser plantschen zu können. Nach umfangreichen Umbauten im Jahr 1833 präsentierte sich das Badehaus als ein zweigeschossiger klassizistischer Bau, dessen fünfzig Meter lange Front aus einer von achtzehn mächtigen dorischen Säulen getragenen monumentalen Vorhalle besteht. Als das Baden in der offenen See in Mode kam, verlor nicht nur das Badehaus sondern auch der Badeort Lauterbach seine Anziehungskraft – die Gäste und den Fürsten zog es an den feinsandigen Strand von Binz (→ S. 67f). Das Badehaus erfuhr in der Folgezeit zahlreiche Umbauten und wurde vielfältig genutzt – so diente es von 1958 bis 1990 als Betriebsferienheim. Nach jahrelangem Leerstand und danach erfolgten aufwändigen Sanierungen und Rekonstruktionen erstrahlt das in das neu erbaute Hotel „Badehaus Goor" integrierte ehemalige Badehaus wieder in alter Pracht.

Querweg. Links haltend gelangen wir zum **Hotel „Badehaus Goor"** und damit nach **Lauterbach**. Rechts an der Hotelanlage vorbei erreichen wir die hier nicht ausgewiesene *Fürst-Malte-Allee*. Mit schöner Sicht auf die 1997 eröffnete **Marina Lauterbach** mit ihren schwimmenden Ferienhäusern und „Pfahlhaus-Suiten" bummeln wir auf dem straßenbegleitenden Fußweg bis zum Abzweig eines breiten, zum **Yachthafen** führenden Weges. Nach wenigen Metern verlassen wir diesen und folgen einem nach rechts abzweigenden gepflasterten Fahrweg. An zahlreichen Appartementhäusern und Freizeitanlagen vorbei gelangen wir zum hier nicht ausgewiesenen *Vilmnitzer Weg*, auf dem wir nach links unter einer Bahnbrücke hindurch zur *Chausseestraße* kommen. Auf dieser wenige Meter nach links erreichen wir den von unserem geschäftstüchtigen Fürsten 1835 angelegten **Lauterbacher Kommunalhafen**. Hier liegen hoffentlich schon das **MS „Sundevit"** oder das **MS „Sellin"** für unsere Rückfahrt bereit …

Baabe – Vom Baaber Bollwerk zum Reddevitzer Höft

Die Rundwanderung führt uns zunächst über die Halbinsel Reddevitz. Von Rügens längster und schmalster Landzunge bieten sich über die Boddengewässer Having und Hagensche Wiek hinweg ständig wechselnde großartige Ausblicke. Im „Hinterland" der Halbinsel besuchen wir die alte Fischersiedlung Middelhagen, die sich trotz spürbarem Tourismus ihre Ursprünglichkeit erhalten hat.

Start/Ziel Baabe, Parkplatz am Baaber Bollwerk
An-/Abfahrt mit öffentlichen Verkehrsmitteln:
ab/bis Bahnhof Baabe mit dem „Rasenden Roland" (in/aus Richtung Göhren/Binz) und der Buslinie 20 (aus/in Richtung Bergen/Sellin und Göhren), ab/bis Bahnhof Baabe zum/vom Baaber Bollwerk mit „Uns Lütt Bahn" (Ortsbahn Baabe)
Anforderungen: Lange Rundwanderung mit zwei spürbaren Anstiegen auf überwiegend breiten Wander-, Wald-, Rad- und verkehrsarmen Fahrwegen. Für Familien mit Kindern unter 12 Jahren bedingt geeignet. Die Tour kann auch in zwei etwa gleich lange leichte Rundwanderungen aufgeteilt werden: Alt Reddevitz – Reddevitzer Höft – Alt Reddevitz und Baaber Bollwerk – Alt Reddevitz – Middelhagen – Baaber Bollwerk.
Streckenlänge: 19,5 Kilometer
Anstiege/Abstiege: 140 Höhenmeter
Einkehr: Hotel-Restaurant „Solthus am See" und Fischimbiss „Lütt Matten" am Baaber Bollwerk, Restaurant „Kliesow's Reuse", Restaurant-Café „Am Wasser", Kaffee- und Teestube „Pokenstuv" und Café „moccavino" in Alt Reddevitz, Gaststätte „Having-Hof" am Reddevitzer Höft, Café „Kojenhus" und Gasthof „Zur Linde" in Middelhagen
Karte: Blatt „Mönchgut, Granitz"
Sehenswertes: Bollwerk in Baabe, Dreiseithof in Alt Reddevitz, Steilküste Reddevitzer Höft, Schafberg, Hofstellen in Kleinhagen, Kirche, Schulmuseum, Hallenhaus und die „Mönchgut Keramik" in Middelhagen, Herzogsgrab

Vom **Parkplatz** am **Baaber Bollwerk** (→ S. 14) gehen wir rechts am architektonisch auffälligen **Hotel „Solthus am See"** vorbei zum Anleger an der **Baaber Bek**. Großartig ist der Blick hinüber nach **Moritzdorf** und auf die auf einer bewaldeten Kuppe thronende **Gaststätte„Moritzburg"**. Vor dem **Sportboothafen** gelangen wir links haltend auf einen asphaltierten Fuß- und Radweg. Ausgedehntes Weideland zur Linken, das schilfgesäumte Ufer

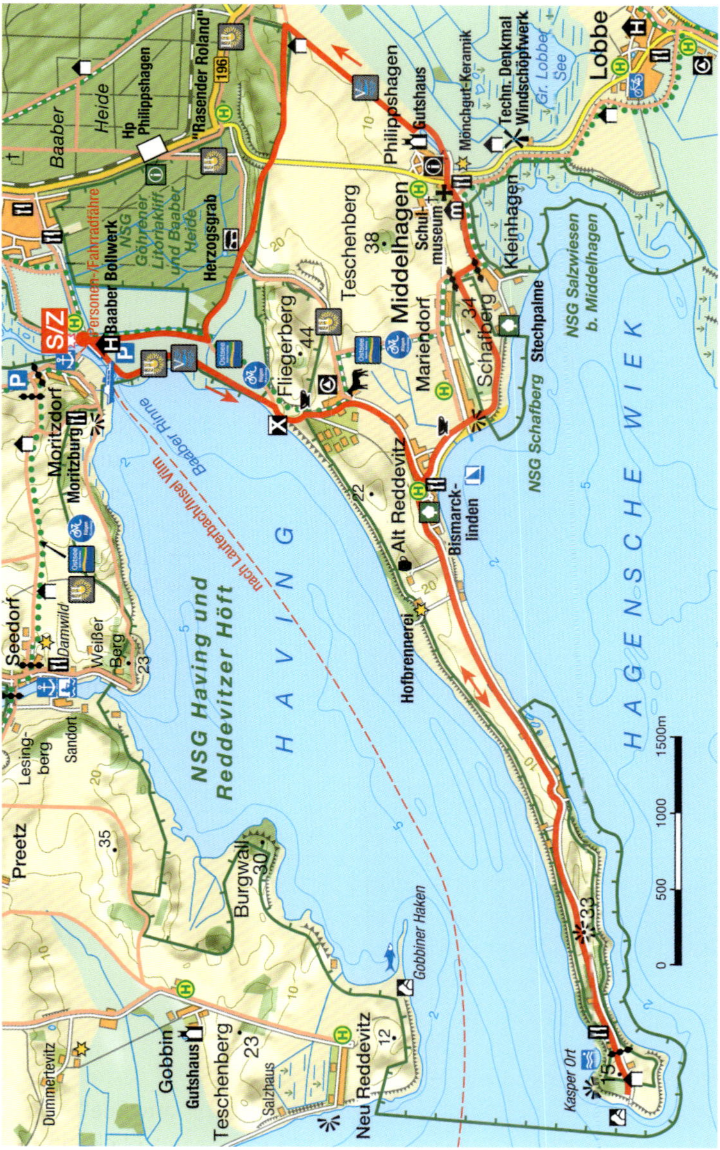

der **Having** zur Rechten steuern wir einen teilweise bewaldeten Höhenrücken an. Ein dreizehnprozentiger Anstieg endet in einer Kammsenke – der aussichtsreich gelegene Rastplatz kommt für uns noch zu früh. Etwas weniger steil führt uns der weiterhin asphaltierte Weg hinab durch den nostalgischen **„Naturcampingplatz Alt Reddevitz"**. Vor der **„P-Ranch"** stoßen wir auf einen Fahrweg, dem wir mit *Wegweisung Alt Reddevitz* nach rechts in das angezeigte Dorf folgen. Über die Dorfstraße gelangen wir zu einem kleinen Platz im hübschen Zentrum des ehemaligen Fischerdörfchens. Mehr als nur einen Blick lohnt **„Kliesow's Reuse"**. Das urige (Fisch-)Restaurant ist in einer aus dem 17. Jahrhundert stammenden Scheune untergebracht. Diese gehört zusammen mit dem Wohnhaus und Stall zu einem original erhaltenen Dreiseithof. Das benachbarte **Restaurant-Café „Am Wasser"** punktet mit dem, was sein Name verspricht: Traumlage am Ufer der **Hagenschen Wiek**. Mit *Wegweisung Reddevitzer Höft* gelangen wir zu einem Wendeplatz am „Einstieg" des „Langen Wechs" zum angezeigten Höft.

Die **Halbinsel Reddevitz**, eine in der letzten Eiszeit entstandene Endmoräne, ist eine über vier Kilometer lange und nur 200 bis 500 Meter breite Landzunge im Rügischen Bodden. Südlich der überwiegend landwirtschaftlich genutzten Halbinsel liegt die Hagensche Wiek, nördlich erstreckt sich die vollständig unter Naturschutz gestellte Having. Gleichen Schutzstatus besitzen die gesamte Nordküste und Teile der Südküste der Halbinsel. Im Westen endet die Landzunge in einem über dreißig Meter hohen Steilufer, dem Reddevitzer Höft. Der Name der Spitze wird gelegentlich auch für die gesamte Halbinsel verwendet.

Der Weg zum Höft ist über weite Strecken ein breiter Betonspurweg. Zur Rechten begleiten uns zur anfänglich nicht sichtbaren **Having** hin ansteigende Wiesen und Felder, zur Linken genießen wir über die **Hagensche Wiek** hinweg eine schöne Sicht auf die **Zickerschen Berge**. Den kurzen Abstecher hinauf zur **„Mönchguter Hofbrennerei ‚Zur Strandburg'"** sollten wir auf dem Rückweg in Erwägung ziehen. Mit Erreichen der **Ferienanlage „Haus Berlin"** steigt der nun beiderseits von schmalen Feldern gesäumte Weg kräftig an. Die Aufstiegsmühen werden mit einer

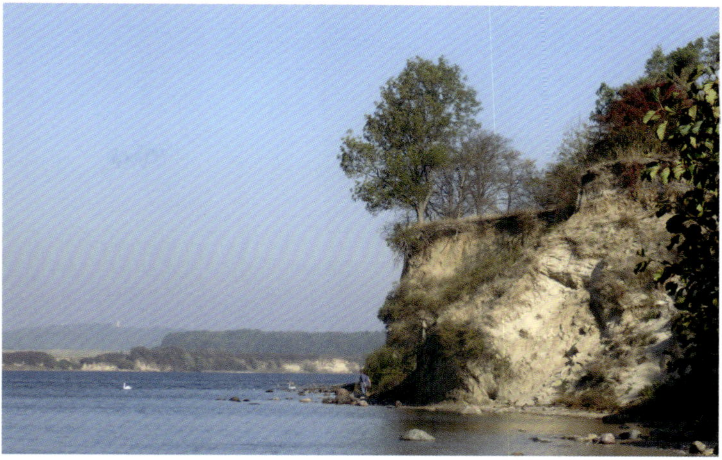

Reddevitzer Höft

großartigen Rundsicht auf die **Having** und die **Hagensche Wiek** belohnt. Auf einem gepflasterten Weg durchqueren wir ein Wäldchen. Wieder in offenem Gelände wandern wir hinab zu einer Feriensiedlung mit der einladenden **Gaststätte „Having-Hof"**. Auf einem schmalen Wanderweg erreichen wir am Rand eines ausgedehnten Feldes alsbald **Lütthöft**, wie die Höftspitze genannt wird. Wenige Meter abseits des überdachten Rastplatzes bietet sich eine großartige Sicht auf das wilde Steilufer. In der Ferne zeigen sich über den **Rügischen Bodden** hinweg der Küstenabschnitt von **Lauterbach** bis **Neu Reddevitz** und die Insel **Vilm**. Eine Treppe führt hinab zum schmalen und steinigen Strand.

Auf dem Hinweg kehren wir mit neuen Blickperspektiven nach **Alt Reddevitz** zurück. Am kleinen Dorfplatz folgen wir der Asphaltstraße mit *Wegweisung Middelhagen* nach rechts. Der Grün- und steinige Badestrand an der **Hagenschen Wiek** lockt mit aussichtsreichen Rastplätzen. Schleckermäuler sollten das **„café-moccavino"** ansteuern. Die kleine Tortenmanufaktur („Meine Torten machen nicht schlank aber glücklich!") begeistert mit vielen selbstkreierten Backwerken. Ausgeruht und wohl gestärkt setzen wir unsere Wanderung Richtung **Mariendorf** fort. Die am Fuß des unter Schutz gestellten **Schafbergs** gelegene Kolonistensiedlung entstand Anfang des 19. Jahrhundert. Aus dieser Zeit stammen noch einige der Fachwerk-Traufenhäuser.

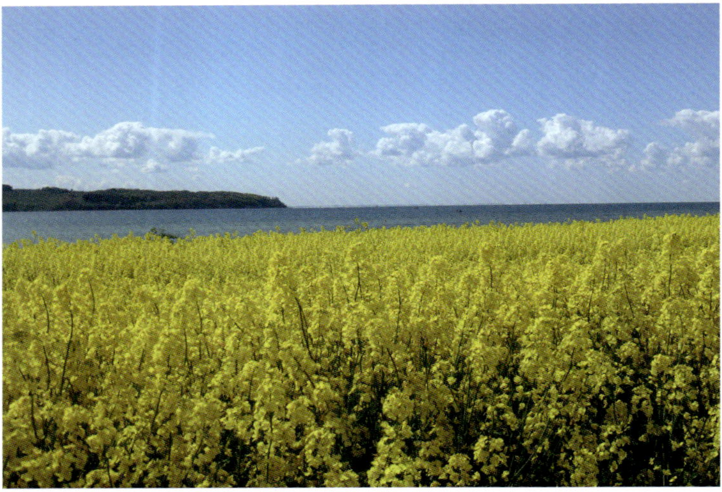

Blick von der Halbinsel Reddevitz über die Hagensche Wiek auf die Zickerschen Berge

Vor dem ersten Haus verlassen wir die Straße in ihrem Linksknick und folgen geradeaus einem Wiesenweg. Rechts am Grundstückszaun entlang passieren wir eine Hinweistafel („Kein öffentlicher Weg. Benutzung auf eigene Gefahr und jederzeit widerruflich gestattet.“). Unweit der Abbruchkante erklimmen wir auf einem schmalen Wiesenpfad den höchsten Punkt des kleinen Steilufers. Großartig die Sicht über die **Hagensche Wiek** hinweg auf das **Reddevitzer Höft** zur Rechten und die **Zickerschen Berge** zur Linken. Durch blumenreichen Magerrasen gelangen wir zu einer Weggabelung vor einem Gatter. Dem linken Pfad folgen wir rechts am Weidezaun entlang hinauf zur wenig ausgeprägten Kuppe des **Schafbergs**, wo sich uns eine weitreichende Rundumsicht bietet. Zunächst durch einen kleinen Kiefernwald, dann durch Magerrasen gelangen wir hinab zu einem Querweg. Nach links erreichen wir auf Höhe des letzten zu **Mariendorf** gehörenden Hauses einen breiten asphaltierten Weg, auf dem wir rechts haltend **Kleinhagen** ansteuern. Dort angekommen folgen wir der Querstraße nach links. Auf dem Weg nach **Middelhagen** passieren wir rechter Hand das **Naturschutzgebiet Mönchgut – Teilfläche Salzwiesen bei Middelhagen**, linker Hand reihen sich einige hübsche alte rohrgedeckte Hofanlagen und neuere Ferienhäuser.

Das um 1250 erstmals urkundlich erwähnte Dorf **Middelhagen** besitzt einen historischen wie idyllischen Dorfkern mit der „Dreieinigkeit" aus Kirche, Schul- und Gasthaus. Zur reichhaltigen Ausstattung der **St.-Katharina-Kirche** (1455), einer spätgotischen Feld- und Backsteinkirche, gehört der älteste Schnitzaltar Rügens (1480). Im angrenzenden Küsterhaus, einem um 1825 errichteten rohrgedeckten Fachwerkbau, ist das **Schulmuseum** untergebracht. Besichtigt werden können der Klassenraum einer einklassigen Dorfschule, die bis 1962 existierte, sowie die Wohnung des Dorfschullehrers. Ein besonderes Angebot ist die „Historische Schulstunde" – die Teilnehmer erhalten sogar ein Zeugnis (Anmeldung erforderlich). Das benachbarte niederdeutsche **Hallenhaus** (1740) repräsentiert die typische Bauweise eines alten Mönchguter Bauernhofes. Einige Exponate und Schautafeln geben einen Einblick in ein beschwerliches Landleben. Neben dem Hallenhaus steht das **Breedehaus**. Das vor über 200 Jahren als Altenteil erbaute einstöckige Siedlerhaus wird heute als (Sommer-)Galerie genutzt. Der **Gasthof „Zur Linde"** bezeichnet sich werbewirksam als das„älteste Gasthaus auf der Insel Rügen" … Gesichert ist hingegen, dass der Gasthof, der eine hauseigene Brauerei betreibt, unter dem Namen „Zum Störtebeker" in der TV-Serie „Ein Bayer auf Rügen" bekannt geworden ist.

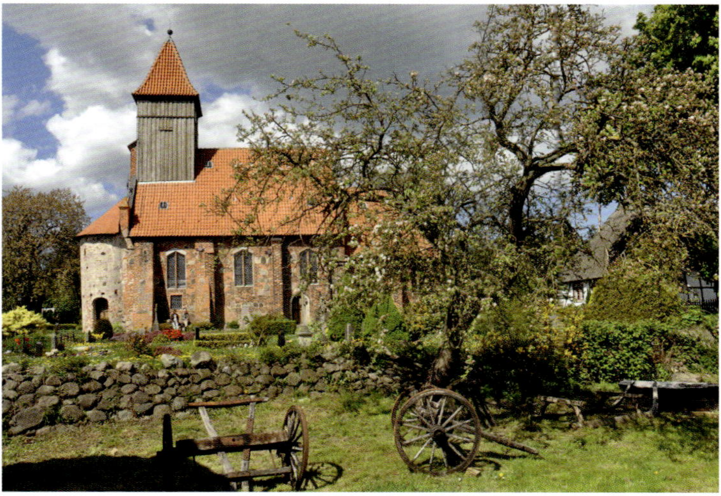

St.-Katharina-Kirche in Middelhagen

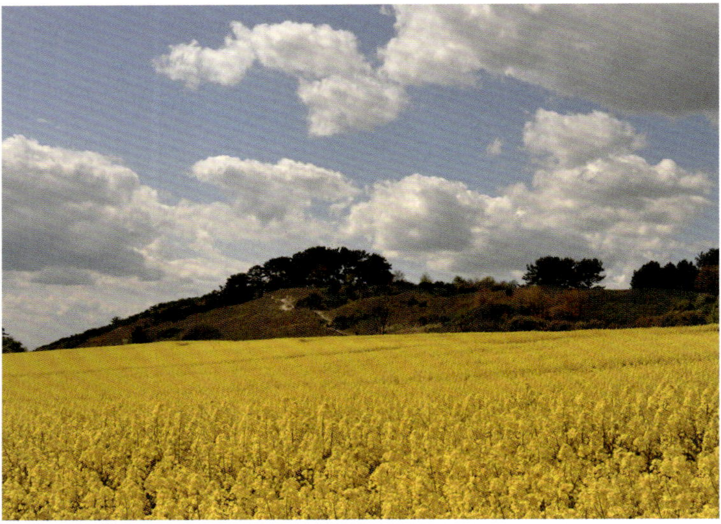

Naturschutzgebiet Schafberg

Vorsichtig überqueren wir die Hauptstraße. An der **„Mönchgut-Keramik"**, einem vielbesuchten „Gesamtkunstwerk" des Künstlers Thom Wilde, vorbei folgen wir einem als *Solidarität* ausgewiesenen Schotterweg. Große Holzskulpturen aus der nahen Werkstatt bereichern den am Dorfteich entlangführenden Weg. Bei einer ersten Weggabelung halten wir uns links, bei einer zweiten folgen wir mit *Wegweisung Ostseebad Göhren* einem Betonspurweg nach rechts. Durch weitläufige Felder und Wiesen steuern wir das Waldgebiet der **Baaber Heide** (→ S. 54) an. Hinter dem großen Rastplatz folgen wir dem nach links abzweigenden, gut begehbaren Reitweg. Am Waldrand gelangen wir zu einer schlecht einsehbaren Straße, die wir vorsichtig überqueren.

Die jungsteinzeitliche Megalithanlage, die im Volksmund als **Herzogsgrab** bezeichnet wird, liegt am südlichen Rand der Baaber Heide. Die vor etwa 4.000 Jahren entstandene Grabanlage wurde 1922 vom Lehrer Fritz Worm aus Alt Reddevitz entdeckt. Bei den danach erfolgten Untersuchungen durch Wissenschaftler der Universität Greifswald wurden zahlreiche Funde zu Tage gefördert. Diese befinden sich heute in der archäologischen Sammlung der Universität.

Geradeaus setzen wir unsere Wanderung auf dem weiterhin gut begehbaren Reitweg am Waldrand fort. Zuletzt geht es rechts haltend hinab zu einem breiten Forstweg, auf dem wir nach rechts zum **Herzogsgrab** gelangen.
Vor dem Hügelgrab folgen wir mit *Wegweisung Baaber Bollwerk* einem breiten Waldweg nach links. Nach wenigen Metern teilt sich der Weg. Wir gelangen auf dem linken Weg zu einer weiteren Weggabelung. Linkshaltend erreichen wir eine Stromtrasse. Nach dem ausgeprägten Rechtsschwenk des Hauptweges verlassen wir diesen nach zehn Metern nach links. Auf einem anfänglich breiteren Weg unterqueren wir die Stromtrasse. An einem Weidezaun entlang erreichen wir offenes Weidegelände und stoßen auf einen Wiesenweg. Diesem folgen wir mit *Wegweisung Baaber Bollwerk* an einem Graben entlang zum **Parkplatz** am angezeigten **Bollwerk - „Lütt Matten"**, Rügens originellster Fischimbiss, lohnt am Tourenziel mehr als nur einen Blick.

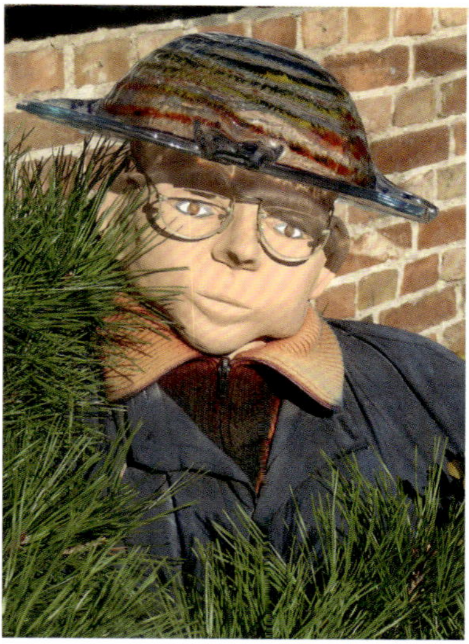

Freundliche Begrüßung vor der „Mönchgut-Keramik"

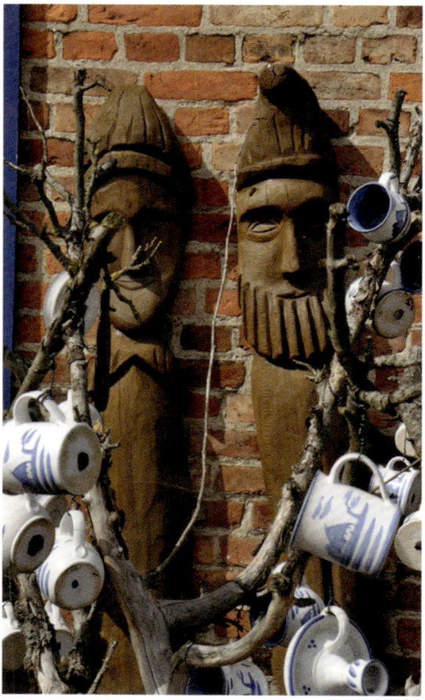

Vielfältiges Angebot der „Mönchgut-Keramik"

Groß Zicker – Über die „Zickerschen Alpen“

Mehr Panorama geht nicht - die Rundwanderung durch und über die Zickerschen Berge begeistert auf fast jedem Schritt mit wunderschönen Aussichten auf die abwechslungsreiche Boddenlandschaft des Mönchgutes und weit darüber hinaus.

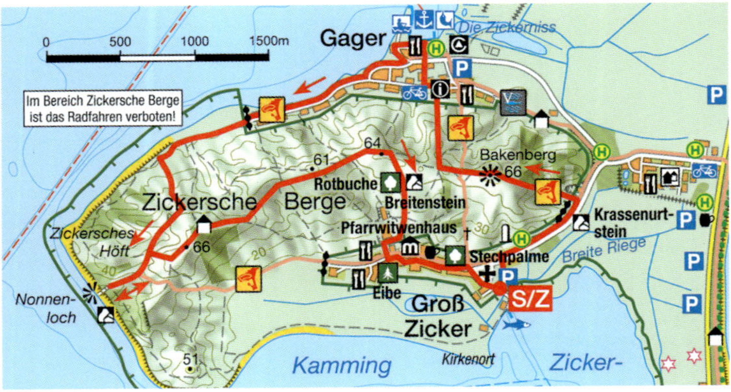

Start/Ziel: Groß Zicker, Parkplatz an der Dorfkirche
An-/Abfahrt mit öffentlichen Verkehrsmitteln:
ab/bis Buswendeplatz Groß Zicker mit der Buslinie 21 (aus/in Richtung Göhren)
Anforderungen: Relativ kurze, aber wegen zweier fordernder Anstiege anstrengende Rundwanderung auf leichten Wiesen-, Wald- und verkehrsarmen Fahrwegen. Für Familien mit Kindern unter 12 Jahren bedingt geeignet.
Streckenlänge: 10,3 Kilometer
Anstiege/Abstiege: 160 Höhenmeter
Einkehr: Gaststätte-Biergarten „Zollhaus“ in Gager, Fischimbiss „Zicke(r)n Eck“ und „Fischräucherei Dumrath“ in Groß Zicker
Karte: Blatt „Mönchgut, Granitz“
Sehenswertes: Kirche und Pfarrwitwenhaus in Groß Zicker, Fischereihafen und Bauernhäuser in Gager

Die vollständig zum **Naturschutzgebiet Mönchgut – Teilfläche Zicker** gehörende Halbinsel Groß Zicker ist abgesehen von den topfebenen Salzwiesen am Zickersee stark hügelig. Die Zickerschen Berge, von den Einheimischen liebevoll auch „Zickersche Alpen" genannt, haben im Bakenberg (69 Meter) und Zickerberg (66 Meter) ihre höchsten Erhebungen. Ursprünglich war die Hügellandschaft von dichtem Laubwald bedeckt. Nach intensiven Rodungen im Mittelalter entwickelte sich auf dem nährstoffarmen, sauren Boden mit den Mager- und Trockenrasen eine genügsame Vegetation. Heute erstreckt sich der im Frühsommer blütenreiche und von Schafen beweidete Mager- und Trockenrasen fast über die gesamte Hügelkette – einzelne Baumgruppen und kleine Wäldchen sorgen für Auflockerung. Einzig am Zickerschen Höft gibt es ein größeres Waldstück. Am südlichen Rand der Zickerschen Berge liegt das vollständig unter Denkmalschutz gestellte Straßendorf **Groß Zicker**. Die seit dem 12. Jahrhundert als „Siker" bekannte Siedlung der Fischer und Bauern besitzt mit der schlichten, spätgotischen **Backsteinkirche** (um 1360) das älteste Gebäude des Mönchgutes. Eine kostbare Barockkanzel (1653), interessante Bleiglasfenster und farbige Gewölberippen im Chor gehören zu den Sehenswürdigkeiten der kleinen Dorfkirche. Neben mehreren gut erhaltenen Dreiseithöfen verdient das **Pfarrwitwenhaus** besondere Beachtung. Das 1723 erbaute niederdeutsche Lehmfachwerkhaus ist Rügens besterhaltenes Zuckerhuthaus. Es wird heute als Museum und Galerie genutzt – der wunderschöne Bauerngarten vor dem Anwesen kennt keine Öffnungszeiten.

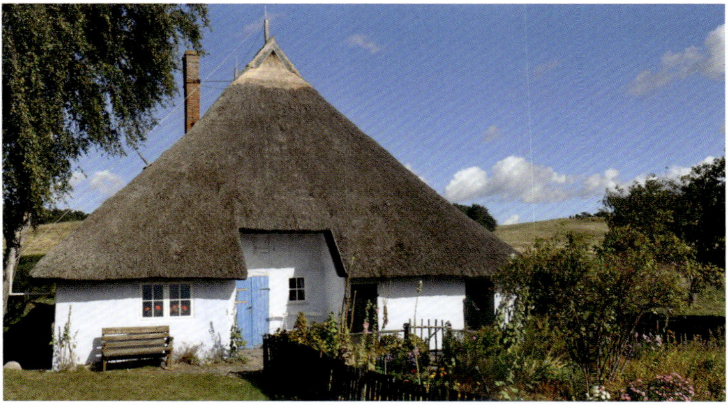

Pfarrwitwenhaus in Groß Zicker

Groß Zicker

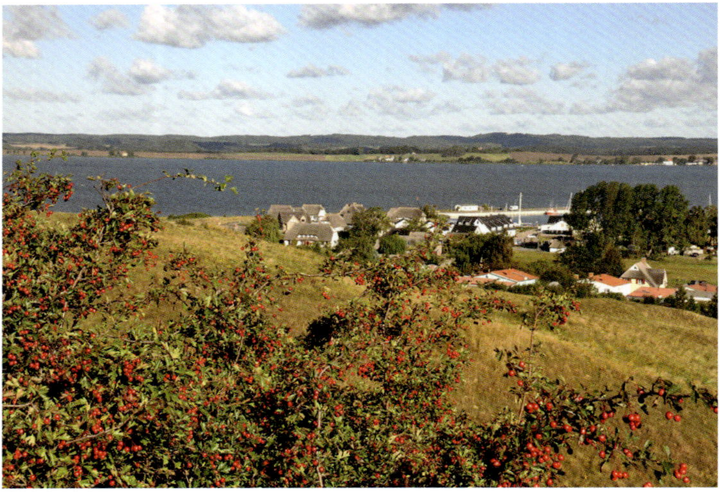

Blick vom Bakenberg auf Gager, die Hagensche Wiek und die Halbinsel Reddevitz

Vom **Parkplatz** an der **Dorfkirche** gehen wir zurück zu der hier nicht ausgewiesenen *Boddenstraße*. Dieser folgen wir nach rechts, passieren den Buswendeplatz und verlassen danach den Ortsbereich von **Groß Zicker**. Am Fuß des bewaldeten Hanges folgen wir der Straße, bis nach links mit *Wegweisung Bakenberg* ein Hohlweg abzweigt. Dieser geht über in einen spürbar ansteigenden Wiesenpfad durch das **Krassendal**, einem ausgeprägten Geländeeinschnitt. Mit jedem erklommenen Höhenmeter wächst die Aussicht. Zuletzt rechts an einem Feld entlang erreichen wir die Aussichtsplattform auf dem **Bakenberg**. Ein atemberaubendes Rund-um-Panorama lässt die Aufstiegsmühen schnell vergessen. Der Blick reicht über das gesamte **Mönchgut** und seine angrenzenden Gewässer, in der Ferne sind das **Ostseebad Sellin**, die **Granitz** mit dem gleichnamigen **Jagdschloss** und die ehemalige Residenzstadt **Putbus** auszumachen. Aus der „Tiefe" grüßen die Siedlungen **Groß Zicker** und **Gager**, unser nächstes Zwischenziel. Vom **Bakenberg** folgen wir dem Kammweg, halten uns bei einer Weggabelung rechts und gelangen in einen kleinen Kiefernwald. Nach wenigen Metern lotst uns die *Wegweisung Gager* nach rechts. Auf einem Wiesenweg steigen wir hinab in eine Mulde. Über einen Querweg geradeaus hinweg folgen wir einem schmalen Pfad, queren einen Wiesenhang und gelangen hinab in das Fischerdorf **Gager**. Links am **Bauhof** vorbei erreichen wir mit *Wegweisung Hafen* eine gepflasterte Querstraße. Mit gleicher Wegweisung folgen wir an der folgenden Straßengabelung dem rechten Fahrweg. Vor dem **Campingplatz „Am Bodden"** stoßen wir auf die Hauptstraße. Auf dieser gehen wir nach links bis zum Kreisverkehr, von wo wir nach rechts mit der Straße *Am Hafen* selbigen erreichen.

Rechts liegt der aufgeräumte **Fischereihafen** mit seiner liebevoll eingerichteten **„Traditionsecke"**, links erstreckt sich der große **Yachthafen**. Wir verlassen das Hafengelände links haltend, folgen der zur Hafenmole führenden Straße nach links. Wir passieren eine Neubausiedlung und zweigen nach rechts auf einen gepflasterten Damm, von dem wir eine schöne Sicht auf die **Hagensche Wiek** haben. Wir verlassen den Damm und setzen unsere Wanderung auf einer gepflasterten Straße nach rechts fort. Der Querstraße folgen wir mit *Wegweisung Nonnenloch* nach rechts auf den „Hochuferweg", einem mehrmals kurz ansteigenden schmalen Fahrweg. Linker Hand begleiten uns alte und neue, teils rohrgedeckte (Ferien-)Häuser, rechter Hand fällt das sich zunehmend ausprägende, abschnittsweise bewaldete Hochufer zur **Hagenschen Wiek** ab. Hinter dem letzten Haus geht der gepflasterte Weg in einen Feldweg über. Weideland zur Linken, das bewaldete Hochufer zur Rechten folgen wir diesem mit *Wegweisung Nonnenloch.* Vor einem Mischwald teilt sich der Weg. Wir setzen unsere Wanderung geradeaus auf dem schmalen Waldpfad fort. In freiem Wiesengelände folgen wir der *Wegweisung Nonnenloch* nach links. Bis zu einer Wegkreuzung steigt der Pfad kräftig an. Rechts haltend wandern wir auf dem Wiesenweg zunächst leicht

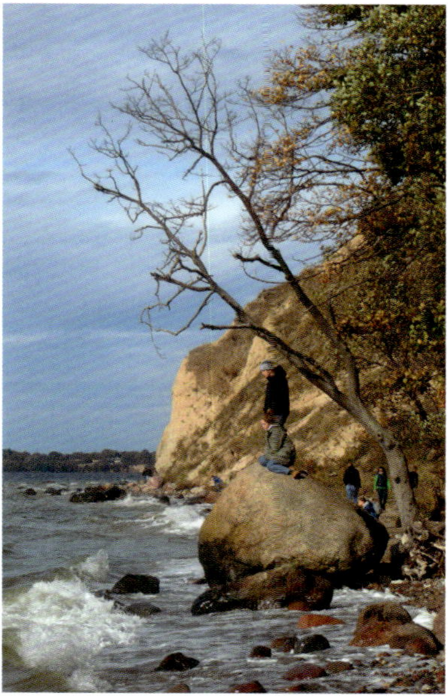

Naturstrand am Nonnenloch

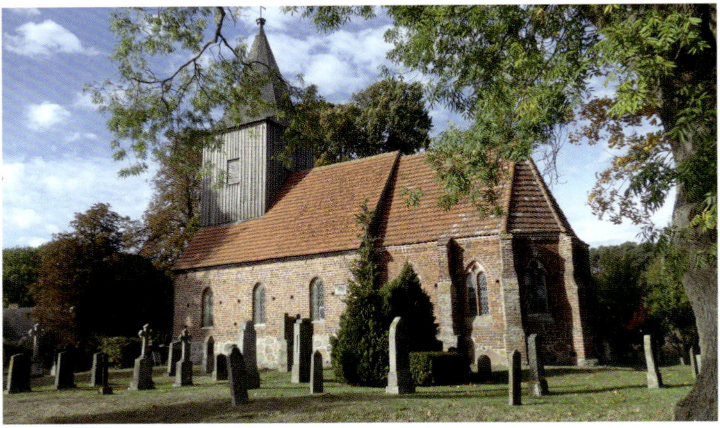

Dorfkirche Groß Zicker

ansteigend, dann hinab in ein teilweise bewaldetes Tal. Bei der nächsten Weggabelung folgen wir der *Wegweisung Nonnenloch* nach rechts - diese Wegverzweigung sollten wir uns gut einprägen. Ein kurzer Abstieg führt uns hinab ins **Nonnenloch**. Der Legende nach sollen sich hier Nonnen des **Bergener Klosters** heimlich mit Mönchen des **Klosters Eldena** getroffen haben … Vor einer Rastbank halten wir uns rechts und erreichen durch einen Hohlweg den oberen Rand des Steilufers. Dank einer steilen, 67-stufigen Holztreppe gelangen wir problemlos an den schmalen steinigen Strand, an dem sich zwei gewaltige Granitfindlinge als besonders fotogen präsentieren. Auf dem Hinweg gehen wir zurück bis zur hoffentlich noch präsenten Weggabelung. Dort folgen wir der *Wegweisung Aussichtspunkt* nach rechts und steigen auf einem Wiesenweg hinauf zur Kammhöhe, wo nach wenigen Metern links haltend der „Gipfel" des **Zickerbergs** erreicht ist. Wie nicht anders zu erwarten, werden die Aufstiegsmühen mit einer großartigen Aussicht belohnt - besonders schön ist die Sicht auf den **Thiessower Haken** mit dem **Südperd** und **Klein Zicker**. Im weiteren Wegverlauf passieren wir einen geodätischen Festpunkt, steuern einen Kiefernwald an und folgen am Waldrand einem breiten Wanderweg zu einem aussichtsreich gelegenen überdachten Rastplatz. Auf dem mit Wegtäfelchen (grünes Wandersymbol auf weißem Grund) gut ausgewiesenen *„Mönchguter Rennsteig"* setzen wir unsere Wanderung im Wiesengelände fort. Mit ständig wechselnden Aussichten bummeln wir in Kammnähe in leichtem Auf und Ab an zahlreichen Rastbänken vorbei bis zu einer Wegkreuzung mit Schilderbaum – vorher abzweigende Wege bleiben unbeachtet. Mit *Wegweisung Groß Zicker* folgen wir dem nach rechts abzweigenden Wanderweg. Links an einer prächtigen Rotbuche vorbei steigen wir im offenen Gelände abwärts zum **„Pommern-Hof Westphal"** in **Groß Zicker**.

Seit 1990 befasst sich der **„Pommern-Hof Westphal"** mit der Schafhaltung. Der mittlerweile in sechster Generation geführte Hof ist als Vertragspartner des Amtes für das Biosphärenreservat Südost-Rügen verantwortlich für die naturschutzgerechte Landschaftspflege und -nutzung der Zickerschen Berge. Für diese Aufgabe kommen ausschließlich Rauhwollige Pommersche Landschafe zum Einsatz. Die sehr alte und vom Aussterben bedrohte Schafrasse ist robust und sehr genügsam, ideal für die mageren Trockenrasen im Naturschutzgebiet.

Links an den großen Schafställen vorbei münden wir in die hier nicht ausgewiesene *Boddenstraße*. Wir folgen der mit Feldsteinen gepflasterten Dorfstraße nach links. Wir passieren den **„Dörpladen"**, über dessen Existenz sich die Bewohner vieler anderer Dörfer freuen würden. Wir besuchen das **Pfarrwitwenhaus** mit seinem wunderschönen Bauerngarten und werden danach zweimal „auf die Probe gestellt": Nicht nur mit leckeren Fischbrötchen locken der **Fischimbiss „Zicke(r)n Eck"** und die **„Fischräucherei Dumrath"**. Unser Dorfbummel endet auf dem **Parkplatz** an der **Dorfkirche**.

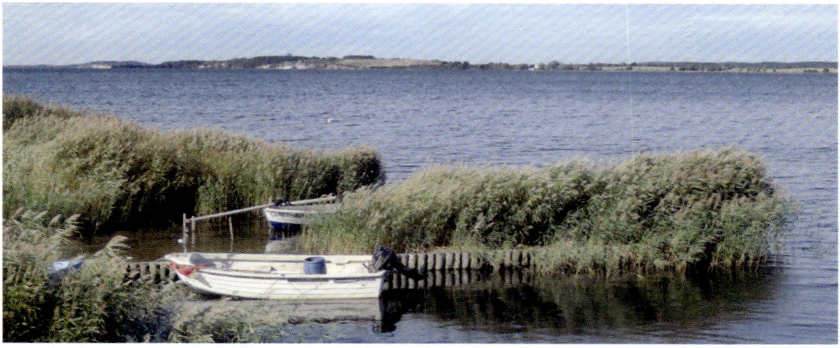

Blick von Gager auf Reddevitz

Thiessow – Über das Südperd nach Klein Zicker

Kurz, aber intensiv - zwei großartige Aussichtswarten, weitläufige Naturstrände und ein gepflegter Badestrand, Mager- und Trockenrasen, kleine Kiefernwälder und schmale Dünenstreifen begeistern auf der Wanderung über die hakenförmige Südspitze der Halbinsel Mönchgut.

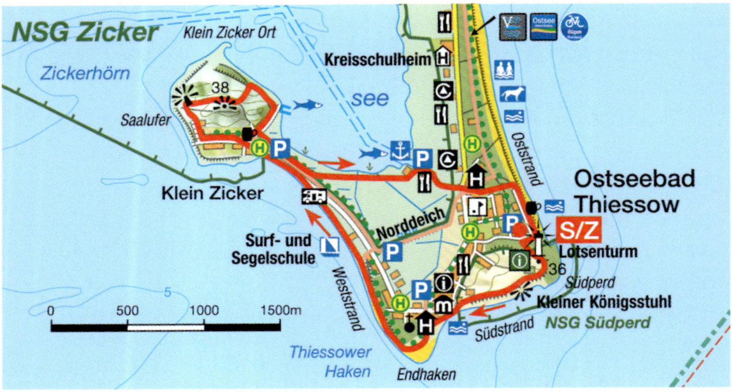

Start/Ziel: Thiessow, Parkplatz Strandstraße
An-/Abfahrt mit öffentlichen Verkehrsmitteln:
ab/bis Strandstraße Thiessow mit der Buslinie 21 (aus/in Richtung Göhren)
Anforderungen: kurze Rundwanderung mit zwei spürbaren Anstiegen auf leichten Wiesen-, Wald- und verkehrsarmen Fahrwegen sowie eine längere Strandpassage, für Familien mit Kindern geeignet
Streckenlänge: 7,7 Kilometer
Anstiege/Abstiege: 60 Höhenmeter
Einkehr: außerhalb von Thiessow, „Imbiss am Bodden", Pension und Fischgaststätte „Zum trauten Fischerheim" und Imbiss „Zur letzten Tankstelle" in Klein Zicker, Gaststätte „St. Hafen" am Thiessower Hafen
Karte: Blatt „Mönchgut, Granitz"
Sehenswertes: Lotsenturm in Thiessow, Klein Zicker Berg, Hafen Klein Zicker, Hafen Thiessow

Das im Jahr 1360 erstmals urkundlich erwähnte ehemalige Fischer- und Lotsendorf **Thiessow** ist heute ein stilles Ostseebad. Es punktet weniger mit einer ausgefeilten touristischen Infrastruktur als mit seiner vom Meer umschlungenen Lage, die Wassersportler, besonders Wind- und Kitesurfer, zu schätzen wissen.

Vom **Parkplatz Strandstraße** folgen wir der *Strandstraße* am Fuß der bewaldeten Stauchendmoräne nach rechts. Alsbald zweigen wir nach links auf einen breiten Waldweg. Wir befinden uns nun im **Naturschutzgebiet Mönchgut – Teilfläche Südperd**. An einem Bolzplatz vorbei wollen 42 steile Stufen erklommen werden. Aus dem Wald hinaus steuern wir links haltend auf einem Wiesenweg den **Lotsenberg** an.

Auf dem **Lotsenberg**, einem 36 Meter hohen Landvorsprung am Südperd, erhebt sich neben der im Jahr 2000 restaurierten **Lotsenwache** (1854) ein neuer **Lotsenturm** (2003). Der in Anlehnung an einen verfallenen Vorgänger (1909) erbaute Turm dient heute als Mobilfunkmast und Aussichtswarte. Von der dreizehn Meter hohen Aussichtsplattform (Eintritt/Münzautomat) reicht die Sicht über das gesamte Mönchgut bis zur Insel Usedom und auf das vorpommersche Festland.

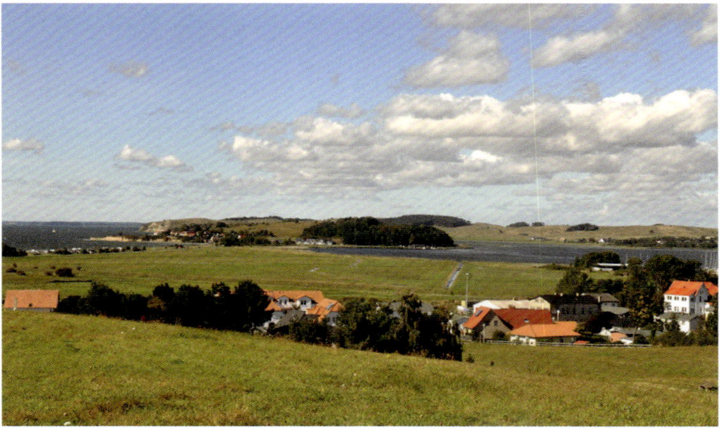

Blick vom „Kleinen Königsstuhl“ über Thiessow hinweg auf Klein Zicker (li.) und Groß Zicker (re.)

Nach einer ausgiebigen Schaurast auf die noch vor uns liegende Tour folgen wir einem breiten Waldweg leicht abwärts. Wir passieren den **Thiessower Friedhof** und gelangen auf dem Hochuferweg zu einem überdachten Rastplatz am oberen Rand einer ausgedehnten Magerwiese. Über diese hinweg bietet sich eine wunderschöne Sicht auf **Klein** und **Groß Zicker** sowie den **Zickersee**. Auf dem Hochuferweg erreichen wir alsbald die Aussichtswarte **„Kleiner Königsstuhl"**. Links an einem Kleingartengelände entlang wandern wir hinab zu einer Sitzgruppe oberhalb des **Thiessower Südstrandes**. Über eine Treppe betreten wir den Naturstrand. Wir passieren ein Dünengebiet, in dem einige Schlangen ihr Zuhause haben (Hunde anleinen!), und erreichen mit dem **Endhaken** den südlichsten Zipfel des **Mönchgutes**. In der Rückschau bietet sich uns eine großartige Sicht auf das Steilufer des **Südperds**. Vom Strand gelangen wir zu einem niedrigen Deich (Radweg), dem wir nach links an einem Kiefernwald entlang folgen. Auf den Buhnen vor dem Fischanlandeplatz haben sich zahlreiche Kormorane und Möwen eingerichtet. Wir verlassen alsbald den Deichweg und gelangen an den **Thiessower Weststrand**. Den **Greifswalder Bodden** zur Linken, einen schmalen Dünenstreifen, der an einer Stelle vom Gelände der **„Surfoase Mönchgut"** unterbrochen wird, zur Rechten steuern wir auf dem schmalen Naturstrand **Klein Zicker** an.

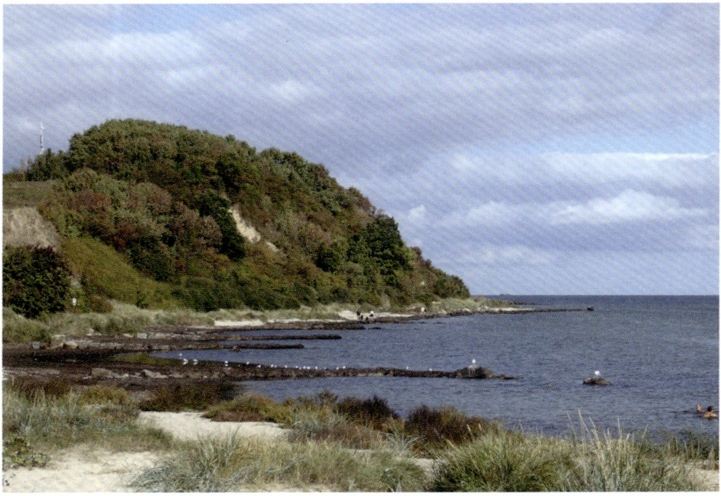

 Südperd

Die fast kreisförmige, aus einem bis zu 38 Meter hohen Hügel bestehende Halbinsel **Klein Zicker** gehört bis auf die gleichnamige Dorfzeile zum **Naturschutzgebiet Mönchgut – Teilfläche Zicker**. Sie ist weitgehend von einem artenreichen Trocken- und Magerrasen bedeckt. Der Uferbereich zum Zickersee ist bewaldet, zum Greifswalder Bodden hin weist die Halbinsel eine ausprägte Steilküste auf.

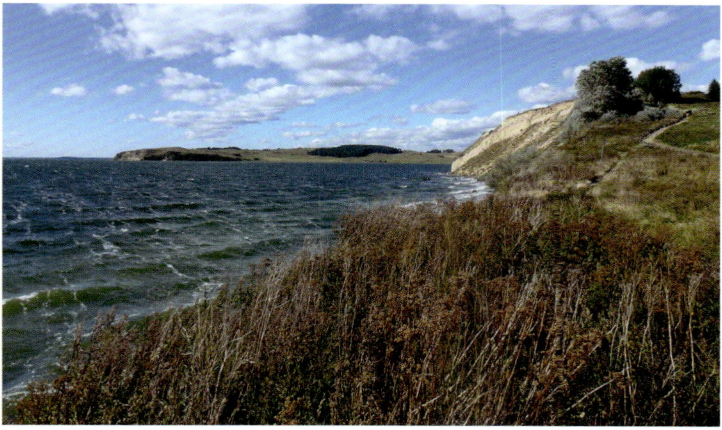

Im Aufstieg zum Klein Zicker Berg geht der Blick über den Rügenschen Bodden hinweg zum „großen Bruder" Zickerberg.

Vor dem **„Imbiss am Bodden"** verlassen wir den Strand. Vom Bus-Wendeplatz gehen wir auf der leicht ansteigenden *Dörpstrat* durch die kleine Straßensiedlung. An der **Pension und Fischgaststätte „Zum trauten Fischerheim"** und dem **Imbiss „Zur letzten Tankstelle"** vorbei erreichen wir den Strandabgang. Vor diesem folgen wir mit *Wegweisung Aussichtspunkt* einem Wanderweg unweit der Abbruchkante des Steilufers hinauf zum **Klein Zicker Berg**. Eine großartige Sicht auf **Groß Zicker**, auf **Kaming** und **Zickersee**, auf **Thiessow** und das **Südperd** belohnen die geringen Aufstiegsmühen.

Vor einer einladenden Bankgruppe setzen wir unsere Wanderung nach rechts auf einem Wiesenweg fort. Leicht absteigend erreichen wir eine Weggabelung. Auf dem linken Weg gelangen wir durch Wiesengelände hinab an den bewaldeten Hangfuß. Rechts haltend steuern wir den am **Zickersee** liegenden verträumten **Boddenhafen** von **Klein Zicker** an. Auf einem

Asphaltsträßchen erreichen wir schließlich an einigen Ferienhäusern vorbei den Bus-Wendeplatz.
Mit *Wegweisung Thiessow* verlassen wir **Klein Zicker** auf dem straßenbegleitenden Radweg. Linker Hand begleiten uns ausgedehnte Schilfflächen - ortsnah werden hier die geernteten Mönchguter „Dachziegel" getrocknet.

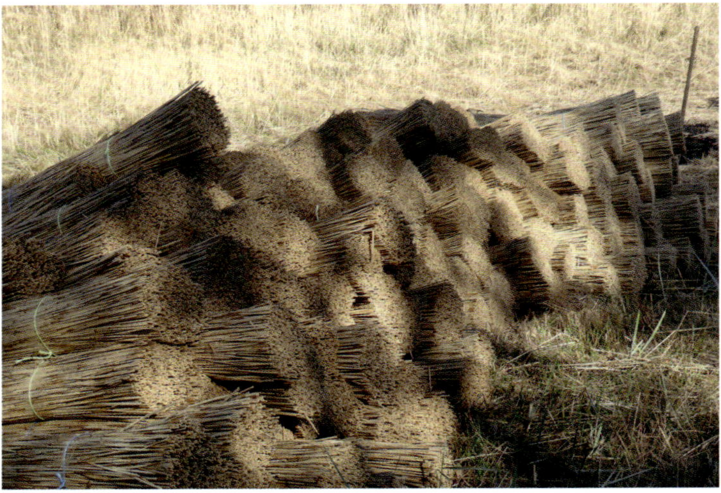

„Mönchguter Dachziegel"

Gleich hinter der Schilfzone zweigen wir ohne Wegweisung nach links in das **Naturschutzgebiet Mönchgut - Teilfläche Salzwiesen bei Thiessow**. Auf einem gut ausgeprägten Wiesenpfad schlendern wir am schmalen Schilfsaum des **Zickersees** entlang zu einer Brücke. Mit ihrer Hilfe überwinden wir einen breiten Entwässerungsgraben. Links haltend gelangen wir an einigen Bootsschuppen vorbei zum **Thiessower Hafen**. Der weitläufige Sportboot- und Fischereihafen bildet zeitweise die Kulisse für das jährlich von mehr als 100.000 Menschen besuchte Spektakel „Rügen-Markt".

Auf dem **Rügen Markt**, dem mit etwa 100 Ausstellern größten Markt der Insel, präsentieren regionale Produzenten kulinarische Spezialitäten, zeigen Kunsthandwerker, teilweise live, ihr Können (Mai bis Oktober, jeweils Dienstag und Donnerstag von 9 bis 16 Uhr).

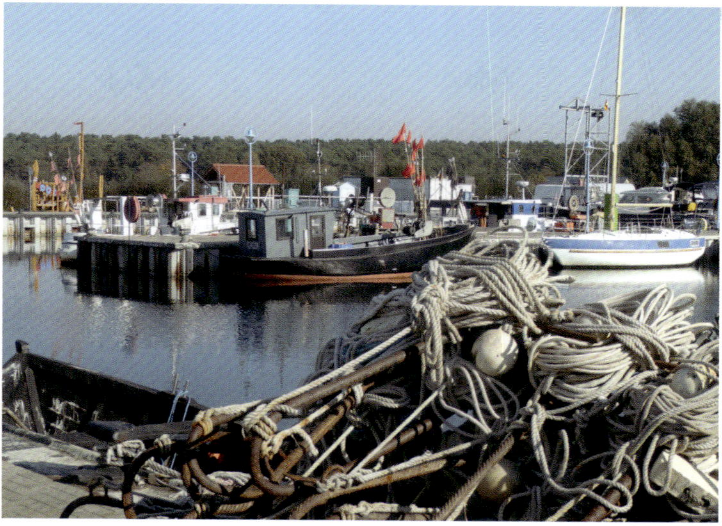

Sport- und Fischereihafen Thiessow

Wir verlassen das Hafengelände rechts am Hafenmeisterbüro vorbei auf der später als *Dampferweg* ausgewiesenen Zufahrtsstraße. Wir passieren das von der Fischereigenossenschaft betriebene **Gaststätte „St. Hafen"** und stoßen auf die *Hauptstraße*. Vorsichtig über diese hinweg folgen wir ihr für wenige Meter nach rechts. Auf Höhe des **Hauses „Wahnfried"** zweigen wir mit *Wegweisung Lotsenberg* nach links. Zunächst am Deich entlang gelangen wir in den Küstenwald. Bei der Wegkreuzung geht es mit *Wegweisung Klein Zicker* nach rechts. Auf dem asphaltierten (Rad-)Weg erreichen wir eine weitere Kreuzung. Geradeaus gelangen wir zum **Thiessower Oststrand**. Auf der rundum erneuerten Strandpromenade bummeln wir zum schön gelegenen **„Strandcafé"**. Vor diesem wenden wir uns nach rechts zum **Parkplatz Strandstraße**.

Göhren – Zum Nordperd und Lobber Ort

Die Rundtour durch das nördliche Mönchgut bietet jede Menge Abwechslung: eine pikfeine Strandpromenade, einen feinsandigen Bade- und einen urwüchsigen Naturstrand in Göhren, eine bewaldete Landzunge mit mächtigen Steilufern, Salzwiesen und Schilfzonen sowie das Bilderbuchdorf Middelhagen.
Gefahrenhinweis: Die Steilufer des Nordperds und der Lobber Ort unterliegen den Naturgewalten. Es besteht immer die Gefahr von Kliffabbrüchen und Hangrutschungen. Daher: Auch von den gekennzeichneten Wegen gibt es großartige Aussichten und Fotomotive!

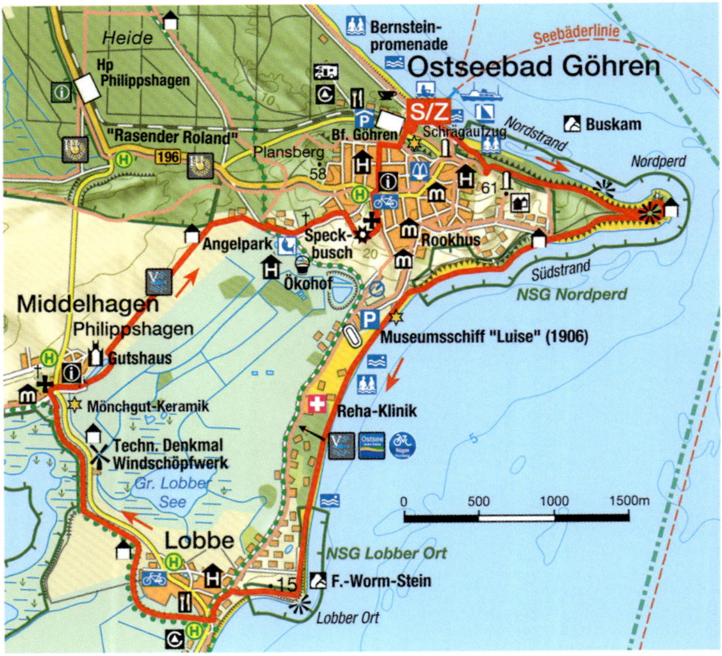

Start/Ziel: Göhren, Parkplatz/Parkhaus am Bahnhof
An-/Abfahrt mit öffentlichen Verkehrsmitteln: ab/bis Bahnhof Göhren mit dem „Rasenden Roland" (in/aus Richtung Sellin/Binz) oder mit der Buslinie 20 (aus/in Richtung Sellin)
Anforderungen: Lange und wegen einer ausgiebigen Naturstrandwanderung anstrengende Rundtour auf leichten Wald-,

Strand-, Deich- und verkehrsarmen Fahrwegen.
Für Familien mit Kindern unter 12 Jahren bedingt geeignet.
Streckenlänge: 13,4 Kilometer
Anstiege/Abstiege: 100 Höhenmeter
Einkehr: außerhalb von Göhren Restaurant-Café „Strandhotel Lobbe", Gasthof „Zum Walfisch"
und Restaurant-Imbiss „Dat Strandhus Mönchgut" in Lobbe, Gasthof „Zur Linde" in Middelhagen
Karte: Blatt „Mönchgut, Granitz"
Sehenswertes: Seebrücke, Kurpark, Bäderarchitektur und Speckbusch in Göhren, Nordperd, Lobber Ort, Windkraftschöpfwerk, Kirche, Schulmuseum, Hallenhaus und die „Mönchgut Keramik" in Middelhagen

Das am „Horn von Rügen" auf dem **Nordperd** durchaus exponiert gelegene **Ostseebad Göhren** ist der größte Ort des **Mönchgutes**. Auch wenn es sich bereits seit 1878 „Seebad" nannte – erst mit dem Anschluss an die **Rügensche Kleinbahn** 1899 erlebte das verschlafene Fischerdorf einen touristischen Boom. Es entstanden zahlreiche Villen und herrschaftliche Hotels und Pensionen. Heute erstrahlen die meist im Stil der Bäderarchitektur errichteten Gebäude im alten (weißen) Glanz und verleihen dem Ort einen mondänen Anstrich (vor allem *Post-* und *Strandstraße*). Hier und da finden sich jedoch auch noch einige reetgedeckte Katen und Fischerhäuser. Einige sind im **Mönchgut Museum**, einem dezentralen Ausstellungskomplex, der Öffentlichkeit zugänglich. Das **Heimatmuseum** mit einer Ausstellung zur Mönchguter Heimatgeschichte ist in einem ehemaligen Lotsenhaus aus der ersten Hälfte des 19. Jahrhunderts untergebracht. Der **Museumshof**, eine altbäuerliche Hofanlage aus dem 19. Jahrhundert mit Wohnhaus, Stall und Scheune (1680) vermittelt einen guten Eindruck vom einstigen Mönchguter Leben (beide *Strandstraße*). Das **Rookhus**, das älteste Haus Göhrens, ist ein schornsteinloses Fischer- und Kleinbauernhaus mit tief herabgezogenem Walmdach im Zuckerhutstil. Das **Museumsschiff „Luise"**, ein 1906 erbautes eisernes Plattbodenschiff, ist als Denkmal der rügischen Frachtschifffahrt auf der grünen Wiese vor Anker gegangen (beide *Thiessower Straße*). An der 1929/30 erbauten und damit jüngsten **Kirche** des **Mönchgutes** interessiert weniger das Bauwerk als ihr exponierter Standort am **Speckbusch**, einem bronzezeitlichen Hügelgrab (*Neue Kirchstraße*). Den kilometerlangen Nordstrand begleitet eine gepflegte Strandpromenade, die als „offizieller Außenstandort" der „Internationalen Gartenbau-Ausstellung in Rostock" (2003) als **Bernsteinpromenade** aufwändig komplett neu gestaltet worden ist. Gleiches gilt für den kleinen **Kurpark** mit der denkmalgeschützten **Wandelhalle** samt Konzertpavillon (1925). Die 1993 erbaute **Seebrücke** ist mit 280 Metern Länge nur eine „Sparausgabe" der 1924 vom Eis zerstörten, über 1.000 Meter langen Vorgängerin.

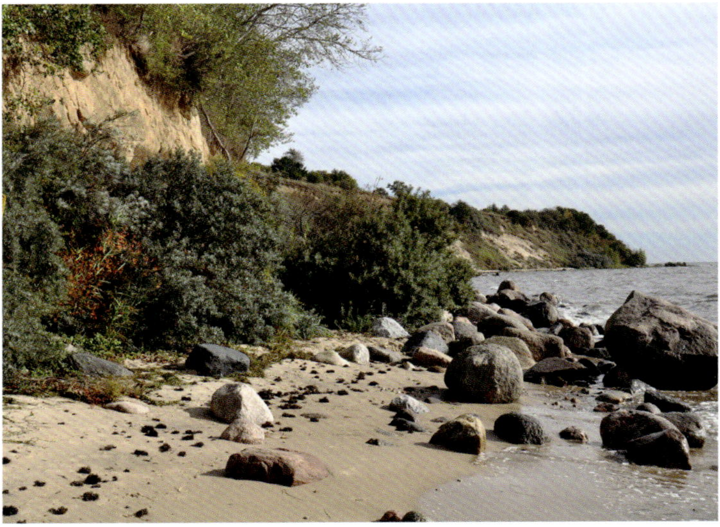

Steilufer am Nordperd

Vom **Parkplatz/Parkhaus** am **Bahnhof** gelangen wir nach wenigen Schritten durch die Straße *Kegelbahn* zum **Nordstrand**. Vor dem **Brückenhaus**, das den Zugang zur **Seebrücke** ermöglicht, folgen wir mit *Wegweisung Nordperd* der **Bernsteinpromenade** am einladenden **Kurpark** und **Kneippgarten** entlang bis zu ihrem Ende. Rechts am **„Strandhaus 1"** vorbei stoßen wir auf einen Wanderweg am Zugang zum **Naturschutzgebiet Mönchgut – Teilfläche Nordperd**.

Wir steigen steil bergan durch eine kleine Schlucht, nach einer Linkskehre gewinnt der Weg weiter an Höhe. Mit Hilfe einer 33-stufigen Treppe erreichen wir den schmalen Hochuferweg.

Das **Nordperd** ist eine überwiegend bewaldete, bis zu 60 Meter hohe Landzunge, die beiderseits mit ausgeprägten Steilufern zur Ostsee abfällt. Das 25 Meter hohe **Göhrener Hövt** – auch „Kap Nordperd" genannt – bildet den östlichsten Punkt der Insel Rügen. Die vor diesem 1907/8 erbaute 450 Meter lange Steinmole dient dem Schutz des Kliffs – bislang erfolgreich.

Unweit des teilweise bewaldeten Steilufers kommen wir zu einer Weggabelung. Wir folgen der *Wegweisung Nordperd* geradeaus. Spürbar bergauf, bergab führt der von einer 35-stufigen Treppe unterbrochene Pfad meist sehr nah (und damit aussichtsreich) an der Abbruchkante entlang. In der Tiefe erkennen wir im Ostseewasser den **Buskam**.

Wie groß der Granitblock wirklich ist, darüber schwanken die Angaben: Nach neuesten Vermessungen wird seine Masse auf 550 Tonnen, sein Volumen auf 200 Kubikmeter und sein Umfang im sichtbaren Bereich auf 24 Meter geschätzt. Wie auch immer – der **Buskam**, um den sich viele Legenden ranken, ist der größte Findling an der deutschen Ostseeküste.

Der Pfad stößt auf einen breiten Waldweg. Diesem folgen wir mit *Wegweisung Nordperd* nach links. Leicht abwärts erreichen wir eine Weggabelung. Der Wegweisung *Umrundung Nordperd* nach links folgend kommen wir zum angezeigten Platz mit überdachter Rasthütte. Dank der dichten Bewaldung ist die Aussicht nur eingeschränkt – hier ein Blick über die Steilküste hinweg Richtung **Göhren**, dort reicht die Sicht bis zur **Stubbenkammer**. Die Fortsetzung der Umrundung des **Nordperds** endet auf dem bereits bekannten breiten Waldweg, dem wir nunmehr mit *Wegweisung Göhren* nach links folgen. Leicht ansteigend erreichen wir eine weitere bekannte Weggabelung. Mit *Wegweisung Südstrand* folgen wir dem breiten Waldweg geradeaus. Im weiteren Wegverlauf bleiben abzweigende (Abkürzungs-)Pfade unbeachtet. Vor den ersten Häusern von **Göhren** erreichen wir einen größeren Platz mit einem überdachten Rastplatz. An der Abbruchkante des Steilufers gibt es einen schönen Blick zurück auf das **Hövt**. Wir setzen unsere Wanderung auf einem anfänglich geschotter-

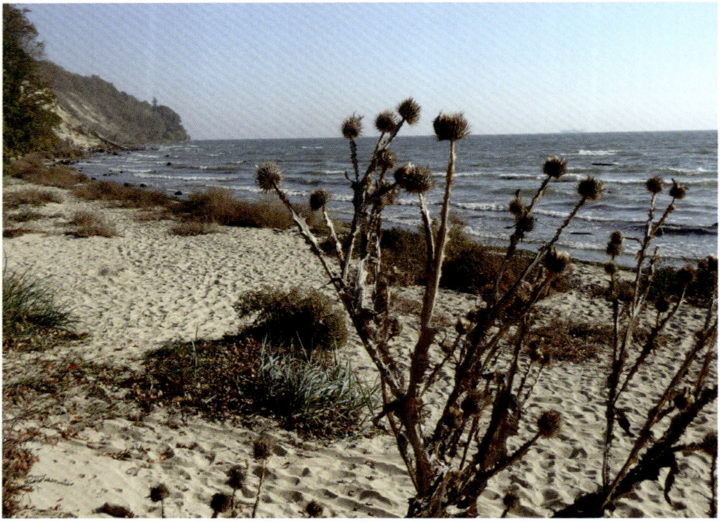

Blick vom Südstrand auf das Nordperd

ten Fahrweg fort. Diesen verlassen wir alsbald nach links. Mit der entsprechenden Wegweisung steigen wir auf dem *Salzweg* durch eine Schlucht hinab zum **Südstrand**. Hier ließ die preußische Regierung 1816 eine Heringssalzerei errichteten. Am Ende der Schlucht orientieren wir uns nach rechts. Der von Findlingen und umgestürzten Bäumen übersäte, urwüchsige Strand am Fuß des teilweise bewaldeten Steilufers bietet viele interessante Fotomotive. Und auch die Aussicht kommt nicht zu kurz: Der Blick reicht vom nahen **Nordperd** bis zum fernen **Südperd.** Auf Höhe eines Treppenaufganges passieren wir eine in die Ostsee reichende unscheinbare Steinaufschüttung, die **Schwedenbrücke**. Die 1813 im Auftrag des schwedischen Königs erbaute Schiffsanlegestelle konnte den Naturgewalten nur 40 Jahre trotzen, dann verschwand sie bis auf den kleinen Rest. Wie das Steilufer an Mächtigkeit verliert, wird der Strand „aufgeräumter". Auf Höhe des ehemaligen **Göhrener Fischerstrandes** hat der „Hindernislauf" ein Ende. Nicht so feinsandig wie am Nordstrand, aber durchaus gut begehbar – über den von einem Dünenwall und -wald begrenzten Südstrand steuern wir den schon lange sichtbaren **Lobber Ort** an. Wegen des stellenweise überhängenden Steilufers und des hier sehr schmalen Strandsaumes ist bei der Passage des zum **Naturschutzgebiet Mönchgut** gehörenden Kliffs Aufmerksamkeit geboten. Diese verdient auch die Uferseeschwalben-Kolonie, die hier Quartier bezogen hat. Alsbald weitet sich der Strand zum **Großen Strand** – so wird der vier Kilometer lange, feinsandige Strandabschnitt bis zum **Ostseebad Thiessow** genannt. Wo dieser einen deutlichen Linksschwenk vollzieht, folgen wir einem nach rechts abzweigenden Strandübergang nach **Lobbe**. Das ehemalige Fischerdorf, das in den letzten Jahren verstärkte „touristische Ambitionen" zeigt, erreichen wir zunächst durch Dünen-, dann durch Strauchgelände. Vor dem **Restaurant-Café „Strandhotel Lobbe"** stoßen wir auf den hier nicht ausgewiesenen *Göhrener Weg*. Links haltend erreichen wir die Landstraße, der wir in gleicher Richtung folgen. Vor dem reizvoll in den Dünen gelegenen **Restaurant-Imbiss „Dat Strandhus Mönchgut"** zweigen wir nach rechts auf den niedrigen Landesschutzdeich. Mit *Wegweisung Middelhagen* wandern wir auf dem auf der Deichkrone angelegten asphaltierten Fuß- und Radweg abseits des Ortes zunächst durch Acker- und Weideland. In der teilweise zum **Naturschutzgebiet Mönchgut – Teilfläche Salzwiesen bei Middelhagen** gehörenden **Lobber Seeniederung** bestimmen neben extensiv genutztem Grünland ausgedehnte Schilfflächen das Landschaftsbild – hier werden im Herbst die Mönchguter „Dachziegel" geerntet. Das restaurierte, als techni-

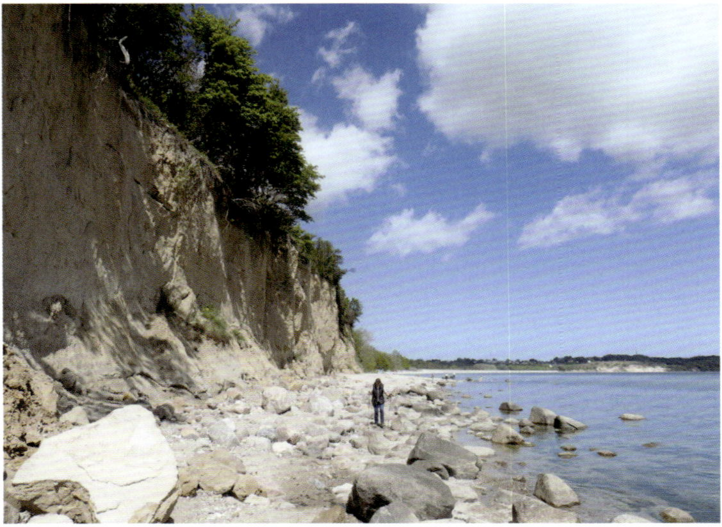

Am Lobber Ort ist Vorsicht geboten.

sches Denkmal geschützte **Windkraftschöpfwerk** am Wegesrand wurde ab 1900 zur Entwässerung des sumpfigen Geländes eingesetzt. Derzeit ist das als letztes seiner Art verbliebene Schöpfwerk nicht mehr in Betrieb.
Erfreulich „aktiv"zeigt sich der **Gasthof „Zur Linde"**, den wir am Ende des Deichbummels in **Middelhagen** (zum Ort → S. 25) erreichen. Rechts haltend folgen wir der *Kirchstraße* an der **St.-Katharinen-Kirche** und dem **Schulmuseum** vorbei zur Hauptstraße, die wir vorsichtig überqueren. An der **„Mönchgut-Keramik"**, einem vielbesuchten „Gesamtkunstwerk" des Künstlers Thom Wilde, vorbei folgen wir einem als *Solidarität* ausgewiesenen Schotterweg. Große Holzskulpturen aus der nahen Werkstatt bereichern den am **Dorfteich** entlang führenden Weg. Bei

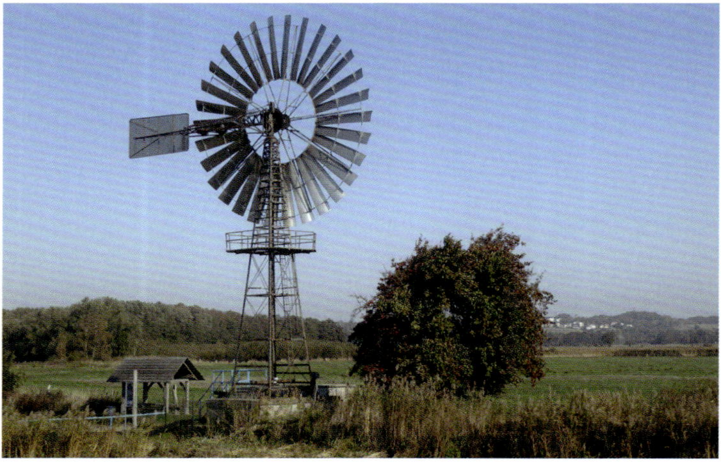

Das Windkraftschöpfwerk in der Lobber Seeniederung ist ein technisches Denkmal.

einer ersten Weggabelung halten wir uns links, bei einer zweiten folgen wir mit *Wegweisung Ostseebad Göhren* einem Betonspurweg nach rechts. Durch weitläufige Felder und Wiesen steuern wir das Waldgebiet der **Baaber Heide** (→ S. 54) an. Hinter einem großen Rastplatz teilt sich der Weg. Wir folgen der *Wegweisung Angelpark* nach rechts am Waldrand entlang bis zu einer hier unbenannten Querstraße. Mit *Wegweisung Göhren Mitte* wandern wir auf dieser am **„Angelpark Rügen"** vorbei und zweigen mit gleicher Wegweisung nach links in den *Stabenweg*.

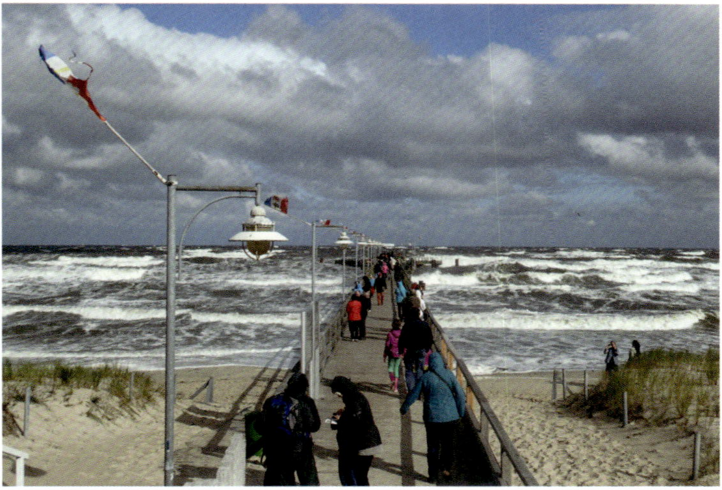

Seebrücke Göhren – die Ostsee kann auch „stürmisch".

Leicht ansteigend passieren wir den **Friedhof**. Bei der *Bushaltestelle Göhren-Stabenweg* zweigt nach rechts ein mit Findlingen angezeigter Pfad ab. Durch Wiesengelände steigen wir hinauf zur **Kirche**. Vor dem angrenzenden Hügelgrab **Speckbusch** gibt es nicht nur einladende Rastbänke, sondern vor allem eine überwältigende Aussicht auf fast das gesamte **Mönchgut** mit der **Halbinsel Reddevitz**, den **Zickerschen Alpen**, dem **Lobber Ort** und dem **Südperd** und die von diesen eingeschlossenen Boddengewässer. Nach einer ausgiebigen Schaurast gehen wir an der **Kirche** vorbei zu der hier nicht ausgewiesenen *Neuen Kirchstraße*, der wir nach links folgen. Aus dem Kreisverkehr steuern wir die *Carlstraße* an. An deren Ende zweigen wir nach rechts auf die *Waldpromenade*. Von dem am bewaldeten Hochufer entlang führenden Spazierweg eröffnen sich hier und da reizvolle Ausblicke auf den **Göhrener Nordstrand** und die **Ostsee**, in der Ferne ist die **Kreideküste** zu erkennen. Am Ende der Promenade erreichen wir die **Bergstation** des originellen **Schrägaufzugs**. Von der frei zugänglichen Aussichtsterrasse bietet sich eine schöne Sicht auf die **Göhrener Seebrücke**, den **Strand** und den **Kurpark**. Zu dem am Hangfuß liegenden Tourenziel **Parkplatz/ Parkhaus am Bahnhof** gelangen wir entweder über eine steile, knapp 140-stufige Treppenanlage oder mit der bequemen, aber kostenpflichtigen Aufzugshilfe.

Baabe – Um den Selliner und Neuensiener See

Die Zwei-Seen-Runde im touristisch eher ruhigen „Hinterland“ der Ostseebäder Baabe und Sellin ist eine beschauliche Wanderung mit vielen kleinen Highlights: zwei seenartige Boddenbuchten, eine historische Ruderbootfähre, eine großartige Aussichtswarte hoch über Moritzdorf und die liebevoll gepflegten Dörfer Seedorf und Altensien.

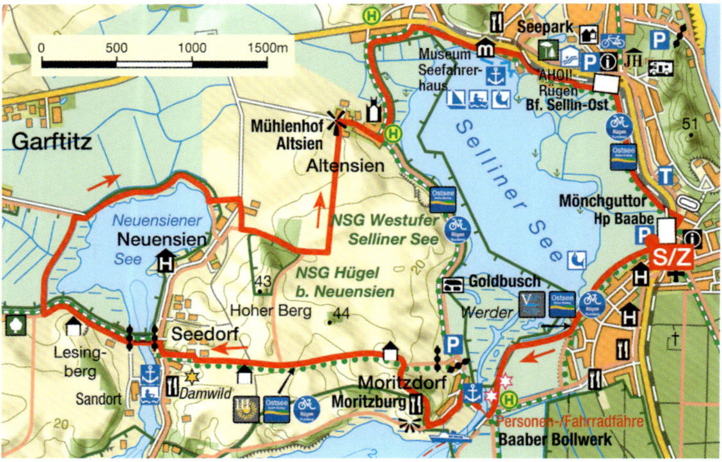

Start/Ziel: Baabe, Parkplatz am Bahnhof

An-/Abfahrt mit öffentlichen Verkehrsmitteln: ab/bis Bahnhof Baabe mit dem „Rasenden Roland“ (in/aus Richtung Göhren/Binz) oder mit der Buslinie 20 (aus/in Richtung Sellin/Göhren)

Anforderungen: Bis auf einen mühsamen Treppenaufstieg einfache Rundtour auf leichten Feld-, Wiesen- und Deichwegen sowie verkehrsarmen Rad- und Fahrwegen. Für Familien mit Kindern geeignet.

Streckenlänge: 12,9 Kilometer

Anstiege/Abstiege: 80 Höhenmeter

Einkehr: außerhalb von Baabe und Sellin Hotel-Restaurant „Solthus am See“ und Fischimbiss „Lütt Matten“ am Baaber Bollwerk, Gaststätte „Moritzburg“ in Moritzdorf, Gasthaus „Drei Linden“ und „De Seedörper Fischräucherei“ in Seedorf

Karte: Blatt „Mönchgut, Granitz“

Sehenswertes: Bollwerk in Baabe mit der Ruderbootfähre, Moritzdorf, Seedorf, Altensien, Museum Seefahrerhaus und Bahnhof Ost in Sellin

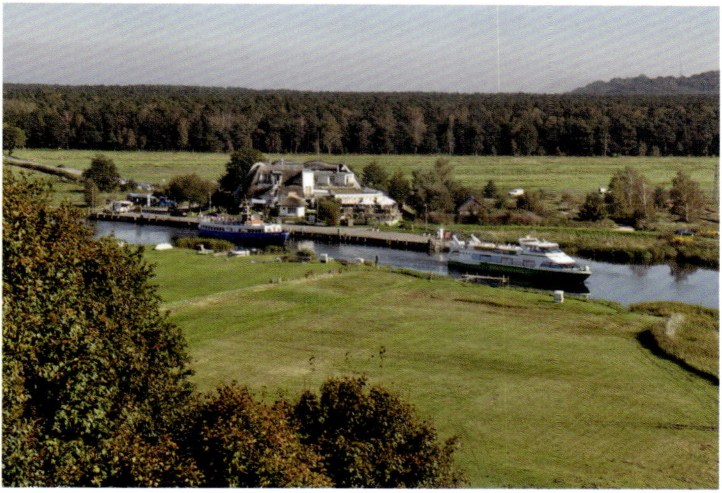

Blick von der Moritzburg auf das Baaber Bollwerk

Zwischen dem Selliner See und der Ostsee erstreckt sich die von Laub- und Nadelwald umschlossene alte Bauern- und Fischersiedlung **Baabe.** Das „Tor zum Mönchgut" ist ein ruhiges Familienbad. Im alten, dem **Selliner See** zugewandten Dorfkern stehen zahlreiche reetgedeckte Fischerhäuser. Boote und Arbeitsgeräte der Mönchguter Fischer sind im frei zugänglichen **Mönchguter Küstenfischermuseum** zu sehen (*Bollwerkstraße*). Das Highlight des neueren, der **Ostsee** zugewandten Ortsteils ist die **Strandstraße.** Die von pikfeinen Pensionen und Appartementanlagen gesäumte Flaniermeile besitzt eine aufwändig gestaltete Mittelallee. Sie entstand 2003 als Außenstandort der „Internationalen Gartenbau-Ausstellung in Rostock". Die **Baaber Kirche** ist eher schlicht. Eine Seebrücke, unverzichtbares Statussymbol eines jeden deutschen Ostseebades, sucht man hier vergeblich.

Vom **Parkplatz** am **Bahnhof** folgen wir der *Wegweisung Bollwerk* nach rechts. Auf einem asphaltierten Deichweg gelangen wir durch Weideland an den **Selliner See**.

Baabe

Die schmale Baaber Bek, eine in der Eiszeit entstandene Strömungsrinne, verbindet den lagunenartigen **Selliner See** mit der Having, die ihrerseits eine Bucht des Rügenschen Boddens ist. Der westliche Teil des überwiegend von Schilf gesäumten Sees ist Teilfläche des **Naturschutzgebietes Neuensiener und Selliner See** und als solches ein ganzjähriges Rückzugsgebiet für verschiedene Gänse- und Entenarten.

Wir passieren einen am Deich stehenden alten Backsteinturm, der nun Fledermäusen und Schleiereulen ein Quartier bietet. In der Linkskurve des Deiches verlassen wir diesen nach rechts über eine gepflasterte Rampe und gelangen auf einen niedrigeren Deich. Rechter Hand begleiten uns ausgedehnte Schilfflächen, linker Hand erstreckt sich Weideland. Auf dem grasigen Deichpfad erreichen wir das an der **Baaber Bek** liegende **Baaber Bollwerk** (→ S. 14)

„Fährmann, hol över!" – mühelos gleiten wir hinüber ins beschauliche **Moritzdorf**. Die am Fuß eines bewaldeten Höhenrückens liegende ehemalige Fischer- und Bauernsiedlung wurde 1841 von **Fürst Wilhelm Malte zu Putbus** (→ S. 7) gegründet. Zwischen schmucken Häusern zur Rechten und gepflegten Gärten zur Linken bummeln wir auf der gepflasterten Dorfstraße bis zum Ende des denkmalgeschützten Zeilendorfes. Auf Höhe des ehemaligen **Hotel-Restaurants „Moritzdorf"** lohnt der Blick auf die hauseigene Wiese, auf der zahlreiche geschützte Orchideenarten (z. B. Geflecktes Knabenkraut, Natternzunge) prächtig gedeihen. Nach ein paar Metern Wiesenpfad wird es ernst: Mit *Wegweisung Moritzburg* steigen wir auf einem steilen, 174-stufigen Treppenweg hinauf zum angezeigten Gasthaus – nach zwei Dritteln des Aufstiegs gibt es einen schönen Platz zum Schauen und Atemholen. Von der Terrasse der **Gaststätte „Moritzburg"** begeistert die großartige Sicht auf das **Baaber Bollwerk**, die **Baaber Heide** und über die **Having** hinweg auf das **Reddevitzer Hövt** und die **Zickerschen Berge**. Links an der Gaststätte vorbei wandern wir über einen teilweise bewaldeten Höhenrücken und gelangen auf einem Fahrweg mit wechselnden Belägen leicht abwärts zu einem breiten, hier noch asphaltierten Fuß- und Radweg. Der *Wegweisung Seedorf* folgen wir nach links auf den Betonspurweg. Ein schöner Blick zurück auf den **Selli-**

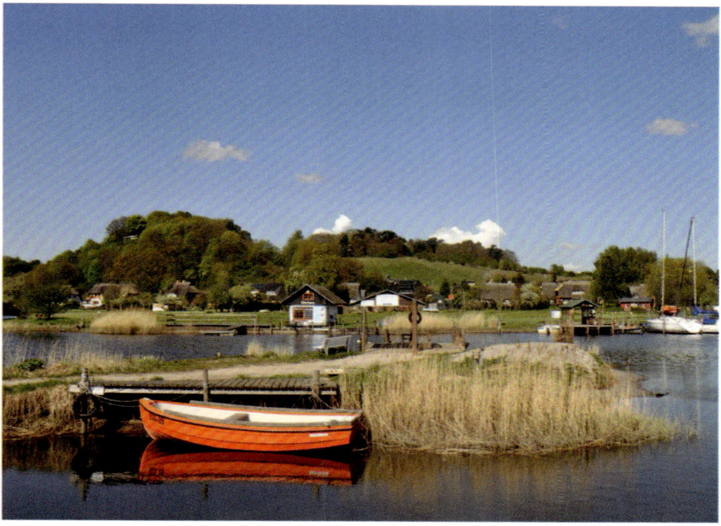

Blick vom Baaber Bollwerk auf Moritzdorf und Moritzburg

ner See und wir steigen durch eine hügelige Felderlandschaft hinauf zu einem überdachten Rastplatz. Einem kurzen Abstieg folgt ein zweiter, langgezogener Anstieg zu einer Weggabelung. Geradeaus geht es mit *Wegweisung Seedorf* zu einem sich beidseitig des Weges ausbreitenden **Wildgehege**. Auf einem steilen asphaltierten Weg eilen wir hinab nach **Seedorf** (→ S. 15). Der Dorfstraße folgen wir mit *Wegweisung Neuensien* nach rechts. Der vor allem wegen seiner leckeren Fischgerichte beliebte alte **Gasthof „Drei Linden"** bietet neben einer großen Terrasse eine maritim gestaltete Gaststube. Nicht nur frisch zubereitete Fischbrötchen gibt es in **„De Seedörper Fischräucherei"** am Hafenplatz. Auf Höhe des **Hauses „Zur Brücke"** folgen wir der *Wegweisung Lancken-Granitz* nach links. Von der neuen Fußgänger- und Radfahrerbrücke über die **Lanckener Bek** bieten sich uns schöne Ausblicke auf **Seedorf** und über den **Neuensiener See**. Hügeliges Acker- und Brachland zur Linken, ebenes Weideland und der **Neuensiener See** zur Rechten begleiten uns auf der unbeschwerlichen Wanderung auf einem Betonspurweg. Nach der Passage einer Rasthütte zweigen wir mit *Wegweisung Lancken-Granitz* nach rechts auf einen grasigen Deichweg. Mit Brückenhilfe überqueren wir einen breiten Graben und folgen dem beidseitig in Schilf eingebetteten niedrigen Deich bis zu einem

Wie der benachbarte Selliner See so ist auch der **Neuensiener See** eine mit der hier Lanckener Bek verbundene Bucht der Having. Der vollständig im **Naturschutzgebiet Neuensiener und Selliner See** integrierte flache See ist lückenlos von ausgedehnten Schilfflächen umsäumt. Das West- und Nordufer des Sees ist eingedeicht, die daran anschließenden Salzwiesen liegen teilweise unter dem Meeresspiegel. Der See und seine unmittelbare Umgebung bieten der Vogelwelt, insbesondere verschiedenen Gänse- und Entenarten, einen wertvollen Lebensraum.

Schöpfwerk. Ohne Wegweisung setzen wir unsere Wanderung nach rechts auf dem Deich fort. Wir passieren einen kleinen Bootssteg, wo wir von einer Rastbank eine schöne Sicht über den **Neuensiener See** genießen. Der Deichweg mündet unvermittelt in einen Acker, an dessen rechtem Rand wir nach wenigen Schritten die Landstraße erreichen. Rechts haltend kommen wir in die kleine Siedlung **Neuensien**. Auf dem an der Bushaltestelle ohne Wegweisung nach links abzweigenden Feldweg steigen wir hinauf zur bewaldeten Kuppe des **Hohen Bergs**. Die 43 Meter hohe Erhebung gehört zum **Naturschutzgebiet Neuensiener und Selliner See**. Aus dem Wald hinaus folgen wir der *Wegweisung Altenssien* nach links. Vor einem Hochsitz macht der Feldweg einen Linksknick. Mit schöner Sicht auf den **Neuensiener** und **Selliner See** wandern wir durch ein Feldermeer hinab nach **Altensien**. Das urkundlich erstmals 1318 erwähnte Dorf punktet mit einigen gut erhaltenen alten Hofstellen und einer neu aufgebauten **Schrotmühle** samt einer Ausstellung im dazugehörenden Gerätehaus. Wir folgen der mit Feldsteinen gepflasterten Dorfstraße nach rechts (nach links ist nach wenigen Metern die **Schrotmühle** erreicht). Bei der Bushaltstelle orientieren wir uns mit *Wegweisung Sellin* nach links. Aus dem Dorf hinaus begleitet uns überwiegend Weideland bis nach **Sellin** (zum Ort → S. 59). Auf Höhe des Wasserwerks zweigen wir nach rechts in die *Seestraße*. An deren Ende münden wir in die *B 196*, deren straßenbegleitendem Fuß- und Radweg wir nach rechts folgen. Vor der Einfahrt zum **„Fährhaus Sellin“** trennen wir uns von der stark befahrenen Straße und gelangen mit *Wegweisung Lobbe* nach rechts zum **Selliner See**. Ferienhäuser zur Linken, der schilfgesäumte See zur Rechten begleiten uns auf dem breiten

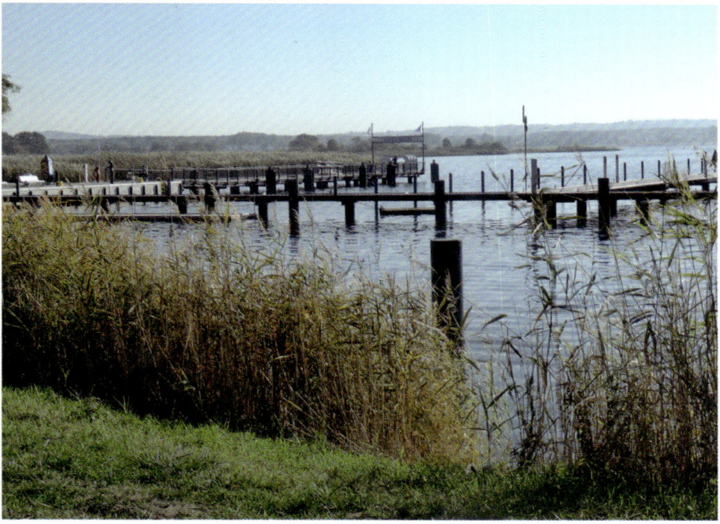

Boddenhafen Sellin

Fuß- und Radweg. Wir passieren das **Museum Seefahrerhaus Sellin** und kommen zum neuen **Wasserwanderrastplatz Ostseebad Sellin**. Die großzügig dimensionierte Hafenanlage verlassen wir geradeaus auf dem asphaltierten Fuß- und Radweg. Wenn wir Glück haben, passieren wir den **Bahnhof Sellin Ost** gleichzeitig mit dem **Rasenden Roland**. Auf dem asphaltierten Fuß- und Radweg setzen wir zum „Schlussspurt" an. Rechter Hand erstrecken sich ausgedehnte Weideflächen, die den an diese grenzenden **Selliner See** meist nur erahnen lassen, linker Hand begleiten uns die Bahntrasse und in einiger Entfernung Wohn- und Gewerbebauten. Mit dem **Mönchgut-Tor** haben wir **Baabe** erreicht. Nun trennen uns nur noch wenige Schritte an der *Göhrener Chaussee* entlang vom **Parkplatz** am **Bahnhof**.

Baabe – Drei Ostseebäder auf einen Streich

Die beschauliche Wald-, Promenaden- und Strandwanderung bietet reichlich Gelegenheit zur Erkundung dreier reizvoller Ostseebäder und für ausgiebige Strandbesuche.

Start/Ziel: Baabe, Parkplatz am Bahnhof
An-/Abfahrt mit öffentlichen Verkehrsmitteln: ab/bis Bahnhof Baabe mit dem „Rasenden Roland" (in/aus Richtung Göhren/Binz) oder mit der Buslinie 20 (aus/in Richtung Sellin/Göhren)
Anforderungen: Unschwierige Rundtour auf bequemen Promenaden-, Fuß- und Radwegen sowie leichten Waldwegen, eine kurze Strandpassage. Für Familien mit Kindern geeignet.
Streckenlänge: 12 Kilometer
Anstiege/Abstiege: 70 Höhenmeter
Einkehr: außerhalb von Baabe, Göhren und Sellin Großimbiss „Kleine Melodie" am Selliner Südstrand
Karte: Blatt „Mönchgut, Granitz"
Sehenswertes: Strandstraße in Baabe, Seebrücke und Kurpark in Göhren, Seebrücke, Wilhelmstraße und Seepark in Sellin

Vom Parkplatz am Bahnhof Baabe (zum Ort → S. 49) überqueren wir vorsichtig die *Göhrener Chaussee/B 196* und erreichen rechts haltend den *Göhrener Weg*. Diesem folgen wir mit *Wegweisung* Strand Göhren über die Strandstraße geradeaus hinweg, passieren die evangelische Kirche und gelangen durch eine Neubausiedlung in die **Baaber Heide**.

Die **Baaber Heide** ist eines der größten geschlossenen Waldgebiete Rügens. Sie entstand, wie andere Rügener Heiden (z. B. Schaabe, Schmale Heide), durch Aufforstung Mitte des 19. Jahrhunderts. Auf den früheren Dünen gedeihen Kiefern und Birken sowie im Unterholz Wacholder, Farne, Heidekraut und Blaubeerbüsche.

Auf einem breiten, weiterhin als *Göhrener Weg* ausgewiesenen Forstweg wandern wir durch das ausgedehnte Kiefernwaldgebiet - dabei bleiben wir immer auf dem geradeaus führenden Hauptweg. Nachdem wir das Gleis des **„Rasenden Rolands"** überquert haben (guter Fotostandort für die Rügener „Dampfat-

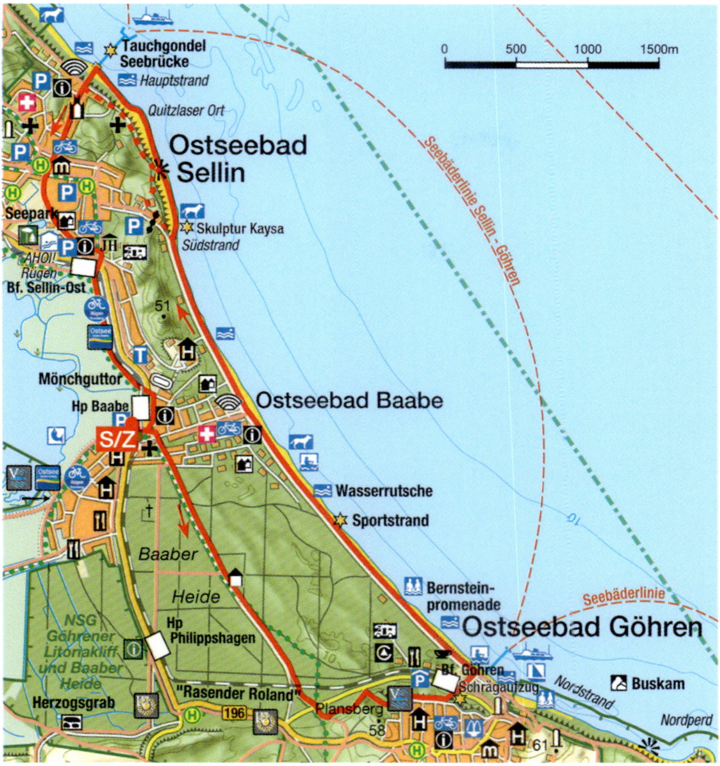

traktion in Aktion“), erreichen wir eine Weggabelung. Links haltend folgen wir dem gekiesten Fuß- und Radweg zur hier nicht ausgewiesenen *Bahnhofstraße*. Über diese geradeaus hinweg tauchen wir in einen Buchenwald ein. Den spürbar ansteigenden Fuß- und Radweg verlassen wir alsbald mit *Wegweisung Kleinbahnhof* nach links. Auf einem überwiegend ebenen Wanderweg queren wir den bewaldeten Hang des **Plansbergs**. Bei zwei aufeinander folgenden Weggabelungen wählen wir jeweils den linken Weg und erreichen schließlich den **Kleinbahnhof Göhren** (zum Ort → S. 41f). Rechts am Bahnhofsgebäude entlang zweigen wir nach links in die Straße *Kegelbahn,* auf der wir nach wenigen Schritten zum **Nordstrand** gelangen. Vor dem **Brückenhaus** lotst uns die *Wegweisung Baabe* nach links auf die gepflasterte **Bernsteinpromenade**. Dieser folgen wir bis **Baabe**. Wer eine Strandwanderung bevorzugt, kann über den Strandzugang an den feinsandigen Strand gelangen und über diesen das angegebene

Zwischenziel ansteuern. Bis **Baabe** begleitet uns linker Hand ein zur **Baaber Heide** gehörender Kiefernwald, in dem sich viele alte und neue Ferienhäuser mehr oder weniger erfolgreich „verstecken". Rechter Hand trennen teilweise mit Kiefern aufgelockerte Rasenflächen und ein durchgängiger Dünenstreifen den Strand von der Bummelmeile.

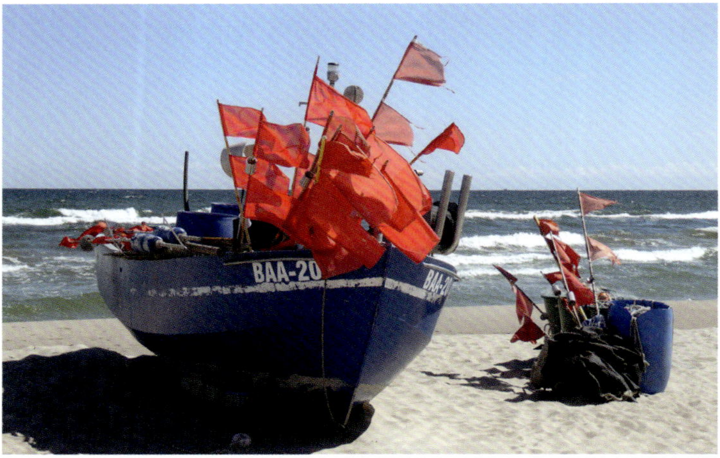

Fischerstrand Baabe

Nachdem wir den kleinen **Baaber Fischerstrand** passiert haben, ist es nur noch ein Katzensprung ins badetouristische Zentrum des **Ostseebades Baabe** (zum Ort → S. 49). Aus dem aufwändig gestalteten **Strandrondell** folgen wir der gepflasterten Strandpromenade am kleinen **Kurpark** entlang - wer lieber am Strand wandert, begibt sich hier an selbigen. Linker Hand begleitet uns alsbald schöner Kiefernwald, der einen zunehmend an Höhe gewinnenden Hang bedeckt. Mit dem Strandzugang des **„Cliff Hotels"** haben wir den **Selliner Südstrand** erreicht - am Landschaftsbild ändert sich nichts. Hinter dem **Großimbiss „Kleine Melodie"** endet die Promenade, über eine Treppe gelangen wir an den Strand.

Wegalternative: Hochuferweg nach Sellin

Wir folgen dem hier nicht ausgewiesenen *Weißen Steg*, einem gepflasterten Fahrweg, nach links. Ein 20-prozentiger Anstieg hinauf zum **Selliner Forst** bringt unseren Puls sicherlich auf Touren. Kurz vor dem Scheitelpunkt des Fahrweges zweigt nach rechts der *Hochuferweg* ab. Bei der ersten Weggabelung folgen wir dem rechten Weg und gelangen in die Nähe der Abbruchkante des Steilufers. In teils spürbarem Auf und Ab schlängelt sich der Weg durch den Küstenwald. Eine längere Treppe vermittelt den Zugang zu einer Aussichtsterrasse. Treppab, treppauf erreichen wir eine weitere Weggabelung und gelangen geradeaus zu einem Parkplatz. Rechts haltend folgen wir der asphaltierten Hochuferpromenade an Hotel- und Appartementanlagen vorbei zu einer aufwändig gestalteten Treppenanlage. Über diese steigen wir hinab in das touristische Zentrum des **Ostseebades Sellin** (zum Ort → S. 59), den Aussichtsbalkon am Ende und höchsten Punkt der **Wilhelmstraße**.

Am Fuß des mächtigen, überwiegend bewachsenen Steilufers suchen wir in dem teils feinsandigen, teils steinigen Naturstrand den für uns bequemsten Weg. Mit der schon lange vorher sichtbaren **Seebrücke** erreichen wir den **Selliner Hauptstrand** (zum Ort → S. 59). Nach einem unbedingt empfehlenswerten Besuch der **Seebrücke** gibt es drei Möglichkeiten, um den Aussichtsbalkon am höchsten Punkt der **Wilhelmstraße** zu erreichen: bequem mit einem kostenlosen Schrägaufzug, anstrengend über die 99-stufige „Himmelsleiter" oder über eine moderat ansteigende Rampe. Wie auch immer wir den **Aussichtsbalkon** erreichen, setzen wir unsere Wanderung durch die abwärts führende **Wilhelmstraße** fort. An deren Ende überqueren wir die *Granitzer Straße*, durchqueren die **Seepark-Passage** und gelangen auf die von Linden gesäumte *Seeparkpromenade*. Den gewässerreichen **Seepark** und die **Bade- und Erlebniswelt AHOI RÜGEN** zur Rechten, ein Kleingartengelände und ausgedehnte Appartementanlagen zur Linken erreichen wir die an der *Seestraße/B 196* gelegene **Touristinformation**. Über die vielbefahrene Straße hinweg steuern wir den **Bahnhof Ost** an. Vor diesem gehen wir über den kleinen Parkplatz bis zum ausgewiesenen Gleisübergang. Über diesen hinweg folgen wir dem asphaltierten Fuß- und Radweg nach links. Rechter Hand erstrecken sich ausgedehnte Weideflächen, die den angrenzenden **Selliner See** meist nur erahnen lassen, linker Hand begleiten uns die Bahntrasse und in einiger Entfernung Wohn- und Gewerbebauten. Mit dem **Mönchgut-Tor** haben wir **Baabe** erreicht. Nun trennen uns nur noch wenige Schritte an der *Göhrener Chaussee* entlang vom **Parkplatz** am **Bahnhof**.

Sellin – Schwarzer See und Jagdschloss Granitz

Prächtiger Buchenwald ist unser ständiger Begleiter durch das viel besuchte Wanderparadies Granitz. Auf unserer langen Rundtour durch die stark profilierte Endmoränenlandschaft besuchen wir mit dem Schwarzen See ein verstecktes Landschaftsjuwel, genießen vom Aussichtsturm des imposanten Jagdschlosses einen weitreichenden Inselblick und begleiten den nostalgischen „Rasenden Roland“ auf einem besonders schönen Abschnitt seines „Einsatzgebietes“.

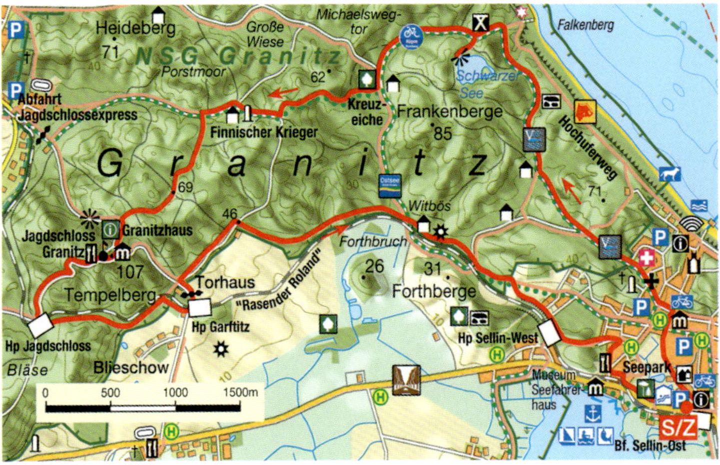

Start/Ziel: Sellin, Großparkplatz am Bahnhof Ost

An-/Abfahrt mit öffentlichen Verkehrsmitteln:
ab/bis Bahnhof Sellin-Ost mit dem „Rasenden Roland“ in/aus Richtung Göhren/Binz oder mit der Buslinie 20 aus/in Richtung Bergen/Serams/Göhren

Anforderungen: Wegen der Länge und der zu überwindenden Höhenunterschiede anstrengende Rundtour auf überwiegend breiten Waldwegen. Für Familien mit Kindern unter 12 Jahren bedingt geeignet.

Streckenlänge: 15,9 Kilometer

An-/Abstiege: 190 Höhenmeter

Einkehr: außerhalb von Sellin Wirtshaus „Alte Brennerei“ und „Waldbiergarten“ am Jagdschloss Granitz

Karte: Blatt „Mönchgut, Granitz“

Sehenswertes: Bahnhof Ost, Bernsteinmuseum, Wilhelmstraße und Seebrücke in Sellin, Schwarzer See, Jagdschloss Granitz, Haltepunkt Jagdschloss

Wie seine Nachbarn Binz, Baabe und Göhren erlebte das **Ostseebad Sellin** durch den 1896 erfolgten Anschluss an die **Rügensche Kleinbahn** einen rasanten Aufstieg. Die am **Selliner See** gelegene, urkundlich erstmals 1295 erwähnte Fischersiedlung wandelte sich in wenigen Jahren zu einem beliebten Badeort. Am einstigen, vom Dorf zum 30 Meter hohen Steilufer an der Ostseeküste ansteigenden Hohlweg entstanden zahlreiche repräsentative Privat- und Logierhäuser im Bäderstil. Nach umfangreichen Restaurierungen präsentiert sich die seit 1990 unter Ensembledenkmalschutz gestellte **Wilhelmstraße** heute als die Prachtallee, die sie einmal war. An ihrem Ende befindet sich ein Aussichtsbalkon, von dem die 99-stufige **„Himmelsleiter"** zur neuen **Seebrücke** hinab führt (gleiches bewerkstelligt auch ein neuer Schrägaufzug). Die 1905 erbaute Seebrücke gehörte seinerzeit zu den originellsten an der gesamten Ostseeküste – der rund 500 Meter lange hölzerne Pfahlbau bot nicht nur Dampfschiffen eine Anlegestelle, er trug einen Konzertpavillon und ein Restaurant. Die im Winter 1941/42 durch starken Eisgang zerstörte Seebrücke wurde in den Jahren 1992 bis 1998 nach dem historischen Vorbild mitsamt einem zweistöckigen Restaurant- und Geschäftsgebäude wieder aufgebaut. Am Kopf der nunmehr 394 Meter langen Seebrücke ermöglicht eine **Tauchgondel** einen gefahrlosen Tauchgang zum Meeresboden. „Historisch" nennen darf sich der **Kleinbahnhof Sellin Ost** (1896) – an der Strecke Putbus–Göhren ist er der einzige, der noch im Originalzustand erhalten ist. Sehr alte Zeugnisse der Erdgeschichte sind im **Bernsteinmuseum** in Augenschein zu nehmen (Ecke *Wilhelmstraße/Granitzer Straße*). Das **Museum Seefahrerhaus** informiert vor allem über den Alltag der Fischer und Bootsbauer (*Seestraße*).

Vom **Großparkplatz** am **Bahnhof Ost** steuern wir die **Touristinformation** an. An dieser links vorbei stoßen wir auf die gepflegte *Seeparkpromenade*. Ausgedehnte Appartementanlagen und ein Kleingartengelände zur Rechten, die **Bade- und Erlebniswelt AHOI RÜGEN** und den wassereichen **Seepark** zur Linken bummeln wir über die von Linden gesäumte Promenade, durchqueren die **Seepark-Passage** und erreichen die *Granitzer Straße*. Über diese geradeaus hinweg folgen wir der *Wilhelmstraße* für wenige Meter, zweigen nach links in die *Kirchstraße*, überqueren die *Augst-Bebel-Straße* und setzen unsere Wanderung mit *Wegweisung Kurklinik* in der *Kirchstraße* fort. Leicht ansteigend passieren wir zunächst die evangelische **Kirche**, dann die **Kurklinik** und gelangen schließlich in das **Naturschutzgebiet Granitz**.

Ausgeprägte Täler und Höhenzüge bestimmen die **Granitz**. In der überwiegend von Buchenwald bedeckten Endmoränenlandschaft, die im 107 Meter hohen **Tempelberg** ihren höchsten Punkt erreicht, „verstecken" sich einige Kesselmoore sowie der idyllisch gelegene **Schwarze See**. Zur Ostsee hin fällt die Granitz mit einer imposanten, von zahlreichen Schluchten durchbrochenen Steilküste ab. Die seit 1990 als **Naturschutzgebiet Granitz** ausgewiesene Waldlandschaft gehört zum Biosphärenreservat Südost-Rügen.

Geradeaus gehen wir auf einem zu Beginn mit einer Schranke „gesicherten", weiterhin ansteigenden Forstweg bis zu einer Weggabelung. Hier folgen wir der *Wegweisung Schwarzer See* nach rechts. Der Waldweg mündet auf Höhe einer Rasthütte in einen Forstweg. Rechts haltend stoßen wir auf einen breiten Querweg, dem wir mit *Wegweisung Schwarzer See* nach links folgen. Alsbald erreichen wir den zum angezeigten See führenden Abzweig.

Der in einer zu- und abflusslosen Senke liegende **Schwarze See** ist als Kernzone (Totalreservat) des Biosphärenreservates Südost-Rügen ausgewiesen. Der eine Fläche von 23 Hektar bedeckende, bis zu fünfzehn Meter tiefe Kesselsee wird von zahlreichen Teich- und Seerosen bedeckt. In seinem Randbereich finden sich Verlandungsmoore, zum Teil besteht eine Schwingdeckenvegetation.

Zurück auf dem Hauptweg folgen wir der *Wegweisung Jagdschloss Granitz* in leichtem Auf und Ab bis zum Rastplatz an der **Kreuzeiche**. Mit *Wegweisung Finnischer Krieger* setzen wir unsere Wanderung geradeaus auf einem spürbar ansteigenden, landschaftlich sehr reizvollen Kammweg fort. Der entsprechenden Wegweisung folgend passieren wir das **Grab des finnischen Kriegers**, der hier im Jahre 1806/1807 einer Krankheit erlag. Bevor der breite Waldweg deutlich an Höhe verliert, zweigen wir mit *Wegweisung Jagdschloss Granitz* nach links auf einen sanft ansteigenden, abschnittsweise gepflasterten breiten Fuß- und Radweg. Ohne große Anstrengungen gelangen wir hinauf zur hier nicht ausgewiesenen *Granitzer Straße*, auf der wir nach wenigen Metern das Areal des **Jagdschlosses Granitz** erreichen.

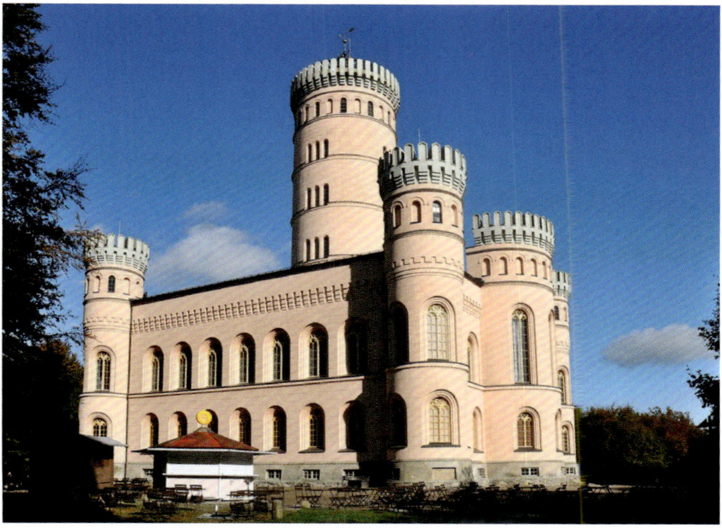

Jagdschloss Granitz

Anstelle einer 1726 erbauten Jagdhütte ließ der umtriebige Graf Wilhelm Malte I. zu Putbus (→ S. 7) ab 1837 nach den Plänen des Berliner Architekten Gottfried Steinmeyer auf dem 107 Meter hohen Tempelberg ein repräsentatives Refugium für seine illustre Gästeschar errichten. Mit den vier zinnenbekrönten Ecktürmen und dem 1844 nach einem Entwurf von Karl Friedrich Schinkel in den Innenhof eingefügten Aussichtsturm gleicht das **Jagdschloss Granitz** einer mittelalterlichen Burg. Bereits 1900 wurde das neugotische Schloss für Touristen geöffnet, um die fürstliche Kasse aufzufüllen. Heute können in den aufwändig renovierten Innenräumen wechselnde Kunstsammlungen, Jagdtrophäen, Ritterrüstungen und Waffen besichtigt werden. In den Kellergewölben des Schlosses hat die stilvoll eingerichtete „Alte Brennerei" ihre Tore geöffnet – „Schlemmen und Schmausen auf historischem Boden" lautet das gastronomische Motto. Die Besteigung des 38 Meter hohen Aussichtsturmes ist nur für Schwindelfreie ein Vergnügen: Eine äußerst luftige, schmale, gusseiserne Wendeltreppe führt in vier Windungen über 154 pulsbeschleunigende Stufen hinauf zur Aussichtsplattform. Zur Belohnung gibt es eine großartige Aussicht über die ganze Insel. Das neben dem Schloss 1901 erbaute **Granitzhaus** diente ursprünglich als Forst- und Gasthaus. Heute ist in dem umfassend sanierten Gebäude die Informationsstelle des Biosphärenreservates Südost-Rügen untergebracht.

Links am **Granitzhaus** vorbei steuern wir eine 65-stufige Treppenanlage an, über die wir zum **Jagdschloss Granitz** gelangen. Nach einer ausführlichen Besichtigung des Schlosses gilt es mühsam erkämpfte Höhenmeter zu vernichten: Auf einem alten Feldsteinweg steuern wir in mehreren Serpentinen den **Haltepunkt Jagdschloss** an. Der in einer idyllischen Waldlichtung gelegene kleine „Bahnhof" bietet zahlreiche reizvolle Fotomotive zum Thema „Rasender Roland in Aktion". Hinter der Wartehalle überqueren wir auf einem Fahrweg das Bahngleis. Nach wenigen Metern zweigen wir nach links auf einen Forstweg. In wechselndem Abstand begleiten wir die links von uns verlaufende Bahntrasse. Wo der Forstweg eine deutliche Rechtskurve macht, setzen wir unsere „Bahnbegleitung" geradeaus auf einem nur anfänglich überwachsenen Weg fort. Zuletzt ein paar Meter direkt neben dem Gleisbett erreichen wir vor dem **Haltepunkt Garftitz** die zwischen 1850 und 1854 angelegte, mit Feldsteinen gepflasterte prächtige Kastanienallee, die von **Lancken-Granitz** zum **Jagdschloss Granitz** führt. Wir überqueren das Bahngleis und folgen mit *Wegweisung Sellin* dem Feldsteinweg bis zum ehemaligen **Torhaus** am Rand der **Granitz**. Vor einem schönen Rastplatz mit kleinem Tastpfad zweigen wir mit *Wegweisung Sellin* nach rechts auf einen schmalen Forstweg. Weitgehend eben erreichen wir eine Weggabelung, an der wir uns mit *Wegweisung Sellin* rechts halten. Alsbald begleitet uns rechter Hand die Bahntrasse des „Rasenden Roland". Am **Rastplatz Witbös** stoßen wir auf einen gut ausgebauten Fuß- und Radweg, dem wir mit *Wegwei-*

sung Kleinbahnhof Sellin West nach rechts folgen. Wo der Weg das Bahngleis nach rechts überquert, wandern wir geradeaus auf einem links neben dem Bahngleis verlaufenden Waldweg. Bei einem Rastplatz stoßen wir wieder auf den bekannten Fuß- und Radweg, auf dem wir unsere Wanderung fortsetzen. An der Stelle, wo der gekieste in einen asphaltierten Weg übergeht, zweigen wir mit *Wegweisung Kleinbahnhof Sellin West* nach rechts auf einen breiten Waldweg. Rechts an den ersten Häusern von **Sellin** ent-

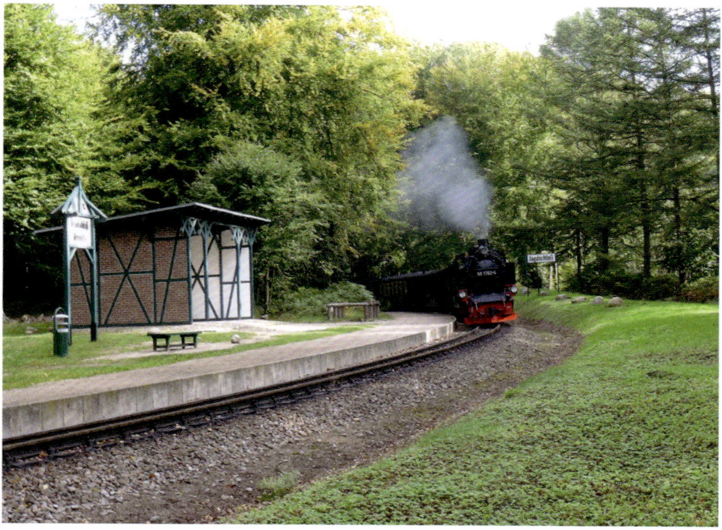

Hier erreicht der „Rasende Roland" seinen höchsten Punkt: Haltestelle Jagdschloss.

lang erreichen wir den **Kleinbahnhof Sellin West**. Vor dem Bahnübergang zweigen wir mit *Wegweisung Sellin Seebrücke* nach links auf einen geschotterten Fahrweg, auf dem wir eine bewaldete Kuppe überqueren. Am Ortsrand von **Sellin** stoßen wir auf die bergab führende *Westbahnstraße*. Über die *Schulstraße* geradeaus hinweg erreichen wir die *Hauptstraße*, überqueren diese vorsichtig und setzen unsere Wanderung mit *Wegweisung Seepark* geradeaus auf einem asphaltierten Fuß- und Radweg fort. Links an einer Neubausiedlung entlang erreichen wir den **Seepark**. Geradeaus über einen Querweg hinweg bummeln wir rechts an einer aufwändig gestalteten Teichlandschaft entlang unserem Ziel **Großparkplatz** am **Bahnhof Ost** entgegen.

Sellin – Auf dem Hochuferweg am Kliff der Granitz nach Binz

Die Streckentour führt auf dem abwechslungsreichen und anspruchsvollen Hochuferweg am Kliff der Granitz entlang und besucht „nebenbei" die Sehenswürdigkeiten der beliebten Ostseebäder Sellin und Binz. Zur Abrundung eines eindrücklichen Tourentages gibt es zwei interessante Rückkehrmöglichkeiten zum Startort: Mit dem „Rasenden Roland" auf dessen schönstem Streckenabschnitt oder mit dem Schiff von Seebrücke zu Seebrücke am Kliff entlang.

Gefahrenhinweis: Das Kliff der Granitz ist eine aktive Küste. Es besteht immer die Gefahr von Abbrüchen und Hangrutschungen. Daher: Auch von den gekennzeichneten Wegen gibt es großartige Aussichten und Fotomotive!

Start: Sellin, Großplatz am Bahnhof Ost

Ziel: Binz, Seebrücke/Kleinbahnhof

An-/Abfahrt mit öffentlichen Verkehrsmitteln:
ab/bis Bahnhof Sellin Ost mit dem „Rasenden Roland" (in/aus Richtung Sellin/Binz) oder mit der Buslinie 20 (aus/in Richtung Göhren/Serams-Wendeplatz)

Rückfahrt mit öffentlichen Verkehrsmitteln:
ab Seebrücke Binz mit den „Adler Schiffen" zur Seebrücke Sellin oder ab Kleinbahnhof Binz mit dem „Rasenden Roland" zum Bahnhof Sellin Ost oder ab Kleinbahnhof Binz mit der Buslinie 22 bis Serams-Wendeplatz und weiter mit der Buslinie 20 zum Bahnhof Sellin Ost

Anforderungen: Abschnittsweise anstrengende, Trittsicherheit erfordernde Streckentour. Für Familien mit Kindern unter 12 Jahren bedingt geeignet.

Streckenlänge: 9,8 Kilometer (8,3 Kilometer bis Seebrücke Binz)

Anstiege/Abstiege: 140 Höhenmeter

Einkehr: außerhalb von Sellin und Binz keine

Karte: Blatt „Mönchgut, Granitz"

Sehenswertes: Seepark, Seebrücke und Wilhelmstraße in Sellin, Bäderarchitektur, Müther-Turm, Kurhaus und Park der Sinne in Binz

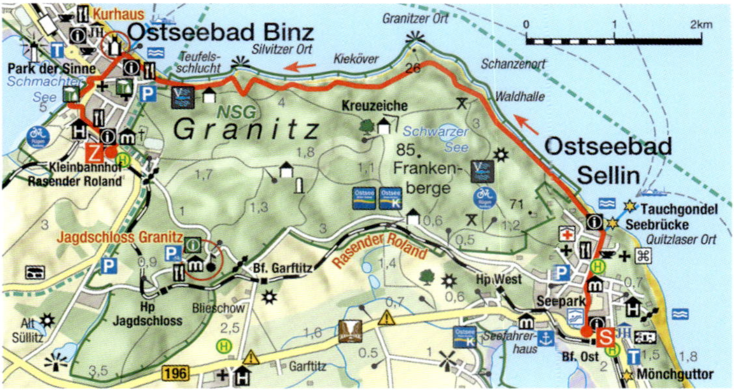

Vom **Großparkplatz** am **Bahnhof Sellin Ost** (zum Ort → S. 59) steuern wir das auffällige Gebäude an, in dem die **Touristinformation** untergebracht ist. An dieser links vorbei stoßen wir auf die gepflegte *Seeparkpromenade*. Ausgedehnte Appartementanlagen und ein Kleingartengelände zur Rechten, die **Bade- und Erlebniswelt AHOI RÜGEN** und den gewässereichen **Seepark** zur Linken bummeln wir über die von Linden gesäumte Promenade, durchqueren die **Seepark-Passage** und erreichen die *Granitzer Straße*. Über diese geradeaus hinweg folgen wir der *Wilhelmstraße* hinauf bis zum **Aussichtsbalkon** am oberen Kliffrand. Überwältigend ist die Sicht auf den breiten **Nordstrand** und die imposante **Seebrücke**. Wir verlassen den Aussichtsplatz vor dem farbenprächtigen **Kurhaus Sellin** über eine terrassierte Parkanlage. Nach Überwindung von 70 Stufen gelangen wir auf den breiten, als *Am Hochufer* ausgewiesenen Promenadenweg. Rechter Hand begleitet uns das überwiegend mit Buchen bewachsene Steilufer, linker Hand reihen sich einige touristische Bauten. Hinter der **„Villa Rex"** erreichen wir das **Naturschutzgebiet Granitz** (→ S. 60). Eine am Wegrand platzierte Tafel weist uns auf das Gefahrenpotenzial des Hochuferwanderweges hin. Die ersten Meter auf selbigem zeigen uns, was uns auf den folgenden sechs Kilometern erwartet: In unterschiedlichem Abstand zur Abbruchkante des Steilufers windet sich der schmale Wanderpfad durch ein stark modelliertes, abwechslungsreiches und von prächtigem Buchenwald bestandenes Gelände. Bergauf, bergab, gelegentlich auch eben – so zeigt sich das Wegprofil des Hochuferwegs. Mit dem 67 Meter hohen **Falkenberg**, auf dem ein hoher Sendemast

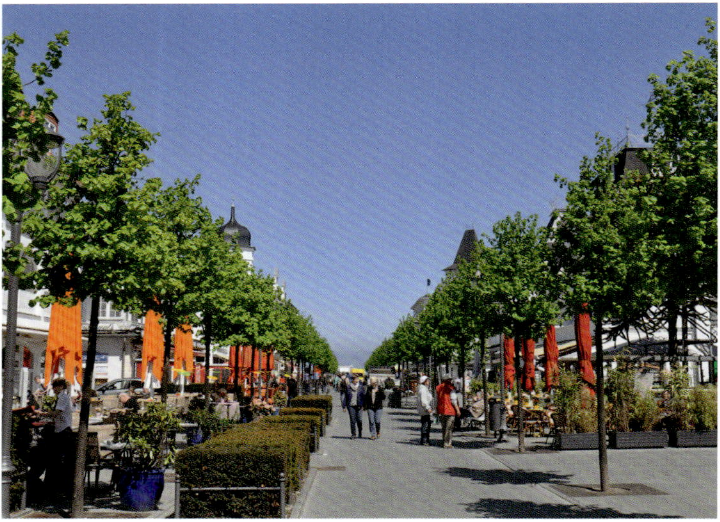

Bummelmeile in Binz

steht, erreichen wir die **Ufersicht Waldhalle**. Von dem 1888 erbauten **Ausflugslokal „Waldhalle"** sind derzeit nur noch einige Fundamentreste am Kliffrand zu erkennen – nach fortwährenden Küstenabbrüchen wurde das Gebäude in den 1980er-Jahren aufgegeben und abgerissen. Geblieben ist die schöne Aussicht Richtung **Selliner Seebrücke**, in der Ferne sind die **Jasmunder Kreidefelsen** auszumachen. Am **Falkenberg** treffen wir auf die einzige ausgeschilderte Weggabelung am Hochuferweg: Wir folgen der *Wegweisung Hochuferweg Teufelsschlucht*. Nach der Passage des **Granitzer Ortes** bietet sich beim Geländepunkt **Kieköver** eine weite Sicht über die **Prorer Wiek** hinweg auf **Sassnitz** und die **Kreideküste** sowie auf **Binz**. Mit Erreichen der Aussichtswarte **Silvitzer Ort** führt der Hochuferweg hinab zu einem breiten Forstweg, an dem eine Rasthütte steht. Vor dem Forstweg halten wir uns scharf rechts und gelangen durch die **Teufelsschlucht**, einem tiefeingeschnittenen Hohlweg, hinab an den Ostseestrand. Je nach Vorliebe gehen wir entweder auf einem Wanderpfad am Fuß des bewaldeten Steilhangs oder über den steinigen Strand bis zum Beginn der Strandpromenade – das **Ostseebad Binz** ist erreicht.

Die gepflegte Strandpromenade begleiten linker Hand besonders schöne Exemplare sanierter Bäderarchitektur, rechter Hand liegt

Dass aus der 1318 als „Byntze" erwähnten Fischersiedlung Rügens größtes und zeitweise mondänste Seebad wurde, verdankt das **Ostseebad Binz Graf Wilhelm Malte I. von Putbus** (→ S. 7). Für seine Gäste ließ der Rügener Immobilien-Fürst 1830 an der **Prorer Wiek** Badebrücken bauen und Badekarren aufstellen. Langsam verbreitete sich die Kunde von der Attraktivität des „Sorrent des Nordens" bis in bürgerliche Kreise. Es entstand ein erstes Strandhotel, 1886 zog es bereits 2.000 Gäste aus der „besseren Gesellschaft" in die Sommerfrische. Berliner Bankiers gründeten 1888 die „Aktiengesellschaft Ostseebad Binz". Nicht kleckern, sondern klotzen: In großem Stil entstanden Prachtvillen, Luxushotels und Pensionen in einem bunten Mix unterschiedlicher Baustile – Bäderarchitektur in Reinkultur. Im Jahr 1895 wurde Binz an die **Rügensche Kleinbahn** angeschlossen. Ein stattliches Kurhaus öffnete bereits 1893 seine Pforten, eine 500 Meter lange Seebrücke wurde 1902 eingeweiht. Während letztere den Naturgewalten nur drei Jahre lang standhielt, fiel das **Kurhaus** 1906 Flammen zum Opfer. Der 1906–1908 realisierte dreiflügelige Neubau vermittelt bis zum heutigen Tag Brighton-Atmosphäre *(Strandpromenade)*. Heute ist die ehemals elitäre Sommerfrische ein Familienbad, das jährlich von mehr als zwei Millionen Gästen besucht wird. Seit der „Wende" wurden riesige Summen in den Neubau unzähliger Hotel- und Appartementanlagen sowie in die Restaurierung heruntergekommener **Bäderarchitektur** gesteckt. Deren sehenswerte Ergebnisse finden sich vor allem an der Strandpromenade, in der Haupt-, Putbuser-, Elisen- und Dünenstraße. Neben der Bäderarchitektur besitzt der Ort mit der vom Rügener Bauingenieur **Ulrich Müther** (1934–2007) 1968 in den Stranddünen erbauten **Rettungsstation der Wasserwacht** ein architektonisches Kleinod. Der futuristisch anmutende Betonschalenbau wird nach seiner 2004 erfolgten Sanierung als Außenstelle des Binzer Standesamts genutzt *(Strandpromenade)*. Erstaunlich unspektakulär präsentiert sich die 1993–1994 erbaute, 370 Meter lange **Seebrücke**. Am nordöstlichen Ufer des **Schmachter Sees** wurde 2003 als „offizieller Außenstandort" der „Internationalen Gartenbau-Ausstellung in Rostock" der **Park der Sinne** eröffnet. Zu seiner vielfältigen Ausstattung gehören verschiedene Spiel- und Sinnesstationen, ein Wasserspielplatz, ein Themengarten mit Pavillon, ein Irrgarten, ein Rosen- und Duftgarten sowie ein Seesteg. Neben zahlreichen Galerien (besonders die **Kunstmeile** in der *Margaretenstraße*) lohnt das **Museum Ostseebad Binz im Kleinbahnhof** einen Besuch. Es vermittelt vor allem einen umfassenden Einblick in das Ostseebad um 1900 *(Bahnhofstraße)*. Im Binzer Ortsteil **Prora** gibt es mit dem **Dokumentationszentrum Prora** *(Objektstraße 1,* Block 3/Querriegel), dem **Oldtimermuseum Rügen** *(Proraer Allee)* und der **Galileo Wissenswelt** *(Forstverwaltung 1)* ein vielfältiges museales Angebot – nicht nur für Regentage. Hoch hinaus geht es im **Naturerbe Zentrum Rügen**. Ein insgesamt 1250 Meter langer Baumwipfelpfad schlängelt sich in einer Höhe von vier bis siebzehn Metern durch einen Buchenwald. Den Höhepunkt des Pfades bildet der einem Adlerhorst nachempfundene 40 Meter hohe Aussichtsturm – oben angekommen gibt es einen einzigartigen Blick auf den **Kleinen Jasmunder Bodden** und die **Ostsee** *(Forsthaus Prora)*.

der durch einen mit Kiefern bewachsenen Dünenstreifen sichtgeschützte Strand. Alsbald passieren wir die am ehemaligen Fischerstrand gelegene **„Fischräucherei Kuse"**. Der urige Imbiss des in fünfter Generation geführten, nunmehr einzigen Fischereibetriebes in **Binz** besitzt Kultstatus. Bei Hochzeitspaaren beliebt ist die am *Müther-Platz* gelegene ehemalige **Rettungsstation der Wasserwacht**. Die Strandpromenade mündet vor dem **Kurhaus** in einen kreisrunden Platz, von dem wir nach rechts auf die **See-**

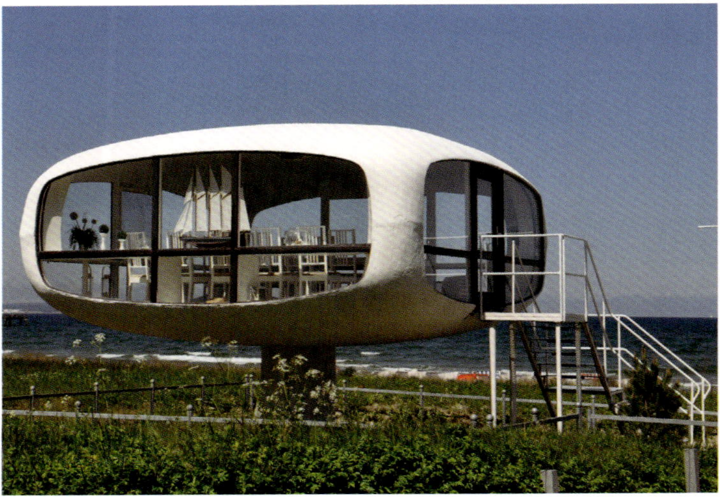

Im futuristischen Müther-Bau ist gut heiraten.

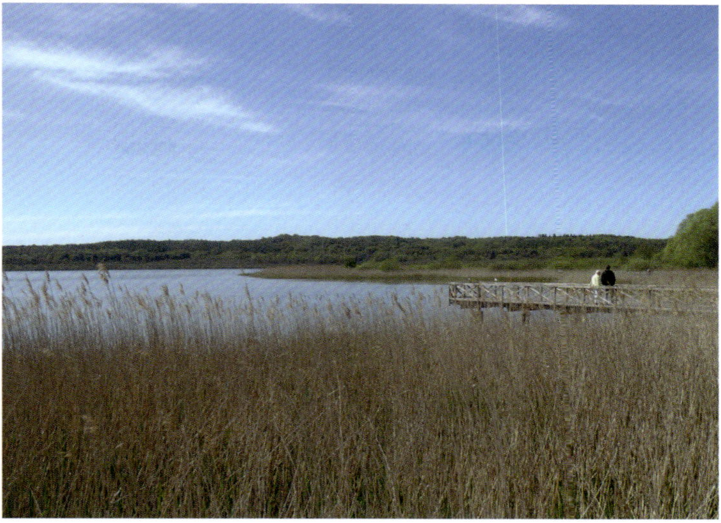

Am Schmachter See

brücke gehen können. Links haltend folgen wir der *Wegweisung Schmachter See* durch die hier nicht ausgewiesene, trubelige *Hauptstraße*. Über die *Jasmunder Straße* geradeaus hinweg gelangen wir mit der *Schmachterseestraße* zum **Park der Sinne** am **Schmachter See**. Die *Wegweisung Jagdschloss Granitz* führt uns in die aufwändig gestaltete Parkanlage, an deren Ende wir zum *Pantower Weg* kommen. Links haltend gelangen wir zur *Bahnhofstraße*. Dieser folgen wir nach rechts und erreichen alsbald den **Kleinbahnhof Binz**.

Mit der vor 5.000 Jahren zwischen dem Jasmund und der Granitz entstandenen Nehrung der Schmalen Heide wurde eine an dieser Stelle bestehende, bis zu 15 Meter tiefe Ostseebucht vom Meer abgeriegelt. Es entstand der **Schmachter See.** Der seitdem verlandende See besitzt heute nur noch eine durchschnittliche Wassertiefe von gut einem Meter, bis zu acht Meter Mudde bedecken seinen Grund. Der samt Uferzone vollständig unter Naturschutz gestellte, bis auf wenige Meter schilfgesäumte Flachwassersee bietet zählreichen gefährdeten Pflanzenarten einen Überlebensraum und einer artenreichen Vogelwelt (u. a. Rohrdommel, Graugans, See- und Fischadler) Brut- und Rastplätze.

Sassnitz – Auf den Spuren des „Weißen Goldes": Kreidebrüche auf Jasmund

Der Themenweg „Weißes Rügen" widmet sich Rügens „Weißem Gold", der Kreide. Der westliche Abschnitt des (unvollständig ausgeschilderten) Rundweges führt durch das „Inland" der Halbinsel Jasmund. Er bietet neben stillgelegten und aktuell genutzten Kreidebrüchen und dem informativen Kreidemuseum Gummanz ein vielfältiges Landschaftserlebnis – und auf weiten Strecken Einsamkeit.

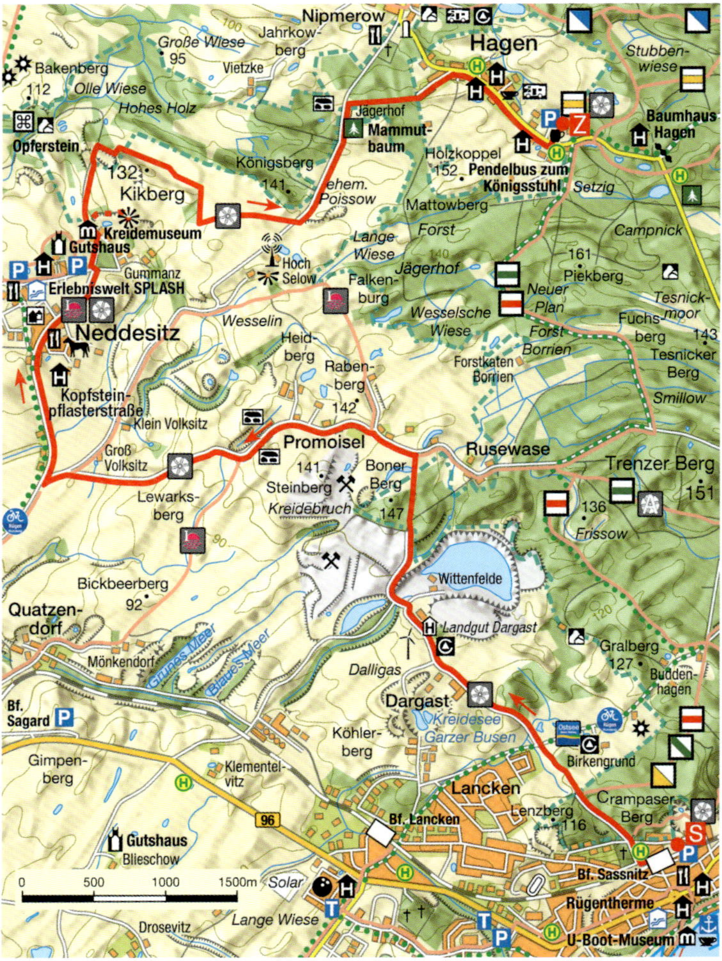

Start: Sassnitz, Parkplatz am (Bus-) Bahnhof
Ziel: Hagen, Großparkplatz Hagen
An-/Abfahrt mit öffentlichen Verkehrsmitteln:
ab/bis Bahnhof Sassnitz mit der Deutschen Bahn (in/aus Richtung Bergen/Binz) oder mit der Buslinie 22 (aus/in Richtung Binz/Serams Wendeplatz)
Rückfahrt mit öffentlichen Verkehrsmitteln: ab Großparkplatz Hagen mit der Buslinie 14 zum Bahnhof Sassnitz
Anforderungen: Lange und wegen einiger spürbarer Anstiege anstrengende, teilweise lückenhaft ausgeschilderte Streckentour auf leichten Wald-, Wiesen-, Feld (stein) – und verkehrsarmen Fahrwegen. Für Familien mit Kindern unter 12 Jahren bedingt geeignet. Konditionsstarke Geher können die Streckentour mit Tour 12 zu einer Rundtour verbinden.
Streckenlänge: 14,1 Kilometer
Anstiege/Abstiege: 210/120 Höhenmeter
Einkehr: außerhalb von Sassnitz Gaststätte „Zum Kreidefelsen" in Neddesitz
Karte: Blatt „Halbinsel Jasmund"
Sehenswertes: „Landgut Dargast", Herrenhaus Neddesitz, Kreidemuseum Gummanz

In **Sassnitz** begann der Badebetrieb bereits 1824. Mitte des 19. Jahrhunderts war der aus den beiden Fischerdörfern **Crampas** und **Sassnitz** gebildete Ort das eleganteste und prunkvollste Seebad auf Rügen. Zu seinen illustren Gästen zählten Theodor Fontane und Johannes Brahms. Bereits um 1900 war die große Zeit von Sassnitz als Ferienort vorbei, als die Gäste mehr Wert auf feinsandige Strände legten. Mit dem 1889 begonnenen Bau des Hafens verschwand der steinige Strand. Wenig später nahm die **Deutsch-Schwedische Postdampferlinie** den regelmäßigen Fährverkehr auf. Nach Fertigstellung der Bahnstrecke Stralsund-Sassnitz wurde 1909 die **„Königslinie"**, die Eisenbahnfähre nach Trelleborg, eröffnet. Seit 1998 ist es im Stadthafen ruhiger geworden – heute wird der meiste Fährverkehr über den neuen Hafen von **Mukran** abgewickelt. Zu den Sehenswürdigkeiten der Hafenstadt gehört die als Flächendenkmal ausgewiesene **Altstadt.** In den verwinkelten Gassen rund um den alten Markt erinnern einige liebevoll restaurierte Bauten im Stil der Bäderarchitektur an die ehemals glanzvolle „weiße Stadt am Meer". „Seebad-Feeling" vermittelt die vor der Altstadt angelegte **Strandpromenade** samt 100 Meter langer **Seebrücke** und **Kurplatz**. Der denkmalgeschützte **Musikpavillon „Kurmuschel"** (1986/87) ist ein Bauwerk des Rügener Schalenbetonbaumeisters **Ulrich Müther**. Der **Stadthafen**, das heutige touristische Zentrum des Ortes, ist seit 2007 von der „Oberstadt" über eine kühn geschwungene **Fußgängerbrücke** erreichbar. Die beste Sicht auf den Fischerei-, Fahrgast- und Sportboothafen gibt es von der 1912 fertiggestellten, 1444 Meter langen **Ostmole**. Maritimes thematisieren zwei hafenansässige Ausstellungen: Das **Sassnitzer Fischerei- und Hafenmuseum** samt **Museumskutter „Havel"** beschäftigt sich vor allem mit der Sassnitzer Fischereigeschichte der letzten 150 Jahre. Achtundzwanzig Jahre ist das **U-Boot „H.M.S. Otus"** im Dienst der Royal Navy in zahlreichen Einsatzfahrten abgetaucht – als **Erlebniswelt U-Boot** dient es nunmehr ausschließlich friedlichen Zwecken. Unter Denkmalschutz stehen Teile des ehemaligen **Fährterminals**. In den **(Fähr-)Bahnhof Sassnitz Hafen** (1897) ist vor Jahren ein einladendes Café eingezogen. Das Zugangsgebäude zu den Fährschiffen, der sogenannte **Glasbahnhof**, wird derzeit als Museum genutzt (alle *Hafenstraße*).

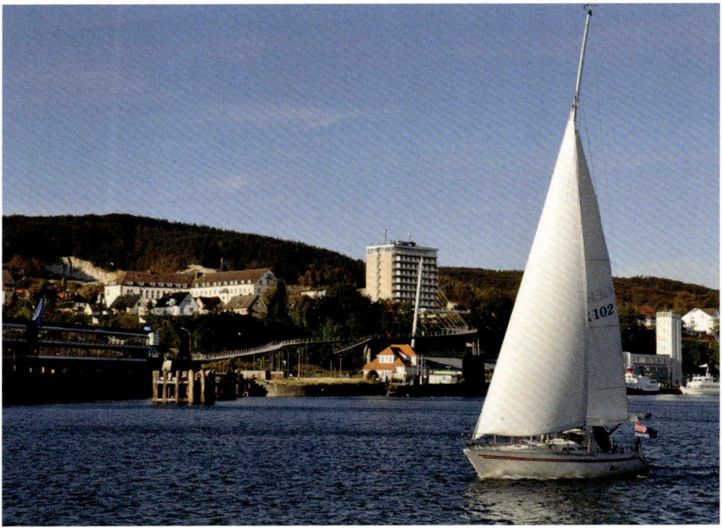

Über den Stadthafen geht der Blick auf die „Oberstadt" und die ortsnahen Kreidefelsen

Vom **Parkplatz** am **(Bus-)Bahnhof** folgen wir der *Bahnhofstraße* für wenige Meter bis zum *Birkenweg*. Am Ende der von Plattenbauten gesäumten Straße stoßen wir auf den *Merkelweg*, auf dem wir rechts haltend die Bahngleise überqueren. Hinter der Bahnschranke zweigen wir nach rechts auf die *Waldmeisterstraße*. Rechts am **Friedhof** entlang steigt die Straße hinauf zu den zum **Nationalpark Jasmund** (→ S. 80) gehörenden **Crampasser Berge**. Wo die Straße einen Rechtsknick macht, folgen wir der *Wegweisung Lancken* geradeaus in den Wald hinein – von nun an sollte uns das Logo des Themenweges „Weißes Rügen" begleiten.

Die **Kreide**, chemisch ein natürliches, feinkörniges und weißes Calciumcarbonat, ist Rügens „Weißes Gold". In gereinigter Form findet die Kreide in der chemischen Industrie (z. B. Farben, Kosmetik), in der Landwirtschaft (z. B. Düngung), in der Rauchgasentschwefelung und zunehmend in der alternativen Medizin (Heilkreide) Verwendung. Wofür die Rügener Kreide allerdings nicht zu verwenden ist: Schulkreide. Auf der Halbinsel Jasmund befinden sich umfangreiche Kreidevorkommen. Während die Kreide an der Kliffküste offen zu Tage tritt („Kreidefelsen"), verbirgt sie sich im Landesinneren unter einer teils zehn Meter mächtigen Deckschicht. Hier wurde die Kreide seit Mitte des 19. Jahrhunderts in neunzehn Kreidebrüchen abgebaut – selbst im Stadtgebiet von Sassnitz gibt es alte Kreidebrüche. Gegenwärtig wird die Kreide nur noch im Tagebau Promoisel gefördert.

Auf dem anfänglich mit Feldsteinen gepflasterten Weg steigen wir durch schönen Buchenwald spürbar bergan. Bei einer ersten Weggabelung halten wir uns geradeaus, bei einer weiteren wählen wir den rechten, mit Betonsteinen gepflasterten breiten Weg. Aus dem Wald hinaus haben wir den Anstieg gemeistert und wandern auf dem gepflasterten Weg durch Wiesen- und Strauchgelände bis zu einem kleinen Parkplatz. Über die Straße geradeaus hinweg folgen wir der *Wegweisung Dargast*. Auf einem asphaltierten, ansteigenden Fahrweg gehen wir durch hügeliges, mit Baumgruppen „angereichertes" Weide- und Ackerland. Wir passieren verwaiste, große Stallanlagen und die Kleinstsiedlung **Dargast**. Über eine Kuppe hinweg zeigt sich linker Hand das aktuelle **Kreideabbaugebiet Promoisel** unter dem **Bakenberg**. Die

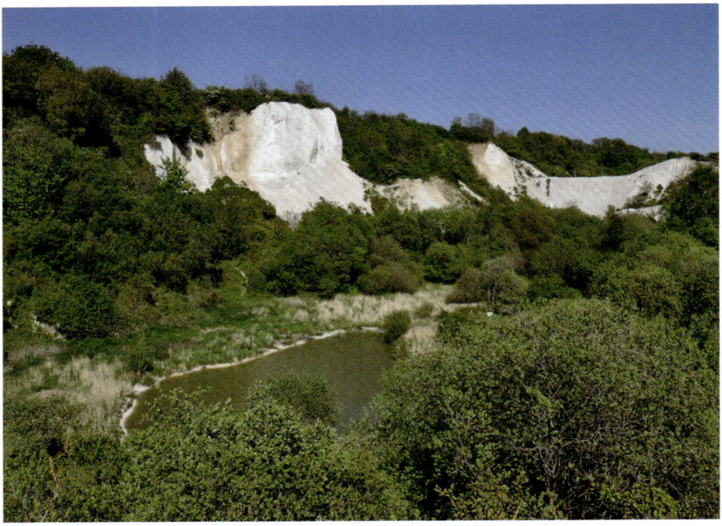

„Kleiner Königsstuhl" beim Kreidemuseum Gummanz

Gebäude des **„Landgutes Dargast"** sind ein Überbleibsel der ehemaligen Gutsanlage. Besonders auffällig ist das an der zeitweise als „Kunsthof" genutzten Gewerbehalle befindliche Graffito: Das von 27 Künstlern geschaffene Werk „Die Götter von Rügen" gilt als das größte zusammenhängende Graffito Deutschlands. Leider befindet es sich in einem sehr schlechten Zustand. Alsbald erreichen wir einen größeren Platz. Hier stoßen wir auf die erste Schautafel zum Themenweg „Weißes Rügen". Rechts haltend folgen wir einem breiten, ansteigenden Schotterweg durch Weide- und Strauchgelände. Von den beidseitig vorhandenen **Kreideseen** (Privatbesitz des Kreidewerks) ist leider nichts zu sehen. Bei einer Weggabelung geradeaus gelangen wir hinauf in den zum **Nationalpark Jasmund** gehörenden **Sehlitzer Krutt**. Im sehr dichten, dunklen Buchenwald folgen wir bei einer weiteren Weggabelung dem rechten Weg. Mit Erreichen des höchsten Punktes endet der Wald und wir gelangen in offenes Gelände. Nach wenigen Metern stoßen wir auf einen Querweg, dem wir mit *Wegweisung Kreidemuseum Gummanz* nach links folgen. Auf dem überwiegend mit Feldsteinen gepflasterten alten Landweg bummeln wir durch eine hügelige Acker- und Weidelandschaft, in der sich hier und da ein einsames Haus „verliert". Bei einer Weggabelung folgen wir dem Feldsteinweg mit der bekannten

Wegweisung nach links. Linker Hand begleiten uns die Hinterlassenschaften des Kreideabbaus in Form von mächtigen Aufschüttungen. Nachdem wir die unterhalb des **Rabenberges** gelegene Streusiedlung **Promoisel** durchquert haben, führt uns ein kurzer Anstieg hinauf auf den **Bakenberg**. Vollkommen unerwartet eröffnet sich uns eine schöne Sicht auf die **Tromper Wiek** mit dem fernen **Kap Arkona** sowie auf den **Großen Jasmunder Bodden**, aus der Tiefe grüßt die **Kirche** von **Bobbin**. Leider führt von dieser Stelle kein Pfad oder Weg an den oberen Rand des aktuellen **Kreideabbaugebietes Promoisel** – wir müssen uns mit den Abbaugeräuschen begnügen. Leicht abwärts erreichen wir eine Weggabelung. Mit *Wegweisung Neddesitz* folgen wir dem mittlerweile liebgewonnenen Feldsteinweg sanft abwärts zu einem Querweg. Links haltend erreichen wir nach wenigen Metern die Landstraße. Auf ihrem straßenbegleitenden Fuß-/Radweg wandern wir durch weitläufige Ackerflächen (im Herbst beliebter Kranichfutterplatz) nach **Neddesitz**. Gäbe es nicht die in den 1990er-Jahren um das ehemalige Herrenhaus (1901) errichtete Ferien- und Hotelanlage **„Precise Resort Rügen"** mit der Erlebniswelt **„Splash" – Neddesitz** wäre es ein unbedeutendes Dorf im Zentrum **Jasmunds**. Auf der *Dorfstraße* durchqueren wir die

Das **Kreidemuseum Gummanz** wurde im Jahr 2001 auf dem Gelände des 1962 stillgelegten gleichnamigen Kreidewerks eröffnet. Die im ehemaligen Heizhaus des Werkes eingerichtete Ausstellung informiert über die Geologie der Insel Rügen, über die Fossilien der Rügener Kreide, die zweihundertjährige Tradition des Kreideabbaus sowie die Verwendung des Naturrohstoffs Kreide. Das Highlight der Freilichtausstellung ist, neben der Präsentation alter Gerätschaften und Werkzeuge des historischen Kreideabbaus, der Naturlehrpfad. Er führt um den ehemaligen Kreidebruch bis zur Aussichtsplattform auf dem weithin sichtbaren „Kleinen Königsstuhl". Von dem 45 Meter hohen Kreidefelsen bietet sich nicht nur eine weitreichende Sicht über den Jasmund, sondern auch ein umfassender Einblick in den aufgelassenen Kreidebruch mit dem Teich in seinem Zentrum. Es beeindruckt, wie sich die Natur die durch den Kreideabbau entstandene „Mondlandschaft" zurück geholt hat und weiter zurückholt. Insbesondere einige Orchideenarten gedeihen auf dem kalkigen Boden prächtig.

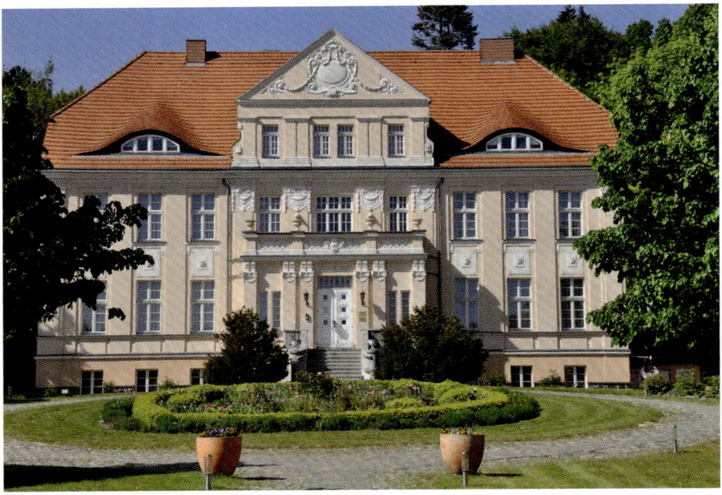

Ehemaliges Herrenhaus Neddesitz

Siedlung. Die **Gaststätte „Zum Kreidefelsen“** besteht seit 1878. Am Dorfrand folgen wir der *Wegweisung Kreidemuseum* geradeaus. Wir erreichen einen Parkplatz, von dem eine junge Allee auf das ehemalige **Herrenhaus** zuführt. Da es zum Themenweg „Weißes Rügen“passt: Bauherr des zweigeschossigen Putzbaus war der Besitzer des einträglichen **Kreidebruchs Gummanz**. Geradeaus wandern wir durch Pferdekoppeln sanft abwärts zu einer Querstraße. Über diese geradeaus hinweg erreichen wir nach wenigen Metern das angezeigte **Kreidemuseum Gummanz**. Links am **Museum** vorbei wandern wir mit *Wegweisung Kikberg* auf einem Feldweg bis zu einer Weggabelung. Ohne Ausschilderung entscheiden wir uns für den zweiten Weg von rechts und gelangen nach wenigen Metern zu einem Querweg. Mit *Wegweisung Kikberg* folgen wir nach rechts einem ansteigenden Hohlweg. Nach seinem Rechtsknick begleitet uns rechter Hand Ackergelände, linker Hand befindet sich ein Strauchstreifen, durch den wir kurz vor dem „Gipfel“ des 132 Meter hohen **Kikbergs** einen Blick auf den aufgelassenen **Quoltitzer Kreidebruch** werfen können. Nach seiner Stilllegung entwickelte sich der Kreidebruch zu einem Standort seltener Pflanzen und Tiere und wurde als solcher im **Nationalpark Jasmund** unter Schutz gestellt. Auf der Kammhöhe empfängt uns ein schöner Rast- und Schauplatz. Ohne Wegweisung folgen wir einem Wiesenweg-

nach rechts. Rechter Hand begleitet uns zunächst Strauchwerk, linker Hand Wiesengelände, das zu einem lang gezogenen, bewaldeten Höhenrücken hin ausläuft. Abwärts steuern wir über die Wiese einen Hochsitz und Strommast an. Vor diesen halten wir uns rechts und folgen einem Wiesenweg zwischen einem Waldsaum zur Rechten und hügeligem Ackerland zur Linken. Wir unterqueren eine Stromtrasse und setzen unsere Wanderung auf einem Feldweg nach links fort. Mit Erreichen eines mit Feldsteinen gepflasterten alten Landwegs hat die markierungslose Wegführung ein (nur vorübergehendes) Ende. Mit *Wegweisung Nipmerow* folgen wir dem Fahrweg nach links. Obstplantagen und Äcker begleiten uns bis zur Siedlung **Poissow**. Mit der entsprechenden Wegweisung kommen wir auf dem Feldsteinweg zum ehemaligen fürstlichen **Jägerhof**, in dessen Garten ein Mammutbaum zu bewundern ist. Hinter dem Anwesen zweigen wir wieder ohne Markierung nach rechts auf einen Waldweg, auf dem wir durch einen schönen Mischwald den Ortsrand von **Hagen** erreichen. Dem hier nicht ausgewiesenen *Anemonenweg* folgen wir nach links bis zur *Stubbenkammerstraße*. Rechts haltend durchqueren wir das einzig wegen seines riesigen Parkplatzes am Ortsrand bedeutende Straßendorf, kommen an einem Wildgatter vorbei und erreichen nach wenigen Metern den **Großparkplatz Hagen**.

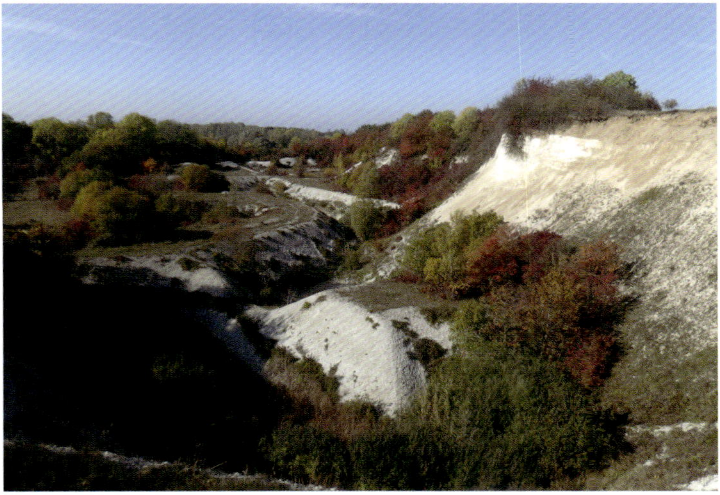

Aufgelassener Kreidebruch bei Quoltitz

Hagen – Auf den Spuren des „Weißen Goldes“: Kreideküste

Der Themenweg „Weißes Rügen“ widmet sich Rügens „Weißem Gold“, der Kreide. Der östliche Abschnitt des (unvollständig ausgeschilderten) Rundweges führt durch den Nationalpark Jasmund. Nach einer aufwärmenden Waldwanderung von Hagen zum Königsstuhl geht es von diesem bis Sassnitz entlang der imposanten Kreideküste. Der geschickt angelegte Hochuferweg bietet großartige Aussichten, wilde Strandabschnitte, prächtigen Buchenwald – das alles darf vor allem rund um den Königsstuhl mit vielen Touristen geteilt werden.

Gefahrenhinweis: Die Kreideküste ist eine aktive Küste. Es besteht immer die Gefahr von Kliffabbrüchen und Hangrutschungen. Daher: Auch von den gekennzeichneten Wegen gibt es großartige Aussichten und Fotomotive!

Start: Hagen, Großparkplatz Hagen
Ziel: Sassnitz, Parkplatz am (Bus-)Bahnhof
Anfahrt mit öffentlichen Verkehrsmitteln: bis Großparkplatz Hagen mit der Buslinie 14 aus Richtung Sassnitz/Glowe
Rückfahrt mit öffentlichen Verkehrsmitteln: ab Bahnhof Sassnitz mit der Buslinie 14 zum Großparkplatz Hagen
Anforderungen: Lange und wegen zahlreicher An- und Abstiege (unzählige Treppenstufen) auf dem gut ausgeschilderten Hochuferweg sehr anstrengende Streckentour auf unterschiedlich breiten, teils abschüssigen Waldwegen, ansonsten leichte Strand- und Promenadenwanderung. Für Familien mit Kindern unter 12 Jahren nur sehr bedingt geeignet. Konditionsstarke Geher können die Streckentour mit Tour 11 zu einer Rundtour verbinden.
Streckenlänge: 16,4 Kilometer (ohne Ostmole Sassnitz 13,5 km)
Anstiege/Abstiege: 160/260 Höhenmeter
Einkehr: außerhalb von Sassnitz Bistro im Nationalpark-Zentrum Königsstuhl (Eintritt!), Imbiss im UNESCO-Welterbeforum
Karte: Blatt „Halbinsel Jasmund“
Sehenswertes: Herthasee und Herthaburg, Nationalpark-Zentrum Königsstuhl, Victoria-Sicht, Kieler Ufer, UNESCO-Welterbeforum, Altstadt, Fußgängerbrücke, Stadthafen mit Ostmole und Musikpavillon „Kurmuschel“ in Sassnitz

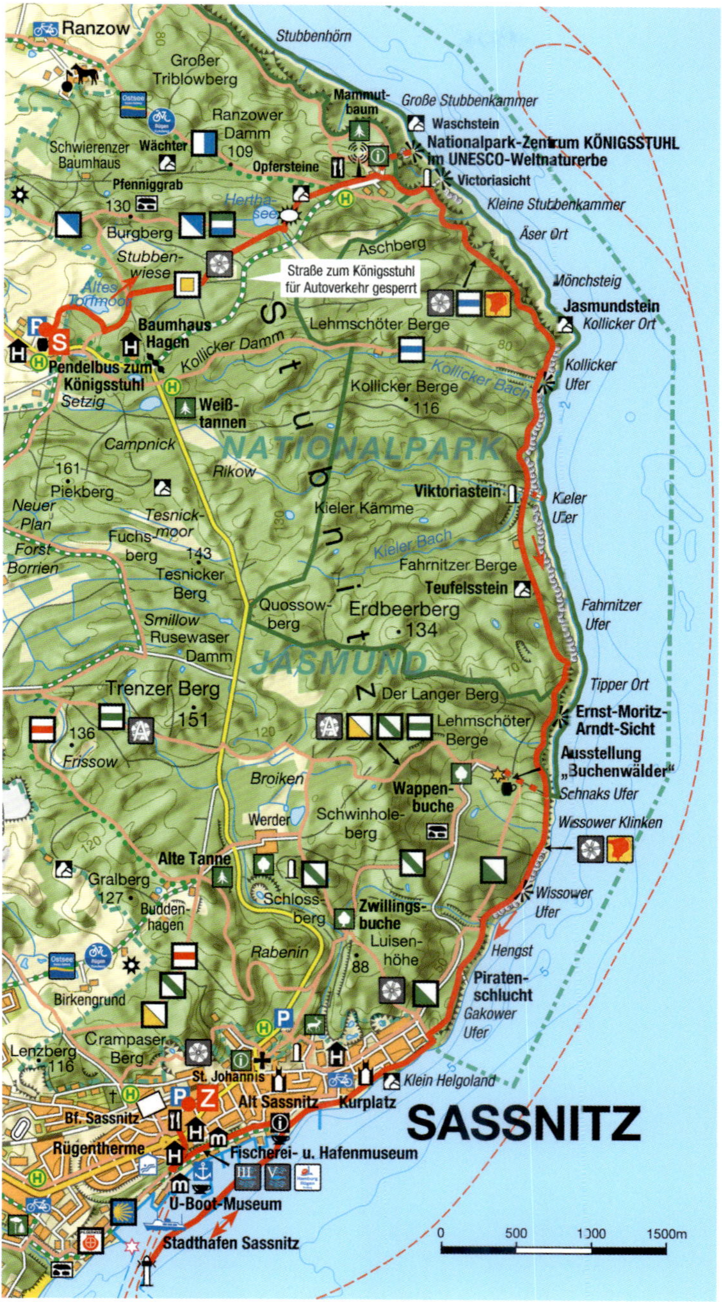
Ranzow
Stubbenhörn
Großer Triblowberg
Ranzower Damm
109
Schwierenzer Baumhaus
Wächter
Mammut-baum
Große Stubbenkammer
Waschstein
Nationalpark-Zentrum KÖNIGSSTUHL im UNESCO-Welterbe
Victoriasicht
Opfersteine
Pfenniggrab
130
Hertha-see
Kleine Stubbenkammer
Burgberg
Äser Ort
Aschberg
Stubben-wiese
Altes Torfmoor
Straße zum Königsstuhl für Autoverkehr gesperrt
Mönchsteig
Jasmundstein
Kollicker Ort
Baumhaus Hagen
Lehmschöter Berge
Kollicker Damm
Pendelbus zum Königsstuhl
Setzig
Kollicker Bach
Kollicker Ufer
Kollicker Berge
116
Weiß-tannen
Stubnitz
Campnick
NATIONALPARK
161
Piekberg
Rikow
Viktoriastein
Kieler Ufer
Neuer Plan
Tesnick-moor
Kieler Kämme
Forst Borrien
Fuchs-berg
143
Kieler Bach
Tesnicker Berg
Fahrnitzer Berge
Teufelsstein
Fahrnitzer Ufer
Smillow
Rusewaser Damm
Quossow-berg
Erdbeerberg
134
JASMUND
Tipper Ort
Trenzer Berg
151
Der Langer Berg
Ernst-Moritz-Arndt-Sicht
136
Frissow
Lehmschöter Berge
Ausstellung „Buchenwälder“
Broiken
Wappen-buche
Schnaks Ufer
Werder
Schwinhole-berg
Wissower Klinken
Alte Tanne
Gralberg
127
Budden-hagen
Schloss-berg
Zwillings-buche
Wissower Ufer
Rabenin
Luisen-höhe
88
Hengst
Piraten-schlucht
Gakower Ufer
Birkengrund
Crampaser Berg
Lenzberg
116
St. Johannis
Klein Helgoland
Alt Sassnitz
Kurplatz
Bf. Sassnitz
SASSNITZ
Rügentherme
Fischerei- u. Hafenmuseum
U-Boot-Museum
Stadthafen Sassnitz
0
500
1000
1500m

Hagen

Von der Infotafel am **Großparkplatz** folgen wir mit *Wegweisung Königstuhl* einem breiten Wanderweg durch offenes Gelände. Nach dem Rechtsknick des Weges gelangen wir in den **Nationalpark Jasmund**.

Der 1990 eingerichtete **Nationalpark Jasmund** ist zwar mit einer Fläche von 3.000 Hektar der kleinste deutsche Nationalpark, hinsichtlich seiner Besucherzahlen nimmt er jedoch einen Spitzenplatz ein. Das aus der **Stubnitz** und der **Stubbenkammer** gebildete Schutzgebiet, das mit seinen Hügeln und Schluchten an Mittelgebirgslandschaften erinnert, besteht überwiegend aus Buchenwald, wobei die Rotbuche dominiert. Die 500 Hektar große Kernzone des größten zusammenhängenden, naturbelassenen alten Buchenwaldes an der Ostseeküste wurde im Jahr 2011 zum **UNESCO-Weltnaturerbe „Alte Buchenwälder Deutschlands"** erklärt (zusammen mit Serrahn, Hainich, Kellerwald und Grumsin). In diesem sind die niemals genutzten Hangwälder die ökologisch wertvollsten Bereiche. Zum Nationalpark gehören neben dem ursprünglichen Buchenwald auch Flachwasserzonen der Ostsee, steile Kreidekliffs mit vorgelagerten Steinstränden, aufgelassene Kreidebrüche, Moore, Feuchtwiesen, Kleingewässer, Weideland und Trockenrasen. Artenreich wie die Pflanzenwelt ist auch die Tierwelt. Von Damhirsch, Rothirsch, Rehwild und Schwarzwild, von Seeadler und Co., von Ringel-, Glattnatter und Kreuzotter bekommen nur sehr, sehr wenige der jährlich mehrere hunderttausend Parkbesucher etwas zu sehen. Die meisten Touristen kennen nur ein Ziel: den **Königsstuhl**. Von der Aussichtsplattform des mit 117 Metern höchsten Felsen der einmaligen Kreide(steil)küste gibt es allerdings für viel Eintrittsgeld wenig Aussicht. Der im Innern des Schutzgebietes liegende, vollständig bewaldete Piekberg, der mit 161 Metern höchsten Erhebung Rügens, findet keinerlei Beachtung.

Bei einer Weggabelung folgen wir dem rechten Weg durch herrlichen Buchenwald bis zu einem Querweg. Mit *Wegweisung Nationalparkzentrum Königsstuhl* setzen wir unsere Wanderung nach rechts auf einem breiten Waldweg fort. Linker Hand zeigt sich das **Alte Torfmoor** mit seinem kleinen See. Bei der nächsten Weggabelung folgen wir dem *Hinweis Herthasee* nach rechts. Bei einer weiteren Weggabelung links haltend erreichen wir auf dem

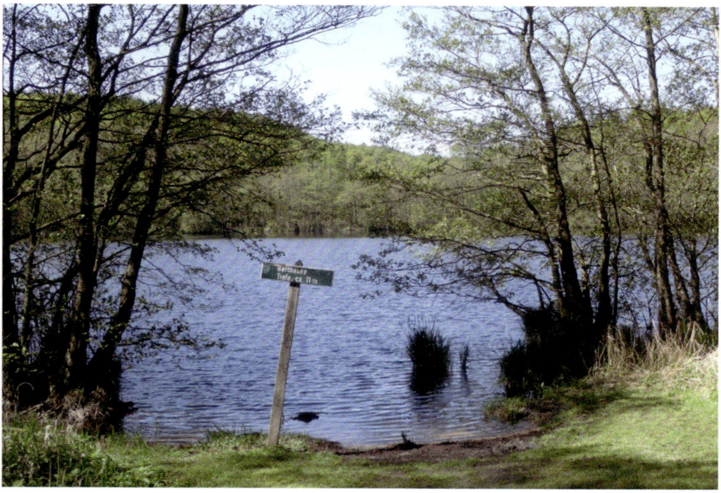

Sagenumwobener Herthasee

Der vollständig von prächtigem Buchenwald umschlossene, fast kreisförmige und bis zu elf Metern tiefe **Herthasee** ist ein Produkt der letzten Eiszeit. Am nordöstlichen Ufer des sagenumwobenen Sees befinden sich die Überreste der **Herthaburg.** Die aus dem 8. Jahrhundert stammende slawische Anlage war einst durch einen bis zu siebzehn Meter hohen Wall gesichert, der sich zum Seeufer hin öffnete und damit wahrscheinlich den Zugang zum Burginneren ermöglichte.

weitgehend ebenen Waldweg mühelos den angezeigten See. Auf dem am südlichen Seeufer entlang führenden Weg passieren wir einen kleinen Steg (schöne Aussicht). Vor der **Herthaburg** halten wir uns rechts und gelangen an einem Erlenbruch vorbei zur *Stubbenkammerstraße.* Mit *Wegweisung Nationalpark Zentrum* erreichen wir rechts an der **Schifffahrtszeichenanlage** vorbei nach wenigen ansteigenden Metern den **Busparkplatz** vor der angezeigten „Touristen-Sammelstelle".

Ob wir das **Nationalpark-Zentrum** besuchen oder nicht – in jedem Fall setzen wir unsere Wanderung vom **Busparkplatz** aus mit *Wegweisung Sassnitz* rechts haltend fort. Einem beidseitig eingefassten Wanderweg folgen wir hinab zu einem Sitzplatz am Beginn des ehemaligen, seit 2016 endgültig gesperrten Strand-

„Wir machen Unsichtbares sichtbar“ – unter diesem Motto bietet das im Jahr 2004 eröffnete **Nationalpark-Zentrum Königsstuhl** auf 2.000 Quadratmetern Ausstellungsfläche und 28.000 Quadratmetern Außengelände für die ganze Familie ein spannendes Programm über die Geheimnisse der Natur. Hauptattraktion für die meisten Besucher ist der 2023 eröffnete, über dem von zunehmenden Kreideabbrüchen gefährdeten **Königsstuhl** „schwebende“ **Skywalk**.

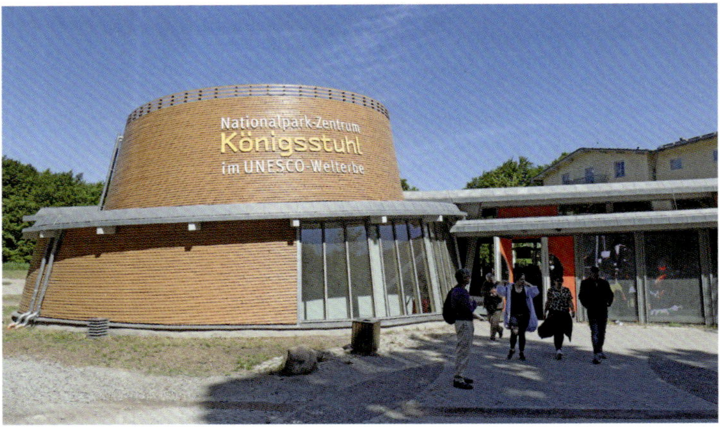

Im Besucherzentrum des Nationalparks Königsstuhl sind die Gletscher besonders beliebt bei Kindern.

abstiegs. Der *Wegweisung Victoria-Sicht* folgen wir über eine längere und zwei kürzere Treppenanlagen nahe der Abbruchkante der Kreideküste hinauf zu einer kleinen hölzernen Aussichtsplattform und weiter zur **Victoria-Sicht**. Auf dem kurzen, mit einem Geländer gesicherten Austritt gibt es über dem Abgrund schwebend den schönsten Blick auf den **Königsstuhl** – zum Nulltarif. Mit *Wegweisung Sassnitz Hochuferweg* verlassen wir die Aussichtswarte. Von nun an gibt es keine Orientierungsprobleme mehr: Die lückenlose Blaustrich-Markierung leitet uns sicher nach **Sassnitz**. Wie der Start der nun folgenden Hochuferwanderung, so gestaltet sich fast der gesamte Wegverlauf. Auf unterschiedlich breiten Waldwegen geht es – teils mit Treppenhilfe – ständig bergauf und bergab: Zahlreiche Bäche haben auf ihrem Weg aus den höheren Lagen der **Stubbenkammer** und **Stubnitz**

zur **Ostsee** tiefe Täler in die Kreideküste eingeschnitten - und diese wollen durchschritten werden.
Auf dem Weg zum **Kollicker Ort** kommen wir dank des vom **Steinbach** „erarbeiteten" Kerbtales und weiterer kleinerer Geländeeinschnitte schnell auf Betriebstemperatur. In der Nähe der Abbruchkante der Kreideküste erreichen wir am **Kollicker Ort** den gesperrten Treppenzugang zum gleichnamigen Leuchtturm (Betriebsgelände!). Auch wenn wir uns noch so große Mühe geben – vom **Leuchtturm Kollicker Ort** ist von „oben" nichts zu sehen: Der 1904 erbaute, sechs Meter hohe Rundturm steht auf einem Felsvorsprung am Fuß der hier bewaldeten Kreidefelsen. Uns entschädigt eine schöne Sicht nach Süden auf das **Kollicker** und **Kieler Kreideufer**.
Auf dem Weiterweg hilft eine kleine Treppenanlage samt Brücke über den **Kollicker Bach**. Zur Überquerung der vom **Brisnitzer** und **Kieler Bach** geschaffenen Talschlucht bedarf es schon einer aufwändigen Treppenanlage. Im Abstieg sollten wir dem gesicherten Abstecher zum steinigen **Strand** folgen. Zuletzt mit Hilfe einer langen und sehr steilen Treppe gelangen wir an den Fuß eines der schönsten (und noch relativ sicheren) Abschnitte der **Jasmunder Kreideküste**. Weit reicht die Sicht auf den **Kollicker Ort** im Norden und den **Tipper Ort** im Süden. Und als Zugabe zeigt sich die Mündung des **Kieler Baches** als imposanter Wasserfall.
Nach der mühsamen Überwindung des wilden Kerbtales erweist sich der Weiterweg als nur schwach profilierte Waldwanderung abseits der Abbruchkante. Mit der **Ernst-Moritz-Arndt-Sicht** gelangen wir zurück ans Hochufer und alsbald zu den ehemals berühmten **Wissower Klinken**. Nach zwei gewaltigen Kreideabbrüchen im Februar 2005 zeugen nur noch zwei verkümmerte Stümpfe von dem Standort der einstmals zwanzig Meter hohen bizarren Kreideformation. Auf den kurzen Abstecher zum **UNESCO-Welterbeforum** sollten wir schon allein wegen der schönen Rastplätze nicht verzichten.
Zurück auf dem Hochuferweg wollen die vom **Wissower** und **Lenzer Bach** geschaffenen Täler gemeistert werden. Dazwischen bieten sich uns schöne Aussichten auf die Kreidefelsen am **Wissower Ufer**. Nachdem wir das Tal des **Lenzer Bachs** verlassen haben, kommen wir zum **Hengst**. Auf dem aus der Steilküste hervorspringenden Kreiderücken thronte einst eine in der Bronzezeit angelegte **Höhenburg**. Bis auf einige Wallreste ist nach

Seit 1874 war die **Waldhalle Sassnitz** eine beliebte Ausflugsgaststätte unweit des Hochuferweges. Nach umfangreichen Sanierungs- und Rekonstruktionsarbeiten wurde das ehemalige Gasthaus, nunmehr dank einer Spende des Hamburger Kaufmanns Michael Otto im Besitz der Stadt Sassnitz, im Jahr 2014 zum **UNESCO-Welterbeforum**. In einer kleinen Ausstellung gibt es viel Wissenswertes zu den Geheimnissen der „Alten Buchenwälder Deutschlands". Für das leibliche Wohl sorgt ein kleiner Imbiss.

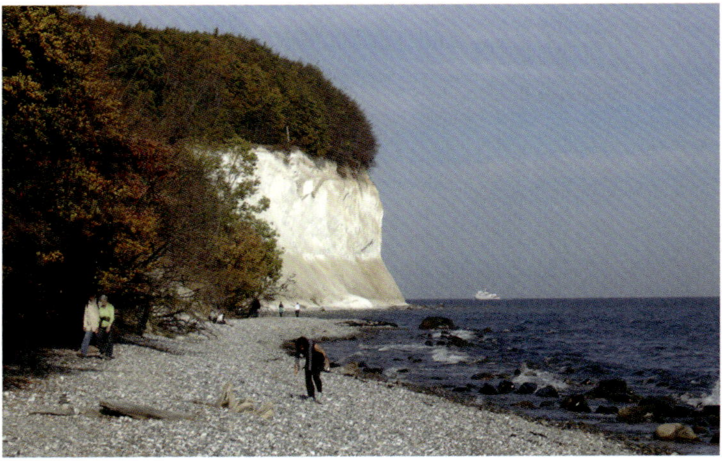

Naturstrand vor der Piratenschlucht

fortwährenden Kreideabbrüchen davon nichts mehr vorhanden. Real existent ist die durch eine Treppenanlage „entschärfte" **Piratenschlucht**. Auf den wenig beschwerlichen Abstecher hinab zum steinigen Strand sollten wir nicht verzichten - bietet sich uns doch fast am Ende unserer Hochuferwanderung nochmals eine reizvolle Sicht auf die **Jasmunder Kreideküste**, hier das **Wissower Ufer**. Auf dem nun angenehm ausklingenden Hochuferweg gelangen wir aus dem **Nationalpark Jasmund** hinaus zu einem kleinen Platz am Stadtrand von **Sassnitz** (zum Ort → S. 71f). Hier folgen wir geradeaus der *Wegweisung Zum Strand*. Mit Hilfe einer Treppe gelangen wir hinab an den steinigen Strand. Rechts haltend passieren wir mit einiger Vorsicht das bedrohlich steil aufragende Kreideufer. Auf Höhe des **Uskam**, einem der größten Findlinge an der Küste **Rügens**, verlassen wir den Strand. Über eine kurze Treppe gelangen wir auf die **Strandpromenade**, der wir nach links folgen. Wir überqueren den von dem architektonisch beeindruckenden **Musikpavillon „Kurmuschel"** aufgewerteten **Kurplatz**. Auf Höhe der eher bescheiden dimensionierten **Seebrücke** können wir nach rechts auf der *Bachpromenade* die **Sassnitzer Altstadt** aufsuchen. Die *Strandpromenade* führt uns an zahlreichen Gastbetrieben vorbei zu der am **Fischereihafen** beginnenden **Ostmole**. Auf den Besuch der längsten Außenmole Europas sollten wir nicht verzichten - der Mehraufwand von knapp drei Kilometern wird mit einer großartigen Sicht über die Hafenanlagen hinweg auf die Sassnitzer „Oberstadt" und den sich über dieser ausbreitenden (Buchen-) Wald samt einiger ehemaliger Kreidebrüche belohnt. Zurück am **Fischereihafen** folgen wir der *Hafenstraße*. Nacheinander passieren wir das **Sassnitzer Fischerei- und Hafenmuseum**, den **Museumskutter „Havel"**, den alten **(Fähr-)Bahnhof Sassnitz Hafen** und das **Erlebniswelt U-Boot**. Vor dem zum ehemaligen **Fährterminal** gehörenden **Glasbahnhof** verlassen wir den **Stadthafen** über die kühn geschwungene **Fußgängerbrücke**. Ein Blick zurück auf die ausgedehnten Hafenanlagen und wir überqueren den vor dem alten, wenig ansehnlichen Koloss **„Rügen-Hotel"** gelegenen großen Platz. Über die *Hauptstraße* geradeaus hinweg gehen wir durch das **Einkaufscenter „Rügen Galerie"** und gelangen über die *Bachstraße* zum **Parkplatz** am **(Bus-)Bahnhof**.

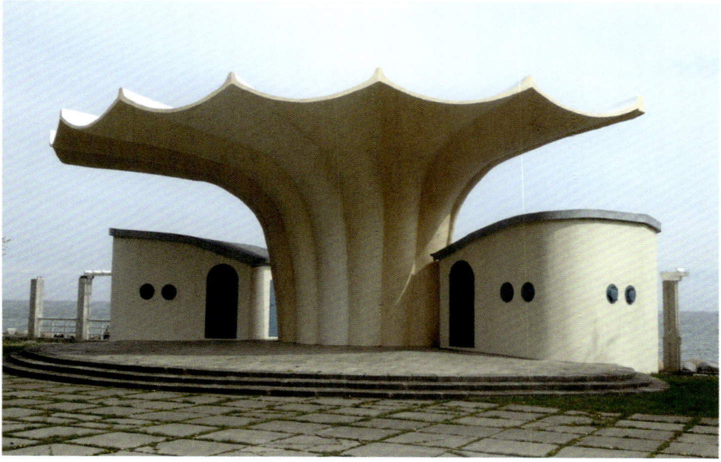

Futuristisch anmutender Musikpavillon „Kurmuschel" in Sassnitz

Hagen – Durch das UNESCO Weltnaturerbe „Alte Buchenwälder“

Die Wanderung durch den nördlichen Abschnitt des UNESCO Weltnaturerbes „Alte Buchenwälder“ ist eine sehr abwechslungsreiche Unternehmung im Herzen des Nationalparks Jasmund. Wir durchstreifen ausgedehnte Buchenwälder, besuchen einen sagenumwobenen See und ein altes Megalithgrab, wir lernen die imposante Kreideküste kennen, folgen einem munteren Bach von der Mündung bis zur Quelle- und erfahren auf weiten Strecken Einsamkeit.
Gefahrenhinweis: Die Kreideküste ist eine aktive Küste. Es besteht immer die Gefahr von Kliffabbrüchen und Hangrutschungen. Daher: Auch von den gekennzeichneten Wegen gibt es großartige Aussichten und Fotomotive!

Start/Ziel: Hagen, Großparkplatz Hagen
An-/Abfahrt mit öffentlichen Verkehrsmitteln:
bis/ab Großparkplatz Hagen mit der Buslinie 14 aus/in Richtung Sassnitz/Glowe
Anforderungen: Wenig anstrengende, bis auf einige Passagen am Hochuferweg leichte Rundtour auf unterschiedlich breiten Waldwegen. Für Familien mit Kindern unter 12 Jahren bedingt geeignet.
Streckenlänge: 10,4 Kilometer
Anstiege/Abstiege: 140 Höhenmeter
Einkehr: außerhalb vom Großparkplatz Hagen Bistro im Nationalpark-Zentrum Königsstuhl (Eintritt!)
Karte: Blatt „Halbinsel Jasmund“
Sehenswertes: Pfenniggrab, Herthasee, Nationalpark-Zentrum Königsstuhl, Victoria-Sicht, Kollicker Ort, Kollicker Bach

Von der Infotafel am **Großparkplatz Hagen** folgen wir mit der *Wegweisung Königsstuhl* einem breiten Wanderweg durch offenes Gelände. Nach dem Rechtsknick des Weges gelangen wir in den **Nationalpark Jasmund** (→ S. 80). Bei einer Weggabelung folgen wir dem rechten Weg durch herrlichen Buchenwald bis zu einem Querweg. Mit *Wegweisung Nationalparkzentrum Königsstuhl* setzen wir unsere Wanderung nach rechts auf einem breiten Waldweg fort. Linker Hand zeigt sich das **Alte Torfmoor** mit seinem klei-

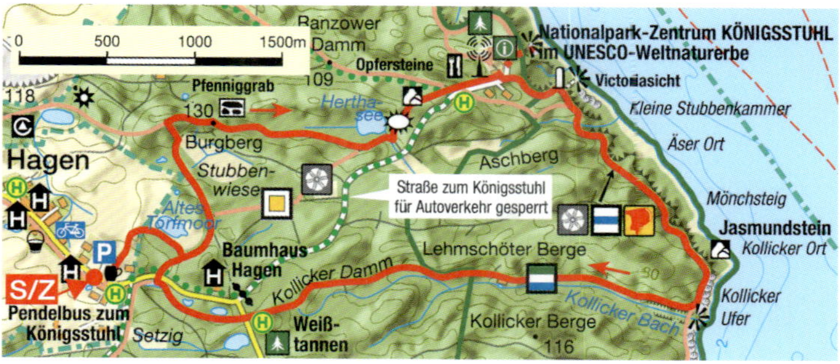

nen See. Bei der nächsten Weggabelung folgen wir dem *Hinweis Großsteingrab Pfenniggrab* geradeaus. Auf dem teilweise wenig ausgeprägten Waldweg (auf die grün-weiß-blaue Markierung achten!) wandern wir links am Feuchtgebiet **Stubbenwiese** vorbei. Bei einer Weggabelung folgen wir dem linken Pfad und gelangen zu einem Querweg. Auf diesem erreichen wir nach rechts alsbald das **Pfenniggrab**.

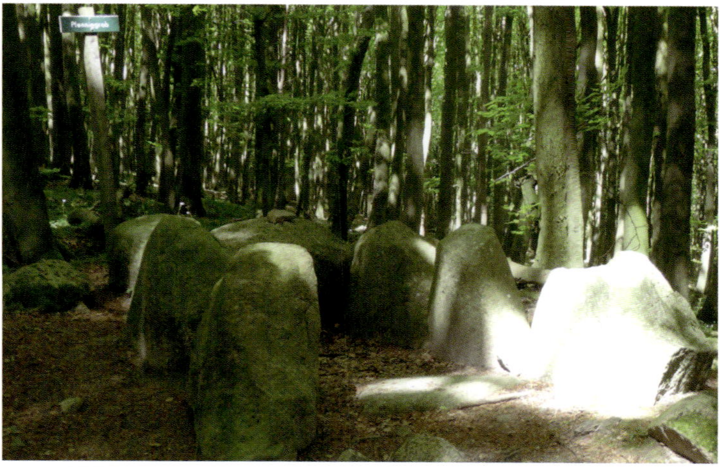

Jungsteinzeitliche Grabanlage – Pfenniggrab bei Hagen

Nach dem jungsteinzeitlichen Großsteingrab teilt sich der Weg. Wir folgen mit *Wegweisung Parkplatz Hagen* dem nach rechts führenden Weg für gut zehn Meter, um danach nach links abzuzweigen. Durch ein ausgeprägtes Tal gelangen wir auf den Hauptwanderweg zum **Nationalpark-Zentrum Königsstuhl**. Auf diesem links haltend erreichen wir nach wenigen Metern den **Herthasee** (→ S. 81). Auf dem am südlichen Seeufer entlang führenden Weg passieren wir einen kleinen Steg (schöne Aussicht). Vor der **Herthaburg** (→ S. 81) halten wir uns rechts und gelangen an einem Erlenbruch vorbei zur *Stubbenkammerstraße*. Mit *Wegweisung Nationalpark-Zentrum* erreichen wir rechts an der **Schifffahrtszeichenanlage** vorbei nach wenigen ansteigenden Metern den **Busparkplatz** vor dem **Nationalpark-Zentrum Königsstuhl** (→ S. 82).

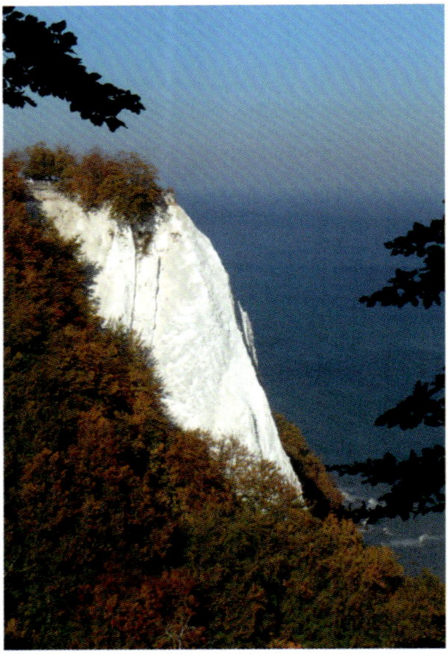

Blick von der Victoria-Sicht auf den Königsstuhl

Ob wir die„Touristen-Sammelstelle“ besuchen oder nicht – in jedem Fall setzen wir unsere Wanderung vom **Busparkplatz** aus mit *Wegweisung Sassnitz* rechts haltend fort. Einem beidseitig eingefassten Wanderweg folgen wir hinab zu einem Sitzplatz am Beginn des ehemaligen, seit 2016 endgültig gesperrten Strandabstiegs. Der *Wegweisung Victoria-Sicht* folgen wir über eine längere und zwei kürzere Treppenanlagen nahe der Abbruchkante der Kreideküste hinauf zu einer kleinen hölzernen Aussichtsplattform und weiter zur **Victoria-Sicht**. Auf dem kurzen, mit einem Geländer gesicherten Austritt gibt es über dem Abgrund schwebend den schönsten Blick auf den **Königsstuhl** – zum Nulltarif.

Mit *Wegweisung Sassnitz Hochuferweg* verlassen wir die Aussichtswarte – dank einer lückenlosen Blaustrich-Markierung gibt es auf dem Hochuferweg keine Orientierungsprobleme. Der nun folgende Tourabschnitt beginnt mit einem spürbaren Abstieg in das vom **Steinbach** „erarbeitete“ Kerbtal: Wie der **Steinbach** so haben zahlreiche Bäche auf ihrem Weg aus den höheren Lagen der **Stubbenkammer** und **Stubnitz** zur **Ostsee** tiefe Täler in die Kreide(küste) eingeschnitten und diese wollen durchschritten werden. Auf unterschiedlich breiten Waldwegen gelangen wir bergauf, bergab zum **Kollicker Ort**.

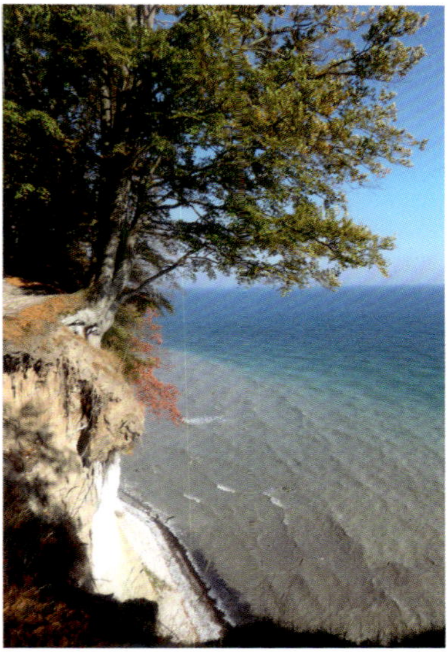

Absturzgefährdet

Hier passieren wir in der Nähe der Abbruchkante des Steilufers den gesperrten Treppenzugang zum gleichnamigen Leuchtturm (Betriebsgelände!). Auch wenn wir uns noch so große Mühe geben – vom **Leuchtturm Kollicker Ort** ist von „oben" nichts zu sehen: Der 1904 erbaute, sechs Meter hohe Rundturm steht auf einem Felsvorsprung am Fuße der hier bewaldeten Kreidefelsen. Uns entschädigt eine schöne Sicht nach Süden auf das **Kollicker** und **Kieler Kreideufer**. Ein längerer Abstieg führt uns hinab zum **Kollicker Bach**. Vor der über den Bach führenden Treppenanlage zweigen wir mit *Wegweisung Baumhaus Hagen* nach rechts auf einen breiten, sanft ansteigenden Waldweg. Die **Lehmschroeter Berge** zur Rechten, die **Kollicker Berge** zur Linken begleiten wir den im schmalen Talgrund mäandernden **Kollicker Bach**. Am **Kollicker Damm** wird der Bach zu einem kleinen Tümpel aufgestaut, eine Bank lädt zu einer stillen Rast. Im weiteren Tourverlauf bleibt ein nach rechts abzweigender Weg unbeachtet. Zunehmend entzieht sich der immer schmaler werdende Bach unseren Blicken, ehe er sich im begleitenden Berghang verliert. Durch eine feuchte Senke erreichen wir die stark befahrene *Stubbenkammerstraße*. Vorsichtig über diese hinweg folgen wir mit *Wegweisung Parkplatz Hagen* einem ebenen Kammweg. Nachdem wir zwei Talmulden samt kleiner Moorseen passiert haben, lotst uns der *Hinweis Parkplatz Hagen* nach rechts hinab zur *Stubbenkammerstraße*. Vorsichtig über diese hinweg gelangen wir mit der bekannten Wegweisung leicht ansteigend zu einem breiten Waldweg. Diesem vom Hinweg bekannten Weg folgen wir nach links zum **Großparkplatz Hagen**.

Lohme – Rund um die Nordküste Jasmund

Die Rundwanderung um das alte, an der Jasmunder Nordküste gelegene Fischerdorf Lohme bietet ein Maximum an (landschaftlicher) Abwechslung und bis auf den Touristenmagneten Königsstuhl überwiegend Ruhe und Abgeschiedenheit. Wir beginnen unsere Rundwanderung auf dem wenig begangenen (östlichen) Hochuferweg zum Königsstuhl, wandern durch den Buchenwald der Stubbenkammer, bummeln durch eine weitläufige, großartige Aussichten gewährende Felderlandschaft und gelangen auf dem nahezu unbekannten Westuferweg zurück nach Lohme.
Gefahrenhinweis: Die Kreideküste ist eine aktive Küste. Es besteht immer die Gefahr von Kliffabbrüchen und Hangrutschungen. Daher: Auch von den gekennzeichneten Wegen gibt es großartige Aussichten und Fotomotive!

Start/Ziel: Lohme, Parkplatz Arkonastraße
Anfahrt/Abfahrt mit öffentlichen Verkehrsmitteln:
bis/ab Parkplatz Lohme mit der Buslinie 14 aus/in Richtung Sassnitz/Glowe
Anforderungen: Lange und wegen zahlreicher An- und Abstiege (viele Treppenstufen) sehr anstrengende Rundtour auf unterschiedlich breiten, teils abschüssigen Waldwegen, bequemen Feldwegen sowie verkehrsarmen Fahrwegen. Für Familien mit Kindern unter 12 Jahren nur sehr bedingt geeignet.
Streckenlänge: 16,1 Kilometer
Anstiege/Abstiege: 170 Höhenmeter
Einkehr: außerhalb von Lohme Bistro im Nationalpark-Zentrum Königsstuhl (Eintritt!)
Karte: Blatt „Halbinsel Jasmund"
Sehenswertes: Hafen in Lohme, Nationalpark-Zentrum Königsstuhl, Nardevitz

Vom **Parkplatz Arkonastraße** gehen wir auf der genannten Straße bis zum **Dorfladen**. Hier zweigen wir mit *Wegweisung Hochuferweg* nach links in die Straße *Kiek Ut* und gelangen nach wenigen Metern zum angezeigten Wanderweg. Diesem folgen wir mit *Wegweisung Nationalpark-Zentrum Königsstuhl* nach rechts in den **Nationalpark Jasmund** (→ S. 80) hinein. Nach wenigen

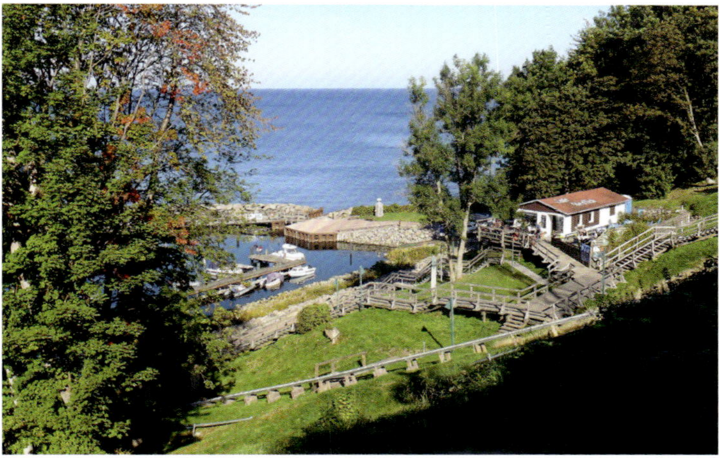

Terrassen-Café „Niedlich" am Lohmer Hafen

An der Abbruchkante der 70 Meter hohen Nordküste Jasmunds liegt das alte Fischerdorf **Lohme**. Obwohl bereits 1855 als erstes Rügener Seebad ausgewiesen, ist der staatlich anerkannte Erholungsort heute selbst in der Hauptsaison ein beschaulicher Flecken – der steinreiche Strand lockt eher ruhesuchende Wander- als Badetouristen. Das Highlight des Ortes ist der am Fuß eines eiszeitlichen Kerbtales 1906 angelegte, 1997 umfassend ausgebaute Sport- und Fischereihafen. Eine steile Treppe führt zu ihm hinab. Auf halber Höhe liegt das – nomen est omen – **„Café Niedlich"**: zu Kaffee, Eis und Kuchen gibt es eine schöne Aussicht auf den Hafen und über die **Tromper Wiek** hinweg bis zum **Kap Arkona.** Angelandeter Fisch wird vom Hafen mittels einer Seilbahn zur Verarbeitung – überwiegend in **„Wilberg's Traditionsräucherei"** (*Arkonastraße*) – hinauf ins Dorf gebracht. Eine weitere Besonderheit des Ortes: Hier kann man die Sonne am **Kap Arkona** im Meer versinken sehen. Für das unvergessliche Schauspiel besonders geeignet ist die Terrasse des (empfehlenswerten) Restaurants im **„Panorama Hotel Lohme"** – die seit 1850 bestehende Unterkunft ist das älteste Badehotel Rügens (*An der Steilküste*).

Lohme

Metern teilt sich der Weg, wir setzen unsere Wanderung geradeaus fort. Der mit Blaustrich auf weißem Grund gut markierte obere Hochuferweg führt uns in leichtem Auf und Ab durch das

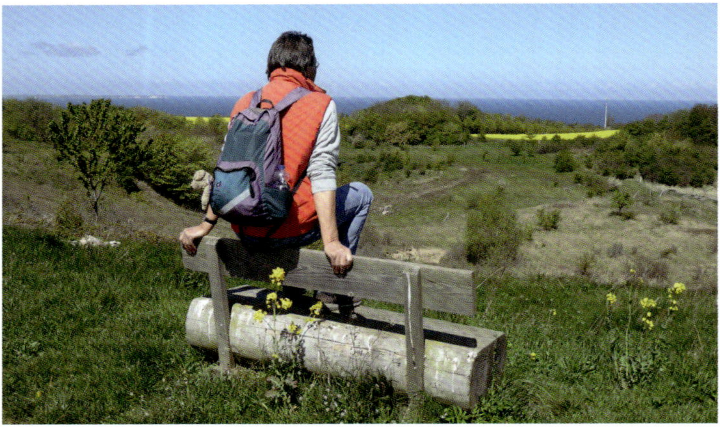

Blick vom Magelowberg auf die Tromper Wiek, links zeigt sich das Kap Arkona.

bewaldete Steilufer. Mal hilft eine Brücke über einen Geländeeinschnitt hinweg, mal erleichtert eine Treppenanlage die Überwindung eines Steilhanges. Bei einer weiteren Weggabelung folgen wir nicht dem steilen Abstieg zum Strand. Alsbald passieren wir vier auffällige Betonsockel - auf diesen gründete ein um 1930 aufgestellter Beobachtungsturm. An der Hangkante kommen wir zu einer Weggabelung. Hier folgen wir der *Wegweisung Stubbenkammer* nach links. Abseits des Steilufers führt der leicht ansteigende Waldweg zu einer weiteren Wegteilung. Mit *Wegweisung Hochuferweg* gelangen wir zu einem schönen Aussichtspunkt auf die Kreideküste. Der Waldweg mündet in einen Plattenweg, auf

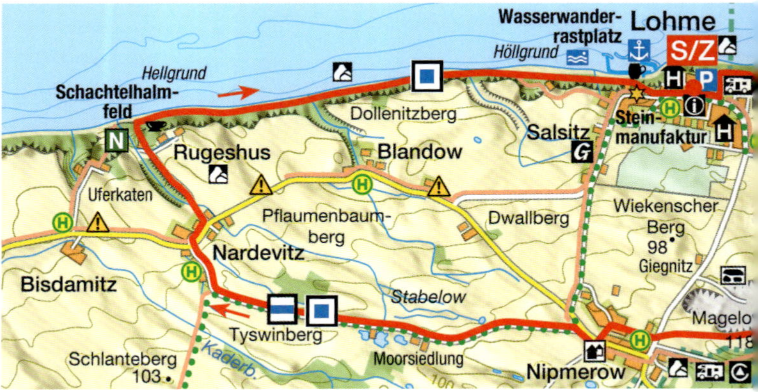

dem wir mit *Wegweisung Königsstuhl* nach links durch eine feuchte Senke wandern. Rechts an der **Schifffahrtszeichenanlage** vorbei erreichen wir die für den allgemeinen Autoverkehr gesperrte *Stubbenkammerstraße*. Auf den kurzen Abstecher hinauf zum **Nationalpark-Zentrum Königsstuhl** (→ S. 82) werden nur die wenigsten verzichten wollen.

Mit und ohne Abstecher folgen wir der *Stubbenkammerstraße* mit *Wegweisung Lohme* nach rechts. Nach etwa 200 Metern zweigen wir mit gleicher Wegweisung nach rechts auf einen asphaltierten Fuß- und Radweg. Durch prächtigen Wald erreichen wir sanft ansteigend eine Weggabelung. Mit *Wegweisung Nipmerow* folgen wir dem linken Weg, der uns nach einem langen, aber moderaten Anstieg zum weltabgeschiedenen **Baumhaus Schwierenz** führt. Das idyllisch gelegene Anwesen ist eine der vier Behausungen der damaligen Waldgrafen auf **Jasmund**, die die Holzausfuhr ab dem 16. Jahrhundert kontrolliert haben. Über den Querweg geradeaus hinweg folgen wir der *Wegweisung Nipmerow* in den Wald hinein. Der gut begehbare Waldweg mündet in einen Querweg. Rechts haltend verlassen wir mit dem Wald auch den **Nationalpark Jasmund** und stoßen auf einen Feldweg. Diesem folgen wir ohne Wegweisung nach links. Durch ein Feldermeer steigen wir hinauf auf den **Magelowberg**. Linker Hand zeigt sich der weltabgeschiedene **Smillenzsee**, rechter Hand reicht der Blick über die **Tromper Wiek** bis zum **Kap Arkona**. Der angenehm begehbare Feldweg endet in **Nipmerow**. Hier überqueren wir vorsichtig die *Jasmunder Straße* und setzen unsere Wanderung geradeaus auf einem Fahrweg am nördlichen Dorfrand fort. Am kleinen

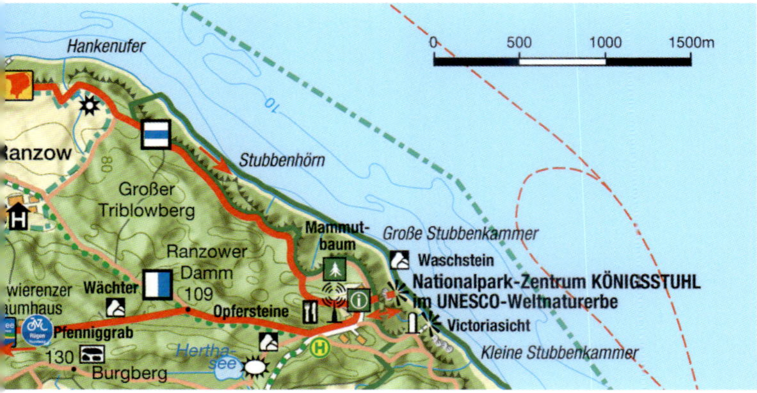

Lohme

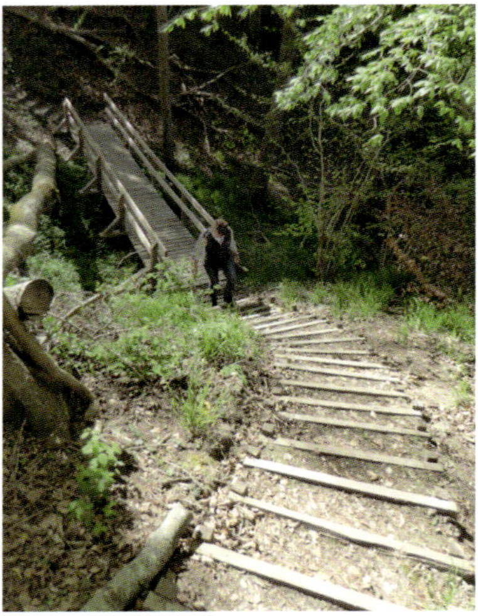

Auf dem Wanderpfad nach Lohme – kein Rügener Hochuferweg kommt ohne aufwändig gestaltete Treppenanlagen aus.

Dorfplatz folgen wir der *Wegweisung Glowe* nach links bis zur *Jasmunder Straße*. Auf dieser wenige Meter nach rechts zweigen wir mit *Wegweisung Glowe* nach links auf die Straße *Moorsiedlung*. Auf einem breiten Betonspurweg gehen wir mit abschnittsweise herrlicher Sicht auf die **Tromper Wiek** durch eine sanft hügelige Felderlandschaft hinauf zur **Moorsiedlung**. Um den **Moorteich** wurde bis in die fünfziger Jahre des letzten Jahrhunderts noch Torf abgebaut. Durch Acker- und Weideland steuern wir – zuletzt sanft abwärts – das schon lange sichtbare, erstmals 1318 erwähnte Straßendorf **Nardevitz** an. Rechts haltend gelangen wir mit der *Lindenstraße* zur hier nicht ausgewiesenen *Kastanienallee*. Der alten, mit Feldsteinen gepflasterten Dorfstraße folgen wir nach rechts durch die beschauliche Siedlung mit seinen meist reetgedeckten Backsteinbauten. Hinter dem letzten Haus zweigen wir nach links auf den geschotterten Fahrweg Ufer. Linker Hand begleitet uns der überwachsene **Schwieserbach**, rechter Hand erstrecken sich weitläufige Felder. Bei einer Weggabelung gehen wir geradeaus und folgen nach wenigen Metern dem *Hinweis Rugeshus* nach links. Vor dem Haus stoßen wir auf einen schmalen Weg („Betreten auf eigene Verantwortung“), auf dem wir durch die rechte Hangseite des tief eingeschnitten Bachtals steil hinab steigen. Vor dem schmalen und steinigen Strand münden wir in einen Querweg, dem wir mit *Wegweisung Lohme* nach rechts folgen.

Der gut angelegte, als „Westuferweg“ bezeichnete Pfad schlängelt sich durch den überwiegend von Buchen bestandenen Steilhang. Hier und da hilft ein Steg oder eine kurze Treppe über kleine Geländeeinschnitte hinweg. Um den **Mühlgrund**, einen von **Blandow** herabfließenden Bach zu überqueren, steigen wir hinab an den steinigen Strand. Nach wenigen (mühsamen) Metern kehren wir mit Hilfe einer Treppe zurück auf den Hangpfad. Mit reichlich „Unterstützung" in Form von kurzen Treppen, Stufen, Stegen und Bohlen wandern wir wenige Meter oberhalb des Strandes durch ein botanisch reizvolles Gebiet. Besonders im späten Frühjahr finden sich an zahlreichen Stellen das gefleckte Knabenkraut, das Zweiblatt, gelbes und weißes Buschwindröschen und andere Frühblüher. Wir überqueren zwei muntere Bäche und gelangen zu einer Weggabelung. Geradeaus queren wir einen ausgeprägten Taleinschnitt samt „harmlosem" Bächlein mit Hilfe einer aufwändigen Treppenanlage und gelangen alsbald hinab an den **Lohmer Sportboot- und Fischereihafen**. Für den in jedem Falle mühevollen Aufstieg ins alte Fischerdorf gibt es einen äußerst steilen „Fahrweg" oder eine „unendlich lange" Treppenanlage.

Warum wir uns für den Treppenweg entscheiden sollten? Nach 42 Stufen haben wir die Zwischenstation **„Café Niedlich"** erreicht – einen besseren Platz zum Ausklang der Tour gibt es nicht. Nach einer langen Schaurast werden die verbleibenden 85 Stufen leicht geschafft. Dem hier nicht ausgewiesenen Fahrweg *An der Steilküste* folgen wir nach links, passieren das **„Panorama Hotel Lohme"** mit seiner einladenden Seeterrasse und gelangen rechts haltend zum **Parkplatz Arkonastraße**.

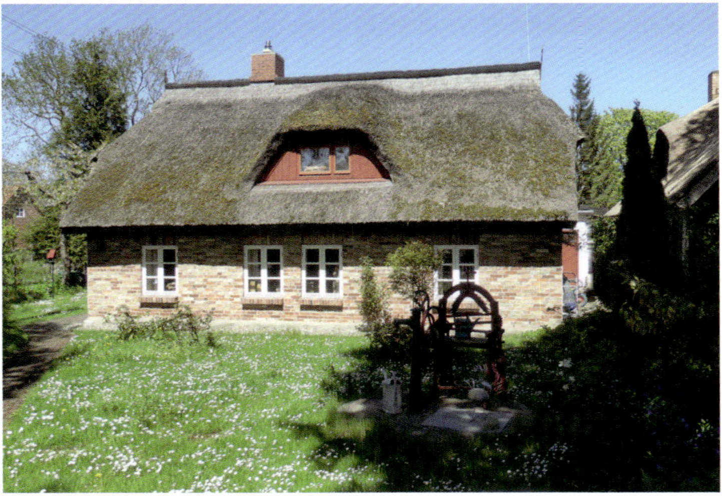

Kate in Nardevitz

Lohme

Bobbin – Vom Bergdorf an den Großen Jasmunder Bodden

Kurz, aber durchaus abwechslungsreich: Die leichte Rundwanderung um die „unendlichen" Ackerflächen des Bars führt uns vom „Bergdorf" Bobbin zum geschichtsträchtigen Schloss Spyker, verweilt an idyllischen Boddenbuchten und durchstreift das gepflegte Dorf Polchow.

Start/Ziel: Bobbin, Parkplatz am Tempelberg
Anfahrt/Abfahrt mit öffentlichen Verkehrsmitteln: bis/ab Haltestelle Abzweig Polchow mit der Buslinie 13 aus/in Richtung Sassnitz/Altenkirchen
Anforderungen: Kurze Rundwanderung auf leichten Wander- und Feldwegen sowie auf verkehrsarmen Straßen und Fahrwegen. Für Familien mit Kindern geeignet.
Streckenlänge: 8,3 Kilometer
Anstiege/Abstiege: 60 Höhenmeter
Einkehr: Restaurant im „Aparthotel Leuchtfeuer" in Bobbin, Restaurant im „Schloss Hotel Spyker", „Fischräucherei Peters", „Café Samowar" und „Gaststätte am Jasmunder Bodden" in Polchow
Karte: Blatt „Halbinsel Jasmund"
Sehenswertes: St.-Pauli-Kirche in Bobbin, Erlebnispark „Dinosaurierland", Schloss Spyker

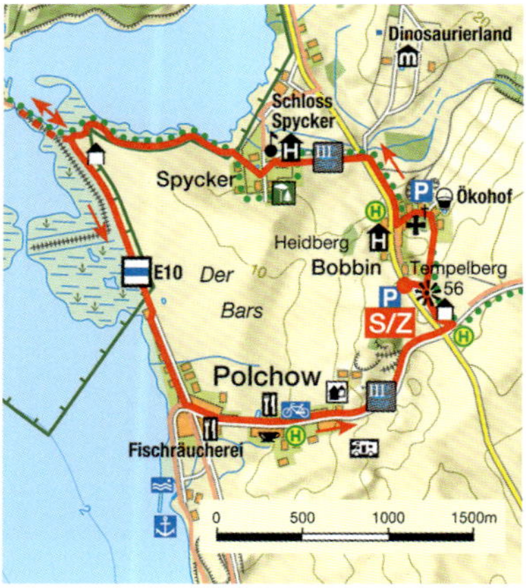

Vom **Parkplatz** am **Tempelberg** ist es nur ein Katzensprung auf den höchsten Punkt unserer Wanderung: Der knapp 60 Meter hohe **Tempelberg**, ehemals eine slawische Kultstätte, ist eine erstklassige Aussichtswarte: Weit reicht die Sicht über den **Großen Jasmunder Bodden**, über die **Schaabe** hinweg bis zum **Kap Arkona** und über ein endlos erscheinendes Feldermeer „landein“. Weithin sichtbares Highlight des benachbarten, bereits 1250 urkundlich erwähnten Dorfes **Bobbin** ist die **Kirche St. Pauli**.

Die um 1400 entstandene gotische **Kirche St. Pauli** in Bobbin ist die einzige erhaltene Feldsteinkirche auf Rügen. Ihr Backsteinturm ist gut einhundert Jahre jünger. Zur ungewöhnlich reichhaltigen Ausstattung der Dorfkirche gehört ein aus Kalkstein gearbeitetes Taufbecken (um 1300). Barocken Ursprungs sind die Kanzel (1662), der Altaraufsatz (1668), die Patronatsloge (1675) sowie ein aus Stralsund stammender Beichtstuhl (1745). Einen Besuch lohnt der angrenzende Friedhof. Neben einem stattlichen Gruftbau aus dem Jahr 1782 finden sich zahlreiche verwitterte Grabwangen (1755–1884), deren Inschriften interessante Informationen über die Dorfgeschichte bereithalten.

Wir „überschreiten“ die „Bergkuppe“ und erreichen einen asphaltierten Fuß- und Radweg (hierher auch von der Bushaltestelle Abzweig Polchow). Links haltend gelangen wir zu einer Weggabelung. Mit dem *Hinweis Hof Bobbin-Hofladen* folgen wir dem gepflasterten Weg, passieren nacheinander den Friedhof und den angezeigten Hofladen und kommen links haltend zum Hauptzugang der **Kirche St. Pauli**. An diesem rechts vorbei erreichen wir die hier nicht ausgewiesene *Heidbergstraße*. Vorsichtig über diese hinweg folgen wir dem straßenbegleitenden Fuß- und Radweg nach rechts in eine Senke. An dessen Ende zweigen wir mit *Wegweisung Schloss Spyker* nach links in die hier nicht ausgewiesene *Schlossallee*. Rechts haltend können wir den auf einem ehemaligen Militärgelände eröffneten **Erlebnispark „Dinosaurierland“** aufsuchen und über einhundert lebensgroße Modelle aus der Saurierzeit bestaunen.

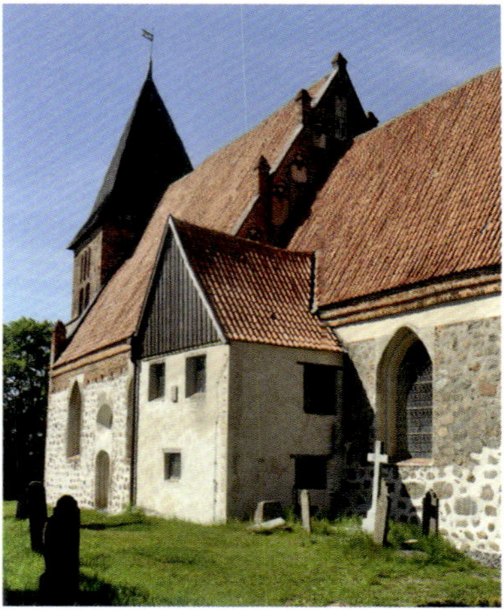

Kirche St. Pauli in Bobbin

Schloss Spyker wurde im 16. Jahrhundert als Wasserburg von der Familie von Jasmund erbaut. Nach dem 30-jährigen Krieg geriet der älteste Profanbau Rügens im Jahr 1649 in den Besitz des schwedischen Feldmarschalls Carl Gustav Graf von Wrangel. In dieser Zeit erhielt der massige Bau seine heutige Gestalt, in der Beletage wurden vollplastische Stuckdecken eingezogen und als schwedische Beigabe gab es den blutroten Fassadenputz. In schwedischem Besitz blieb das in einem 35.000 Quadratmeter großen Park mit 300 Jahre altem Baumbestand eingebettete Schloss, bis Rügen 1815 preußisch wurde. Wer sonst als „Rügenfürst" Wilhelm Malte I. von Putbus (→ S. 7) erwarb die Immobilie im Jahr 1817 – bis 1945 verblieb sie im Familienbesitz. Nach umfangreichen Restaurierungen eröffnete im Jahr 1995 das noble „Hotel Schloss Spyker".

Vom Haupteingang des Schlosses gehen wir mit *Wegweisung Glowe* auf einem gepflasterten Weg wenige Meter nach links, zweigen dann nach rechts. In gleicher Richtung folgen wir einer Querstraße und gelangen schließlich mit *Wegweisung Weddeort* auf einem asphaltierten Fuß- und Radweg in das **Naturschutzgebiet Spykerscher See und Mittelsee**.

Ursprünglich eine Bucht des Großen Jasmunder Boddens haben Küstenausgleichsprozesse diese vom Bodden mehr und mehr abgeschnitten. Die entstandenen Seen, die miteinander und mit dem Bodden noch über schmale Zuflüsse verbunden sind, bilden das Herz des **Naturschutzgebietes Spykerscher See und Mittelsee**. Das Naturschutzgebiet umfasst zahlreiche Lebensräume von ausgedehnten Flachwasser- und Röhrichtzonen bis zu Sandmagerrasen, aufgelassenen Salzwiesen und Erlenbrüchen. Sie bietet vielen Tierarten einen geschützten Lebensraum (z. B. Eisvogel, Kreuzotter, Ringelnatter), hier jagen Rotmilan sowie See- und Fischadler und rasten verschiedene Gänsearten und Kraniche.

Mit schöner Sicht auf den **Spykerschen See** erreichen wir eine überdachte Rasthütte. Bevor wir unsere Wanderung nach links fortsetzen, sollten wir nach rechts über einen beidseitig bewachsenen Damm die Brücke über die schmale Verbindung von **Mittelsee** und **Spykerschem See** ansteuern. Eine bessere Sicht auf

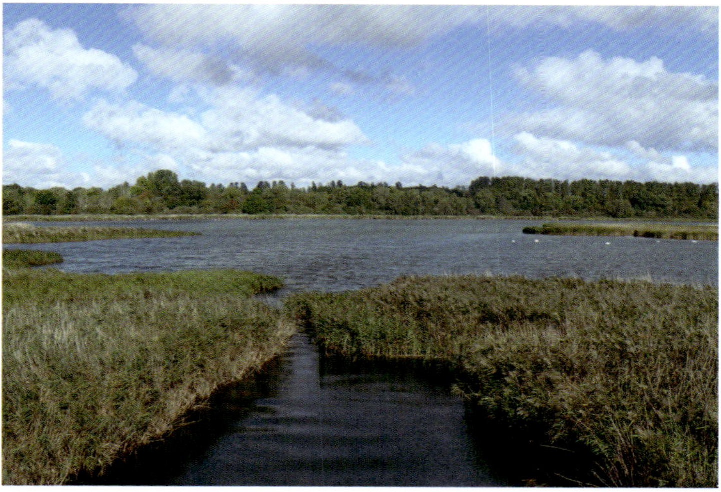

Naturschutzgebiet Spykerscher See

die beiden Seen gibt es an keiner anderen Stelle. Zurück an der Rasthütte folgen wir mit *Wegweisung Polchow* einem Feldweg. An der unendlich groß erscheinenden Ackerfläche des **Bars** entlang wandern wir zur angezeigten Siedlung - dank ausgedehnter Schilfflächen ist vom **Großen Jasmunder Bodden** leider nichts zu sehen. Durch eine sehr gepflegte Ferienhaussiedlung kommen wir zu einer Kreuzung. Links haltend bummeln wir auf der leicht ansteigenden Dorfstraße durch die Straßensiedlung. Diese hält mit der weithin bekannten **„Fischräucherei Peters"**, dem **„Café Samowar"** (Sommerrestaurant mit russischer Küche) und der wegen seiner Fischgerichte beliebten **„Gaststätte am Jasmunder Bodden"** ein überraschend breites kulinarisches Angebot bereit. Aus dem Dorf hinaus gelangen wir auf der weiterhin ansteigenden *Dorfstraße*, die nun eine Allee ist, durch eine hügelige Felderlandschaft zu einer Straßenkreuzung mit der **Bushaltestelle Abzweig Polchow**. Vorsichtig über die stark befahrene Landstraße hinweg folgen wir der nach **Neddesitz** führenden Straße für wenige Meter. Mit *Wegweisung Glowe* zweigen wir nach links auf einen asphaltierten Fuß- und Radweg. Leicht ansteigend erreichen wir einen überdachten Rastplatz. Wenige Meter bergauf und wir stehen wieder auf dem höchsten Punkt des **Tempelberges**. Mit den Augen können wir unsere gesamte Rundtour noch einmal abwandern, bevor wir zum **Parkplatz** hinabsteigen.

Glowe – Zwischen Tromper Wiek und Großem Jasmunder Bodden

Die Rundtour punktet mit vielfältigen Naturerlebnissen. Wir wandern am stillen Ufer des Großen Jasmunder Boddens, durchqueren den Kieferndünenwald auf der Schaabe, bummeln auf dem schönsten Naturstrand der Insel und nähern uns am Königshörn einem aktiven Kliff.

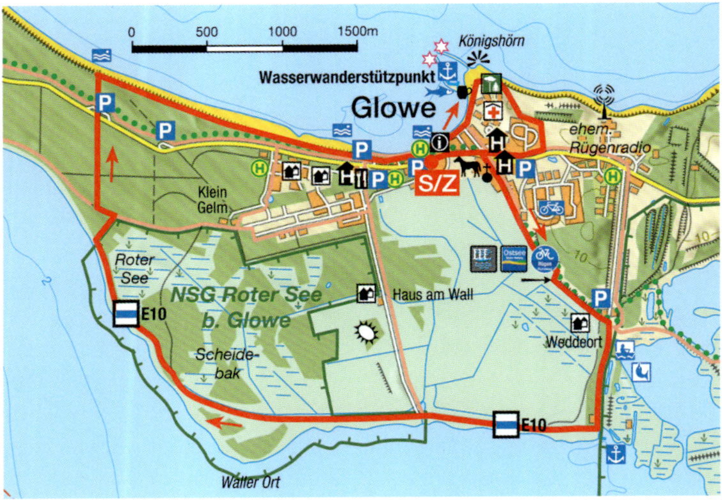

Start/Ziel: Glowe, Parkplatz Feuerwehr/An den Boddenwiesen
Anfahrt/Abfahrt mit öffentlichen Verkehrsmitteln: bis/ab Haltestelle Gasthaus zur Schaabe mit den Buslinien 13 und 14 aus/in Richtung Sassnitz/Altenkirchen
Anforderungen: Wenig beschwerliche Rundwanderung auf leichten Wald-, Feld- und Deichwegen, auf zwei Strandabschnitten sowie auf verkehrsarmen Straßen und Fahrwegen. Für Familien mit Kindern geeignet.
Streckenlänge: 12,4 Kilometer
Anstiege/Abstiege: 20 Höhenmeter
Einkehr: außerhalb von Glowe keine
Karte: Blatt „Halbinsel Jasmund"
Sehenswertes: Restaurant „Ostseeperle" und Hafen am Königshörn in Glowe

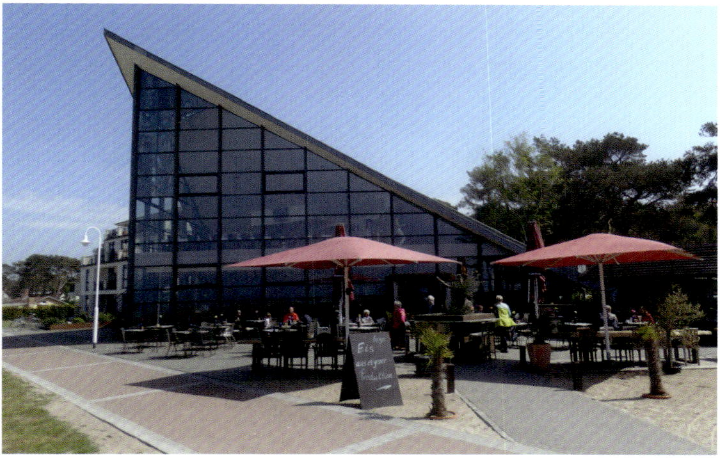

Die „Muschel" in Glowe

Ein im Jahr 2000 am **Königshörn** eröffneter Fischer- und Sportboothafen, eine Kurklinik, eine Hand voll kleiner Läden, Hotels und Restaurants entlang der Hauptstraße – das touristische Angebot im erstmals 1314 urkundlich erwähnten Fischerdorf **Glowe** ist überschaubar. Wer in Glowe urlaubt, kommt wegen des Strand- und Badeparadieses **Schaabe.** Die aufwändig sanierte „Muschel", ein von **Ulrich Müther** konzipierter Spannbetonbau (1968), verdient durch ihre modern anmutende Gestaltung das Prädikat „Sehenswürdigkeit" – heute ist hier das Restaurant **„Ostseeperle"** untergebracht. Ein weiteres architektonisches Ausrufezeichen setzt der 2019 neu eröffnete **„Bodden-Markt Glowe"**.

Vom kleinen **Parkplatz an der Feuerwehr/An den Boddenwiesen** gehen wir wenige Schritte bis zur *Hauptstraße*. Dieser folgen wir nach rechts, passieren die **Bushaltestelle Gasthaus zur Schaabe** sowie den neuen **„Bodden-Markt Glowe"** und zweigen mit *Wegweisung Spyker* nach rechts in die Straße *Alt Glowe*. Links an der kleinen **Kapelle St. Birgitta** (1982) vorbei wandern wir durch ein Neubaugebiet. Danach begleitet uns rechter Hand Weideland, linker Hand ein Pappelwald. In der kleinen Feriensiedlung **Weddeort** teilt sich der Weg. Mit *Wegweisung Waller Ort* folgen wir nach rechts einem breiten Forstweg in das **Naturschutzgebiet Spyckerscher See und Mittelsee** (→ S. 98). Im

Pappelwald ist von dem linker Hand begleitenden **Mittelsee** kaum etwas zu sehen. Vor dem für die Allgemeinheit unzugänglichen **Hafenplatz** am **Großen Jasmunder Bodden** gelangen wir rechts haltend auf einen schmalen Wanderweg. Wir gehen zunächst durch Pappelwald, dann durch eine überwiegend von Sträuchern dominierte Vegetation. Hier und da bietet sich ein Blick über den **Großen Jasmunder Bodden**, vereinzelte Bänke laden zur Schaurast ein. Rechter Hand begleitet uns alsbald ausgedehntes Weideland, der Wanderweg verläuft nun auf einem Deich. Aus der „erhöhten" Position bietet sich eine weitreichende Sicht über den **Großen Jasmunder Bodden**. An einem Schöpfwerk vorbei folgen wir mit *Wegweisung Waller Ort* dem Deichweg geradeaus in das **Naturschutzgebiet Roter See bei Glowe**.

Das **Naturschutzgebiet Roter See bei Glowe** liegt am südöstlichen Ende der **Schaabe**, ihrem jüngsten und niedrigsten Teil. Das auch in seinen höchsten Erhebungen nur wenige Dezimeter über dem Meeresspiegel liegende Gebiet besteht aus flachen Strandwällen und dazwischen liegenden Senken, in denen sich ein Küstenüberflutungsmoor gebildet hat. Der namengebende Rote See ist heute fast vollständig verlandet und zu Moor geworden. Jahrhundertelang war das Gebiet völlig baumfrei und wurde als extensives Weideland genutzt. Im Jahr 1863 wurde zum Bodden hin ein Sommerdeich, in den 1970er-Jahren ein höherer Winterdeich errichtet. Damit waren die periodischen Überflutungen ausgeschlossen. Um 1900 wurden die Strandwälle mit Kiefern und Eichen aufgeforstet, zu denen sich auf natürlichem Wege Birken und Erlen gesellten. Nach der nach 1990 erfolgten weitgehenden Aufgabe der landwirtschaftlichen Nutzung des Grünlandes nimmt die Landschaft zunehmend den Charakter einer Wildnis ein, in der sich zahlreiche Tier- und Pflanzenarten wohl fühlen. Etwa die Hälfte des Schutzgebietes befindet sich im Besitz des NABU.

Auf Höhe des überwiegend von Kiefern und Eichen bestandenen **Waller Orts**, der durch Anlandungen von Strandwällen entstanden ist, entfernt sich der Deich vorübergehend vom Boddenufer. Landein bestimmen nun Birken und Erlen das Landschaftsbild. Zurück am Boddenufer können wir vom Deich nicht nur eine ungehinderte Sicht über das ausgedehnte Gewässer genießen,

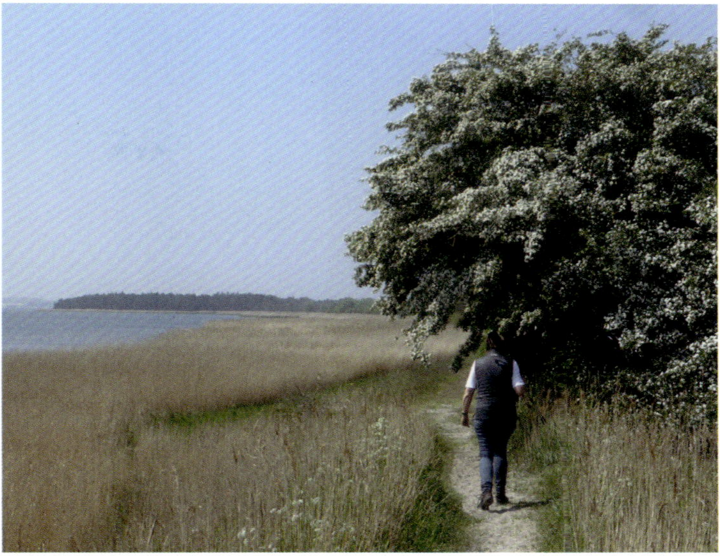

Uferpfad am Großen Jasmunder Bodden

hier und da gibt es am weitgehend schilffreien Ufer einladende Badestellen. Am Ende des Deiches erreichen wir mit dem Wald die **Schaabe**.

Die **Schaabe** ist eine durch permanente Sandablagerungen im Laufe der Jahrtausende entstandene gut zwölf Kilometer lange und bis zu zwei Kilometer breite Nehrung. Sie verbindet die ehemaligen Inseln Jasmund und Wittow. Die seit 1860 vorwiegend mit Schwarzkiefern, aber auch Birken sowie Trauben- und Stieleichen aufgeforstete Düne säumt seeseitig ein feinsandiger, bis zu 100 Meter breiter Strand – einen besseren gibt es auf ganz Rügen nicht! Boddenseitig geht der Wald fast unmerklich in einen breiten Schilfgürtel über, der nur hier und da eine kleine sandige Ausbuchtung offen lässt. Bis auf eine Försterei und die Durchgangsstraße ist die Schaabe unbebaut – das gilt auch für den Strand!

Bei einer ersten Weggabelung folgen wir dem geradeaus führenden Weg, nach etwa zwanzig Metern bei einer zweiten Weggabelung dem linken Weg. An der nach wenigen Metern erreichten Wegkreuzung setzen wir unsere Wanderung geradeaus fort. Auf

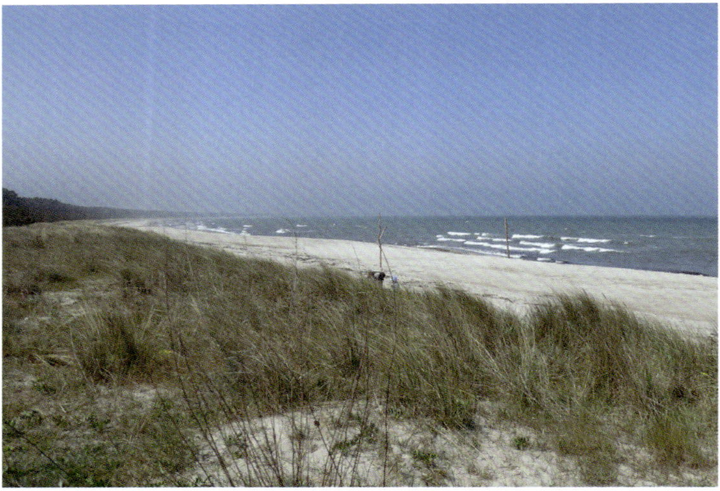

Schaabe, eine durch Sandablagerung entstandene Nehrung mit Superstrand

einem breiten Waldweg geht es schnurstracks bis zur Landstraße. Vorsichtig über diese hinweg gelangen wir über den Parkplatz zum *Rettungsweg 10*. Auf diesem überqueren wir den Radweg und erreichen durch den Dünenwald den Naturstrand an der **Tromper Wiek**. Den noch fernen **Glower Fischerei- und Sportboothafen** im Visier wandern wir über den feinsandigen Strand an den Ortsrand von **Glowe**.

Am **DLRG-Container** wechseln wir durch den schmalen Dünenstreifen auf die am **Kurplatz** beginnende **Strandpromenade**. Dieser folgen wir an der architektonisch auffälligen „Muschel"und anderen touristischen Angeboten vorbei bis zum modernen **Fischerei- und Sportboothafen**. Rechts an den Hafenanlagen entlang erreichen wir auf einem gepflasterten Weg den steinigen Strand am **Königshörn**.

Das **Königshörn** ist die westlichste Spitze Jasmunds. Das bis zu zehn Meter hohe Steilufer östlich der Landzunge zählt zu den besonders von Abtragungen betroffenen Steilufern Rügens. Gleichzeitig gehört es zu den geologisch interessantesten der Insel: Es besteht aus Schreibkreide und eiszeitlichen Ablagerungen (Geschiebemergel und -lehm sowie Schmelzwassersand).

Über den etwas beschwerlich begehbaren Strand gelangen wir nach etwa 100 Metern zu einer Metalltreppe, auf der wir den Steilhang überwinden. Nach wenigen Schritten erreichen wir den **Kurpark**. „Natur und Kunst im Kurpark" – in der minimal gepflegten, naturnahen Parkanlage finden sich zahlreiche Moränensteine, aus denen der Steinbildhauer **Mile Prerad** vornehmlich Seehund-Skulpturen erarbeitet hat bzw. erarbeiten wird. Durch den Park steuern wir rechts an einem Tümpel vorbei eine Neubausiedlung an. Links an dieser entlang kommen wir auf einem Wanderweg, zuletzt über eine Treppe hinab zur *Hauptstraße*. Rechts haltend gelangen wir zur **Bushaltestelle Gasthaus zur Schaabe** und weiter zum **Parkplatz an der Feuerwehr/An den Boddenwiesen**.

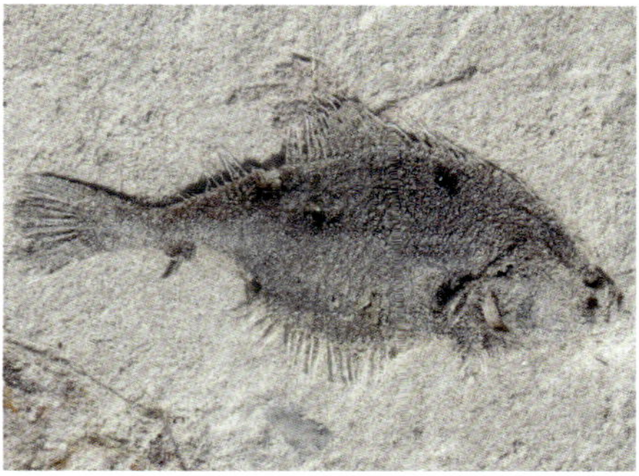

Leblose Flunder am Strand

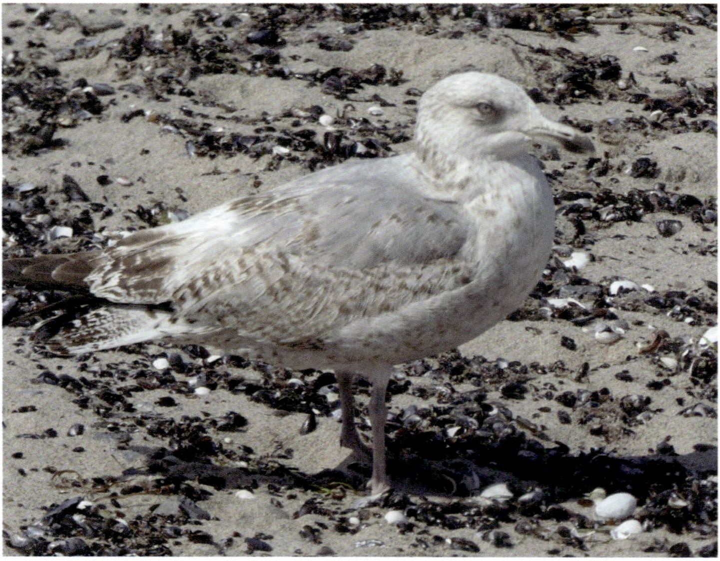

Junge Silbermöwe sucht nach Leckerbissen.

Putgarten – Zum Nordkap Deutschlands

Das Flächendenkmal Kap Arkona und das denkmalgeschützte Fischerdorf Vitt sind die viel besuchten Sehenswürdigkeiten unserer Rundtour im Nordwesten Wittows. Abseits dieser Touristenmagnete erleben wir eine überwiegend stille Landschaft mit einer naturgeschützten Steilküste, wilden Stränden und weiten Feldern.

Start/Ziel: Putgarten, Großparkplatz
Anfahrt/Abfahrt mit öffentlichen Verkehrsmitteln: bis/ab Großparkplatz mit der Buslinie 14 aus/in Richtung Altenkirchen/Sassnitz
Anforderungen: Leichte Rundwanderung auf überwiegend breiten Wander- und verkehrsarmen Fahrwegen. Für Familien mit Kindern geeignet.
Streckenlänge: 10,6 Kilometer
Anstiege/Abstiege: 70 Höhenmeter
Einkehr: außerhalb von Putgarten„Arkona-Imbiss“ und Gaststätte „Arcun“ am Kap Arkona, Gasthof „Zum Goldenen Anker“ und Café „Am Meer“ in Vitt, Café „Zur Kleinen Rast“ in Goor
Karte: Blatt „Wittow, Kap Arkona“
Sehenswertes: Flächendenkmal Kap Arkona, Fischerdorf Vitt

Den **Großparkplatz Putgarten** (zum Ort → S. 114) verlassen wir durch die Einfahrt/Ausfahrt. Rechts haltend gelangen wir auf der Zufahrtsstraße am Parkplatz entlang bis zum hier nicht ausgewiesenen *Varnkevitzer Weg*. Mit *Wegweisung Mattchow* folgen wir diesem nach links durch weitläufige Felder. Vor der Radarstation der Bundeswehr zweigen wir nach rechts auf einen Betonspurweg, auf dem wir ins **Naturschutzgebiet Nordufer Wittow mit Hohen Dielen** gelangen.

Das **Naturschutzgebiet Nordufer Wittow mit Hohen Dielen** bietet ein im norddeutschen Raum einmaliges Mosaik aus Halbtrockenrasen, Sickerfluren und Buschbuchenwald am Ruhekliff sowie Spülsaum-, Primärdünen- und natürlicher Salzrasenvegetation am größten und landschaftlich reizvollsten Blockstrand Deutschlands.

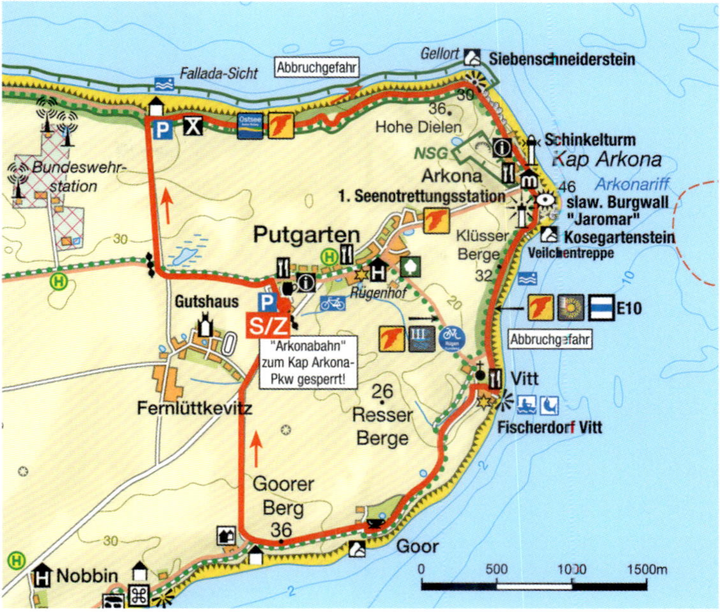

Links am Parkplatz vorbei erreichen wir den durch eine Treppenanlage „entschärften“ Abstieg zum (feinsandigen) **Nordstrand**. Mit *Wegweisung Kap Arkona* folgen wir dem leicht begehbaren Hochuferweg nach rechts. Rechter Hand begleiten uns weitläufige Felder, linker Hand das bis über die Abbruchkante hinaus bewachsene Steilufer. Bei der **Fallada-Sicht**, einem netten, vom Holzkünstler **Raik Vincent** gestalteten Rastplatz an der Hangkante, bietet sich uns eine ungehinderte Sicht auf das Kliff. Nachdem wir eine kleine Schlucht umwandert haben, ist der Weg beidseitig von Sträuchern und Bäumen gesäumt. In leichtem Auf und Ab erreichen wir mit dem **Gellort** den nördlichsten Punkt Rügens. Von der Aussichtsterrasse führt eine 131-stufige Treppenanlage an den steinigen Strand, an dessen Rand der schön geformte **Siebenschneiderstein** liegt. Der aus Granit bestehende, leicht „besteigbare“ Findling wiegt etwa 165 Tonnen und hat ein Volumen von 61 Kubikmetern, womit er der viertgrößte der Insel ist. Vor dem Aussichtsplatz rechts haltend setzen wir unsere Wanderung zunächst durch waldiges Gelände fort. Am Rand der mit Feldern überzogenen **Hohen Dielen** erreichen wir schließlich das **Kap Arkona**.

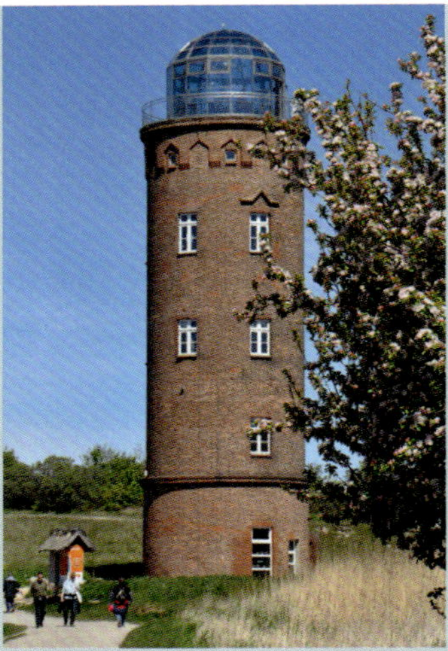

Der ehemalige Marine-Peilturm ist eine erstklassige Aussichtswarte.

Das **Kap Arkona** ist ein bis zu 42 Meter hohes, zum Meer steil abbrechendes Kreideplateau. Das als Flächendenkmal ausgewiesene Kap bietet zahlreiche Sehenswürdigkeit und ist damit ein Touristenmagnet.

Viel ist nicht mehr übrig geblieben von der **Jaromarsburg**, der wichtigsten und größten Wallburg der slawischen Ranen. In der direkt am Steilufer gelegenen, von mächtigen Erdwällen umschlossenen Anlage befand sich ein quadratischer Tempel, in dem das überdimensionale hölzerne Standbild des wendischen Übergottes **Svantevit** stand. Nach vielen vergeblichen Versuchen gelang es den Dänen unter Führung des Bischofs **Absalon von Roskilde** im Jahr 1168, die Tempelburg zu stürmen, das Götterbild zu stürzen und damit auch auf der Insel die Christianisierung einzuleiten. Was die Dänen nicht schafften, erledigte die Natur: In beständigen winterlichen Attacken hat das Meer den größten Teil der historischen Anlage verschlungen. Auf sicherem Terrain stehen die beiden **Leuchttürme**. Der quadratische, gedrungen wirkende klassizistische Turm wurde 1826/27 nach einem Entwurf des preußischen Baumeisters **Karl Friedrich Schinkel** erbaut. Seine aus 19,3 Meter Höhe ausgesandten Lichtstrahlen waren fast 15 Kilometer weit zu sehen – zu wenig, wie man um die Jahrhundertwende befand. In unmittelbarer Nachbarschaft zum **Schinkelturm** wurde daher 1902 ein schlanker, runder und 36 Meter hoher **Neuer Leuchtturm** errichtet. Die Lichtsignale seines elektrischen Leuchtfeuers haben eine Reichweite von mehr als 40 Kilometern, was auch heutigen Ansprüchen genügt. Die geräumige Aussichtsplattform des Schinkelturms wie der „Rundbalkon" des Nachbarn sind über stufenreiche Treppen (86/164 Stufen) zugänglich – die Sicht über die Insel und auf das Meer ist phantastisch. Der Schinkelturm wird heute als Ausstellungsort und Standesamt genutzt. Eine schöne Aussicht bietet sich auch vom benachbarten **Peilturm**. Der 23 Meter hohe Backsteinbau wurde 1927 von der Kriegsmarine als Seefunkfeuer errichtet. Heute beherbergt der vorbildlich sanierte Turm Kunsthandwerk. Seine Aussichtsplattform ist über 111 Stufen zugänglich. Im Schatten der Türme liegen unter meterdicken Erdaufschüttungen zwei **Marine-Bunkeranlagen**. Die kleinere, ältere stammt aus Wehrmachtszeiten, die größere, neuere wurde zwischen 1979 und 1986 von der NVA als Gefechtsstand erbaut. Die Anlagen, die einige sehenswerte militärgeschichtliche Ausstellungen beherbergen, sind nur im Rahmen von Führungen zugänglich. Über die Geschichte der Seenotrettung informiert eine Ausstellung in der ehemaligen **Matrosenbaracke**. Ein Zeugnis des deutschen Seezeichenwesens ist das 1905 erbaute **Leuchtfeuer Ranzow**, das nach seiner 1999 erfolgten Außerdienststellung von **Lohme** ans Kap umgesetzt wurde.

Auf einem breiten Schotterweg erreichen wir eine Weggabelung. Hier halten wir uns mit *Wegweisung Fischerdorf Vitt* nach rechts. Nacheinander passieren wir die **Marine-Bunkeranlage**, die **Nebelsignalstation**, das **Leuchtfeuer Rantzow**, ein ehemaliges **DLRG-Rettungsboot** und die beiden **Leuchttürme**. In der Buskehre folgen wir mit *Wegweisung Fischerdorf Vitt* einem breiten Schotterweg. Rechts am **Peilturm** und am **Slawischen Burgwall** entlang

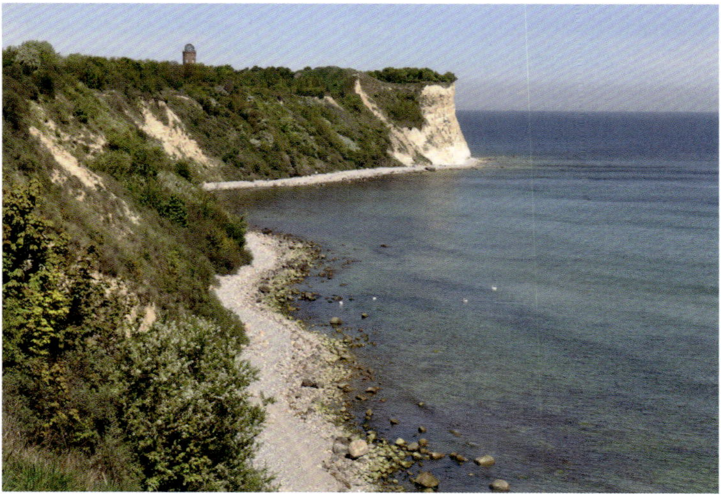

Blick vom Hochuferweg auf das Kap Arkona

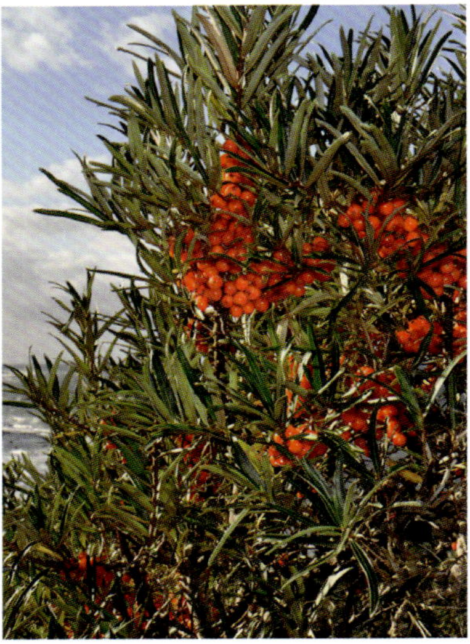

Am Nordufer gedeiht die „Zitrone des Nordens", der Sanddorn

kommen wir zum „blickdicht" bewachsenen Steilufer. Alsbald lockt die **„Veilchentreppe"** hinab an den schmalen Naturstrand. Der mühsame, 111 steile Stufen überwindende Abstieg/Aufstieg lohnt allein wegen der großartigen Sicht auf die Steilabbrüche des nahen Kaps - der sehr steinige „Strandweg" nach **Vitt** ist nicht zu empfehlen. Auf dem Hochuferweg gelangen wir nach wenigen Metern zu einem Aussichtsplatz mit Rastbänken. Hier gibt es eine reizvolle Sicht auf das Kap ohne zusätzliche Kraftanstrengung. Bei einer Weggabelung verlassen wir den breiten Weg und folgen der *Wegweisung Fischerdorf Vitt* nach links am Hochufer entlang. Mit Hilfe einer 50-stufigen Treppenanlage gelangen wir hinab in das angezeigte Dorf. Links am **Gasthof „Zum Goldenen Anker"** vorbei kommen wir zum **Fischerstrand**, rechts am **Café „Am Meer"** vorbei verlassen wir das Dorf. Aus dem Dorf hinaus halten wir uns links und steigen auf einem schmalen Fahrweg aus dem Wiesental hinauf zu einem Querweg. Dort folgen wir mit *Wegweisung Goor* dem breiten Betonspurweg durch Acker- und Weideland zur angezeigten Siedlung. Das am Hochufer der **Tromper Wiek** gelegene **Café „Zur kleinen Rast"** bietet einige hübsche und aussichtsreiche Rastplätze. Hinter der Siedlung stoßen wir auf einen Betonspurweg, dem wir nach links folgen. Über den wenig ausgeprägten **Goorer Berg** gelangen wir zu einer Weggabelung. Ohne Wegweisung wandern wir auf dem Betonplattenweg geradeaus. Wir passieren die Zufahrt zum (Ferien-)„**Hof Kracht**" und gelangen auf dem von Obstbäumen gesäumten Fahrweg durch weitläufige Felder zur zeitweise stärker befahrenen Landstraße. Rechts haltend erreichen wir mit der notwendigen Vorsicht den **Großparkplatz Putgarten**.

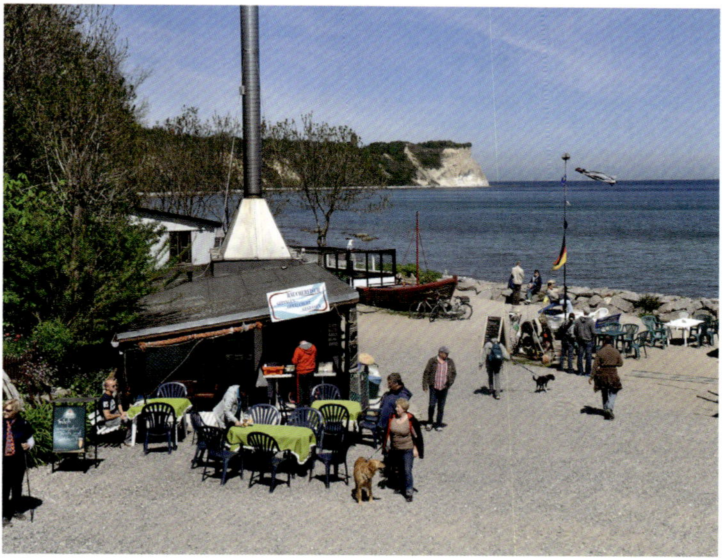

Vom Vitter Fischerstrand reicht der Blick über die Tromper Wiek zum Kap Arkona

Man muss schon sehr genau hinsehen, um eines der schönsten Inseldörfer, die Fischersiedlung **Vitt**, auszumachen: In einer malerischen, dicht bewachsenen Liete, wie die Schluchten im Steilufer genannt werden, kuscheln sich dreizehn reetgedeckte Katen eng aneinander. Im Zentrum des in seiner Gesamtheit denkmalgeschützten Ensembles steht die 1646 erstmals als Gasthaus erwähnte **Dorfschänke „Zum goldenen Anker"**. In der gemütlichen wie empfehlenswerten Fischgaststätte wird vor allem das angeboten, was am pittoresken **Strandhafen** angelandet und in der urigen Fischräucherei (mit angeschlossenem Imbiss) verarbeitet wird. Von der Terrasse des am Fischerstrand gelegenen **Cafés „Am Meer"** bietet sich – über große Kuchenstücke hinweg – eine großartige Sicht auf das **Kap Arkona**. In der einfachen Gaststube gewähren zahlreiche historische Fotografien einen guten Einblick in das Vitter Fischerleben vor einhundert Jahren. Außerhalb des Dorfes steht die reetgedeckte Vitter **Kapelle** (1806–16). Das schlichte achteckige „Uferbethaus" ließ der Altenkirchener **Pfarrer Ludwig Gotthard Kosegarten** nach Plänen von **Karl Friedrich Schinkel** mit auswärtigen Spendengeldern erbauen.

Putgarten – Auf dem Hochuferweg nach Dranske

Die Wanderung entlang der gesamten Nordküste Wittows gehört zu den schönsten und dennoch wenig bekannten Unternehmungen auf Rügen. Vom Kap Arkona begleiten wir die wilde Steilküste auf angenehmen Hochuferwegen, durchqueren einen märchenhaften Buchenwald, schlendern über einen feinsandigen Strand, wandern durch eine Küstenheide und gelangen letztendlich in den Erholungsort Dranske, der trotz seiner landschaftlich einmaligen Lage vom Tourismus (bislang) wenig beachtet wird.

Start: Putgarten, Großparkplatz
Ziel: Dranske, Bushaltestelle Karl-Liebknecht-Straße
Anfahrt/Abfahrt mit öffentlichen Verkehrsmitteln:
bis/ab Großparkplatz mit der Buslinie 14 aus/in Richtung Altenkirchen/Sassnitz
Rückfahrt mit öffentlichen Verkehrsmitteln:
ab Haltestelle Karl-Liebknecht-Straße mit der Buslinie 13 nach Altenkirchen Schule und weiter mit der Buslinie 14 nach Putgarten Großparkplatz
Anforderungen: Anstrengende Streckentour auf überwiegend guten Feld- und Wander- sowie verkehrsarmen Fahrwegen, eine lange Strandpassage. Für Familien mit Kindern unter 12 Jahren nur sehr bedingt geeignet.
Streckenlänge: 20,0 Kilometer
Anstiege/Abstiege: 90 Höhenmeter
Einkehr: außerhalb von Putgarten und Dranske „Kays Eisdiele" in Bakenberg und „Bistro Ostseewind" in Kreptitz
Karte: Blatt „Wittow, Kap Arkona"
Sehenswertes: „Rügenhof Kap Arkona" in Putgarten, Nordufer Wittow, Märchenwald und Strand in Bakenberg, Kreptitzer Heide, Nordwestufer Wittow

Den **Großparkplatz Putgarten** verlassen wir an den Gastbetrieben entlang und folgen der hier nicht ausgewiesenen Dorfstraße nach links in den Ort hinein. Wir passieren nacheinander die **Feuerwache** und den **„Rügenhof Kap Arkona"** und erreichen eine Straßengabelung. Links haltend folgen wir mit *Wegweisung Wanderweg zu den Türmen* dem *Schulweg* aus der Siedlung hinaus. Durch leicht hügeliges Ackerland gelangen wir am kleinen

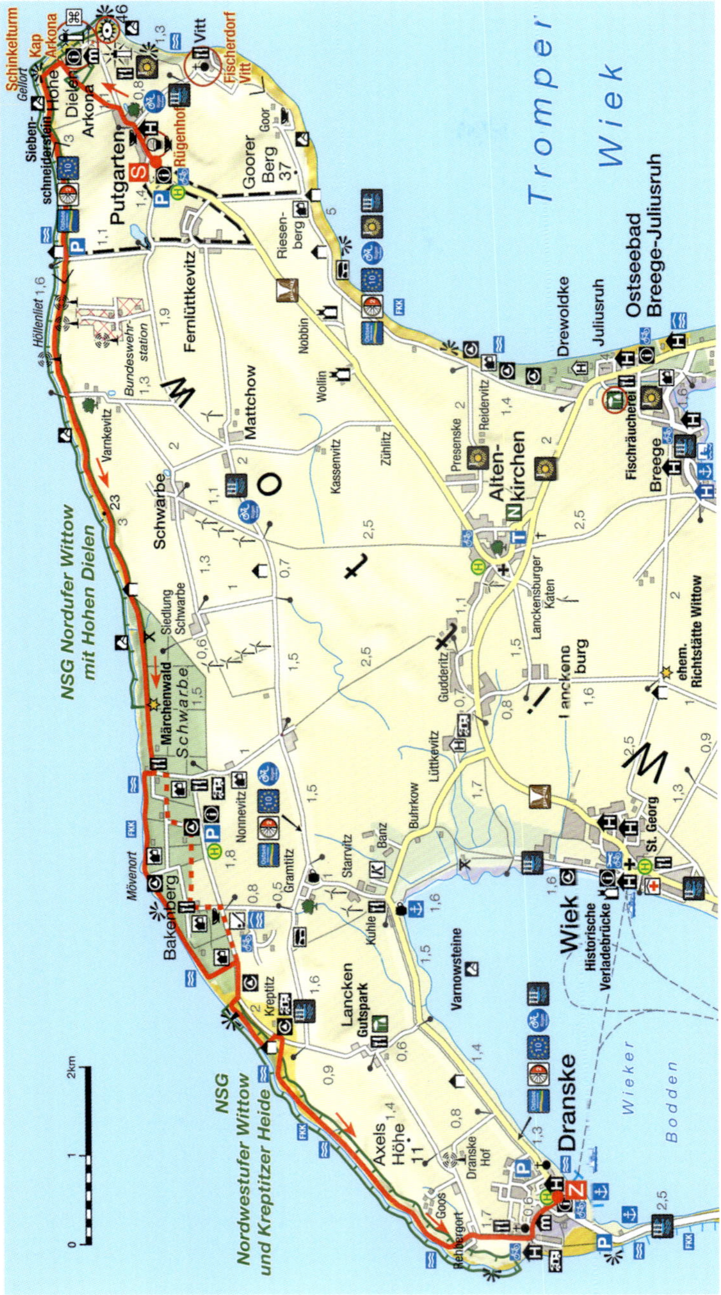
Kap Arkona
Schinkelturm
Putgarten
Rügenhof
Vitt
Fischerdorf Vitt
Goorer Berg 37
Riesenberg
Fernlüttkevitz
Bundeswehrstation
Mattchow
Nobbin
Wollin
Varnkevitz
Schwarbe
Siedlung Schwarbe
Märchenwald
Kassenvitz
Zühlitz
Presenske
Reidervitz
Altenkirchen
Dreweoldke
Juliusruh
Ostseebad Breege-Juliusruh
Breege
Tromper Wiek
NSG Nordufer Wittow mit Hohen Dielen
Lanckensburger Katen
Lanckensburg
Gudderitz
Lüttkevitz
Buhrkow
Banz
Starrvitz
Gramtitz
Nonnevitz
Mövenort
Bakenberg
Kreptitz
Lancken Gutspark
Kuhle
Varnowsteine
Wiek
Historische Verladebrücke
St. Georg
ehem. Richtstätte Wittow
NSG Nordwestufer Wittow und Kreptitzer Heide
Axels Höhe 11
Dranske Hof
Goos
Rehbergort
Dranske
Wieker Bodden
0 1 2km

Das Straßendorf **Putgarten** ist für die meisten Touristen Großparkplatz für das und Durchgangsstation zum Flächendenkmal Kap Arkona und Fischerdorf Vitt. Mehr als nur einen flüchtigen Blick lohnt der **„Rügenhof Kap Arkona"**. Der 1880 erbaute, aus dem Gutshaus, zwei Pferdeställen und einer Scheune bestehende, ehemalige Gutshof beherbergt heute neben einigen Ferienwohnungen originelle Läden und (Schau-) Werkstätten sowie ein einladendes (Garten-) Café. Daneben gibt es eine Ausstellung landwirtschaftlicher Geräte aus der Zeit von 1920 bis 1950, einen Streichelzoo, einen Kräutergarten, wechselnde Ausstellungen und Theateraufführungen in der Kulturscheune sowie über das Jahr verteilt zahlreiche Feste und Märkte. Mitte der 1950er-Jahre erwarb die Schauspielerin und Intendantin des Berliner Ensembles für sich und ihren Ehemann Bertolt Brecht ein etwa 200 Jahre altes, reetgedecktes Bauernhaus als Feriendomizil. In der Wohnung im Obergeschoss des heute als **Helene-Weigel-Haus** bekannten Gebäudes können Mitglieder des Berliner Ensembles seit Ende der 1950er-Jahre ihre Ferien verbringen. Ein Hingucker ist die denkmalgeschützte **Feuerwache** (alle *Dorfstraße*).

Naturschutzgebiet Hohe Dielen vorbei zu einem Sendemast, auf dessen Höhe wir auf einen Schotterweg stoßen. Geradeaus können wir das **Flächendenkmal Kap Arkona** (→ S. 108f) aufsuchen. Wir setzen unsere Wanderung nach links fort und folgen einem Fuß- und Radweg in einen schmalen Waldstreifen hinein. Wir befinden uns nun im **Naturschutzgebiet Nordufer Wittow mit Hohen Dielen** (→ S. 106). Nach wenigen Metern teilt sich der Weg. Links haltend erreichen wir mit dem **Gellort** den nördlichsten Punkt Rügens. Von der Aussichtsterrasse führen 131 Treppenstufen hinab an den steinigen Strand, an dessen Rand der schön geformte **Siebenschneiderstein** liegt. Der aus Granit bestehende, leicht „besteigbare" Findling wiegt etwa 165 Tonnen und hat ein Volumen von 61 Kubikmetern, womit er der viertgrößte der Insel ist. Vor dem Aussichtsplatz folgen wir der *Wegweisung Nordstrand* nach links auf den Hochuferweg. Der zunächst beidseitig von Bäumen und Sträuchern gesäumte Weg bietet wenig Aussicht. Einzig bei der **Fallada-Sicht**, einem netten, vom Holzkünstler **Raik Vincent** gestalteten Rastplatz an der Hangkante, können wir eine ungehinderte Sicht auf das Kliff genießen. Bis zum Parkplatz am **Nordstrand** begleiten uns nun linker Hand weitläufige Felder, rechter Hand das bis über die Abbruchkante hinaus bewachsene Steilufer. Hier lohnt der durch eine Treppenanlage „entschärfte" Abstieg zum (feinsandigen) Strand. Mit *Wegweisung Varnkevitz* setzen wir unsere Hochuferwanderung fort. Am Landschaftsbild ändert sich wenig: rechter Hand gewährt die meist „blickdicht" bewachsene Hangkante nur gelegentliche Blicke auf das Meer, linker Hand wechseln sich schmale Strauch- und Waldstreifen und „freies" Feld ab. Wo der Betonspurweg von **Varnkevitz** in einen Wendeplatz mündet, folgen wir der *Wegweisung Nonnevitz* geradeaus in den Wald. Aus diesem heraus passieren wir einen weiteren Strandabstieg. Auf dem nun grasigen Hochuferweg erreichen wir eine Weggabelung. Hier müssen wir uns entscheiden: Entweder folgen wir einem schmalen Pfad durch den wunderschönen Buchenwald, der in einem schmalen Streifen die Hangkante begleitet, oder wir wandern auf dem Feldweg am Waldrand entlang. Wofür wir uns auch immer entscheiden - bei einer Rasthütte vor dem ausgedehnten Waldgebiet der **Schwarbe** gibt es für uns nur einen Weg: ohne Wegweisung scharf rechts.

Auf dem Weg zur Hangkante passieren wir - an dieser Stelle unerwartet - einige alte Garagen. Vor der Hangkante folgen wir

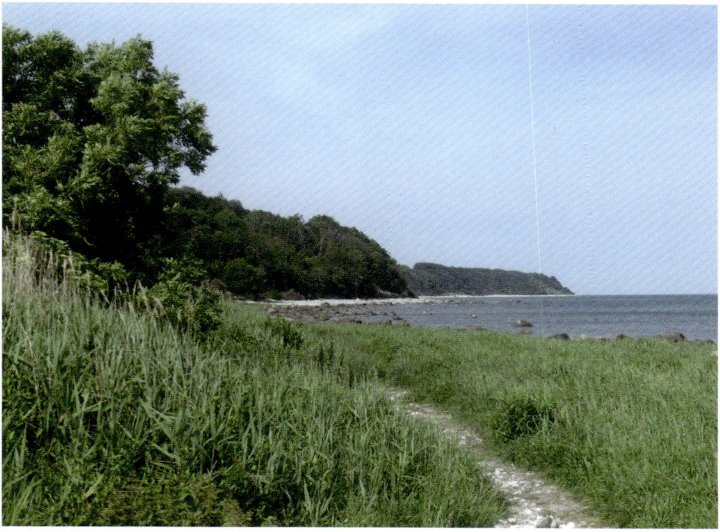

Naturschutzgebiet Nordufer Wittow

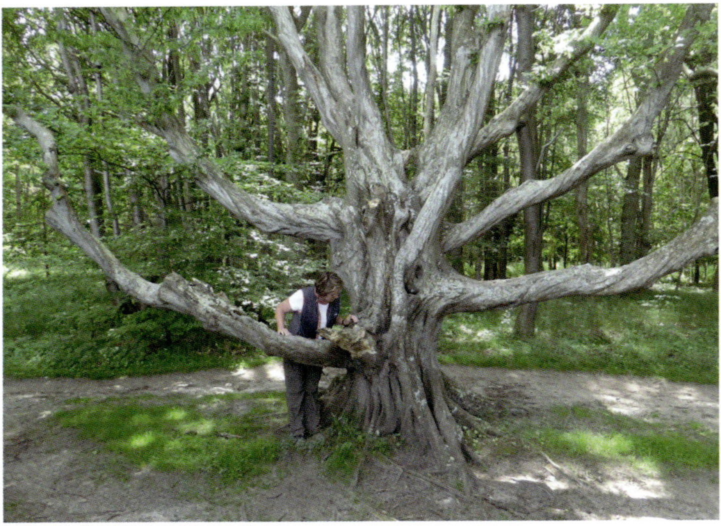

Im „Märchenwald“ der Schwarbe

nach links einem Wanderpfad in einen herrlichen Buchenwald hinein. Die für diesen oft verwendete Bezeichnung **„Märchenwald“** ist durchaus zutreffend. Wir umrunden eine ausgeprägte Schlucht, kommen an einladenden Rastplätzen und an einigen bizarr geformten Bäumen vorbei und erreichen das **Areal F** der Ferienanlage **„Regenbogen Nonnevitz“**. Wir befinden uns nun in der (Kiefern-)Waldsiedlung **Bakenberg**, einer nach dem höchsten Geländepunkt benannten Ansammlung von Ferienanlagen, von denen die Anlage **„Regenbogen Nonnevitz“** die mit Abstand größte ist. Wir folgen dem nun breiten Hochuferweg für wenige Meter rechts am Campinggelände entlang bis zum ersten Strandzugang. Über diesen gelangen wir hinab an den Strand (hier Hunde- und FKK-Strand).

Wegalternative: Bakenberg

Wem eine Strandwanderung zu mühsam ist, kann bequemer, aber weniger reizvoll durch die Ferienanlage **„Regenbogen Nonnevitz“** und an weiteren Anlagen entlang bis zur **Kreptitzer Heide** wandern. Dazu folgen wir dem breiten Hochuferweg rechts am Campinggelände entlang bis zum letzten Strandzugang des **Areals F**. Hier halten wir uns links und stoßen nach wenigen Metern auf den Hauptweg. Rechts haltend gehen wir auf diesem durch das von Kiefern beschattete Campingareal bis zu einem weiteren

Querweg. Vor der Bäckerei folgen wir der *Wegweisung Ausfahrt* nach links und gelangen am Wertstoffhof vorbei zu einer Kreuzung. Hier verlassen wir die Ferienanlage **„Regenbogen Nonnevitz"** geradeaus auf einem Waldweg. An dessen Ende stoßen wir rechts haltend auf einen breiten Schotterweg, dem wir nach links bis zu einer Weggabelung folgen. Links haltend erreichen wir an einigen Ferienhäusern vorbei einen breiten Schotterweg. Diesem folgen wir nach links (rechts lockt **„Kays Eisdiele"** mit leckeren Kreationen). An der Feriensiedlung **„Waldeck"** entlang erreichen wir eine Kreuzung. Mit *Wegweisung Kreptitzer Heide* folgen wir der gepflasterten Straße nach rechts. Rechter Hand begleitet uns Kiefernwald, in dem sich zahlreiche bescheidene Ferienhäuser „verstecken", linker Hand erstreckt sich das neue, komfortable **„Feriendorf Rugana"**. Auf Höhe des **„Küstencamps"** endet die Wegalternative (kein Mehraufwand).

Am Fuß des hier wenig ausgeprägten, nur wenige Meter hohen Ufers wandern wir über einen der schönsten und – weil abgelegen – weniger besuchten Strände der Insel. Nachdem wir den **Möwenort** erreicht haben, steigt das Ufer deutlich an und erreicht im 27 Meter hohen **Bakenberg** seinen höchsten Punkt. Es bedarf schon einer 96-stufigen Treppenanlage, um hier die Hangkante zu erklimmen. Am Fuß des nun bewachsenen, deutlich ausgeprägten Steilufers passieren wir weitere Strandzugänge – beim vierten genügen 26 Stufen, um die Hangkante zu erreichen. Oben angekommen gehen wir geradeaus durch einen Kiefernwald, in dem zahlreiche Ferienhäuser stehen, und erreichen eine Pflasterstraße (hier treffen wir auf die Wegalternative). Dieser folgen wir nach rechts am **„Küstencamp"** entlang bis zum Ferienpark **„Heidehof"**. Durch ein Gatter betreten wir das **Naturschutzgebiet Nordwestufer Wittow und Kreptitzer Heide**.

Wie das Nordufer Wittows unter Schutz gestellt ist, so gilt dieses auch für das Nordwestufer. Das **Naturschutzgebiet Nordwestufer Wittow und Kreptitzer Heide** umfasst das längste aktive Geschiebemergelkliff Rügens. Jahr für Jahr wird hier die Küste landeinwärts verlegt. Die See verdriftet den Sand zum Bug und zum Strand am Bakenberg. Im Kliff selbst brüten etwa 2.000 Uferschwalbenpaare. Der artenreiche Sandmagerrasen der Kreptitzer Heide ist der klägliche Rest einer sich noch im 19. Jahrhundert bis in Höhe der Schwarbe erstreckenden Küstenheidefläche.

Wir folgen dem rechten, überwiegend sandigen und „eingezäunten" Pfad in unmittelbarer Nähe der Hangkante durch die Heidefläche. Wir verlassen die **Kreptitzer Heide** so, wie wir sie betreten haben – durch ein Gatter. Mit *Wegweisung Dranske* wenden wir uns vor einem Wald landeinwärts. Der rechts befindliche Strandzugang ist leider wegen starker Beschädigungen gesperrt (Stand 2019). Am Ende des Waldes zweigen wir auf Höhe des **„Bistros Ostseewind"** („Letzter Imbiss vor Dänemarks Küste") nach rechts auf einen Feldweg, der alsbald in einen Pfad übergeht. Überwiegend Buschwerk zur Rechten, weite Wiesen und Felder zur Linken kommen wir zu einem Aussichts- und Rastplatz an der Kante des Steilufers. Wer will, kann durch eine Schlucht zum einsamen Strand absteigen. Abseits der Hangkante wandern wir über Wiesengelände und an Feldern entlang zu einem Querweg. Hier folgen wir der *Wegweisung Naturschutzgebiet Wanderweg* nach rechts und kommen wieder in die Nähe der blickdicht bewachsenen Hangkante. Bei einer Weggabelung gehen wir geradeaus, passieren einen Teich und gelangen an den Rand der Neubausiedlung **Rehbergort**. Hier folgen wir mit *Wegweisung Dranske* einer schmalen Asphaltstraße nach rechts. Nach ihrem Linksknick bietet sich uns nach rechts eine schöne Sicht

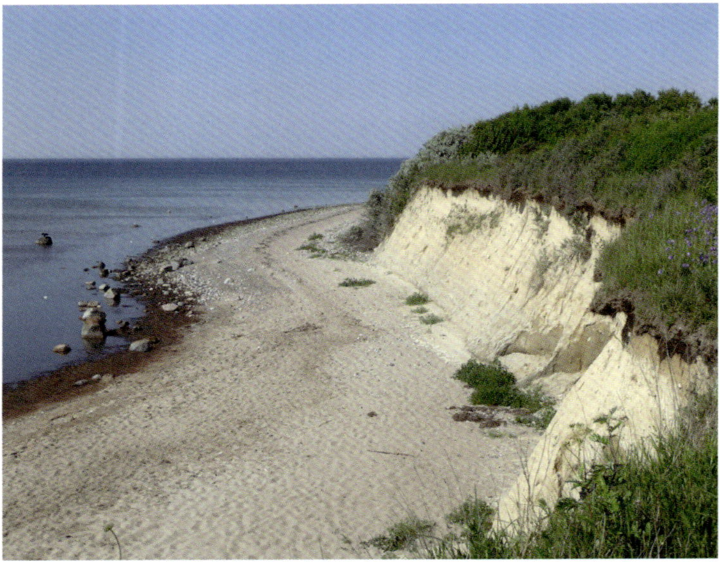

Trotz seiner landschaftlich einmaligen Lage zwischen dem **Wieker Bodden** und der **Ostsee** und am „Eingang“ zur Landzunge **Bug** – das erstmals 1314 urkundlich erwähnte **Dranske** leidet noch heute unter den Folgen seiner 1991 beendeten, 80 Jahre währenden militärischen Vergangenheit: Im 1. Weltkrieg wurde auf dem **Bug** ein Fliegerhorst eröffnet. Den kaiserlichen Seefliegern folgten die Seeflieger der Wehrmacht. In den 1930er-Jahren wurde das alte Büdner- und Katendorf fast vollständig abgerissen. Es entstand eine Siedlung für die Angehörigen der auf dem Fliegerhorst stationierten Soldaten. Im Jahr 1963 begann die Nationale Volksarmee, einen Schnellbootstützpunkt auf dem **Bug** einzurichten. Gleichzeitig wurden im Ort Plattenbauten für die Familien der Berufssoldaten errichtet. Nach der „Wende“ erfolgte 1991 die Schließung des Marinestützpunktes – **Dranske** verlor seinen Hauptarbeitgeber. Aufgrund einer gewaltigen Abwanderung sank die Einwohnerzahl von gut 4.000 auf heute knapp 1.200. Dem damit einhergehenden Wohnungsleerstand wurde in den letzten Jahren mit der Abrissbirne zu Leibe gerückt. Über 80 Jahre Dransker Marine- und Militärgeschichte informiert das **Marinehistorische und Heimatmuseum Dranske/Bug** (*Schulstraße*). Trotz seiner landschaftlich reizvollen Lage – das Pflänzchen Tourismus entwickelt sich im **Erholungsort Dranske** nur sehr zaghaft.

auf **Hiddensee** mit dem **Dornbusch** und seinem alles überragenden **Leuchtturm**. Nach wenigen Schritten ist **Dranske** erreicht. Auf Höhe des **Friedhofs** gelangen wir aus der Straße *Seeblick* in die hier nicht ausgewiesene *Schulstraße*, der wir mit *Wegweisung Hafen* nach links folgen. Über den aufwändig gestalteten *Dorfplatz* und die *Ringstraße* geradeaus hinweg erreichen wir die *Karl-Liebknecht-Straße*, auf der wir nach links zur nahen **Bushaltestelle** gehen. Auf den kurzen Abstecher zum **Hafen** am **Wieker Bodden** mit dem kleinen **Strand** und neuen **Schiffsanleger** sollten wir schon wegen der weitreichenden Aussicht auf **Wiek** und den **Bug** nicht verzichten.

Schaprode – Boddenwanderung um einen alten Fischer- und Fährort

Die Rundwanderung bietet ein kontrastreiches Programm: Am Start (und Ziel) zeigt sich Schaprode als ein (in der Saison) trubeliger Fährort zur Insel Hiddensee. Wenige Meter außerhalb des Ortes erfahren wir auf unserer Wanderung an drei Bodden und bei einer Landquerung Ruhe und Beschaulichkeit.

Start/Ziel: Schaprode, Parkplatz Ortseingang
Anfahrt/Abfahrt mit öffentlichen Verkehrsmitteln:
bis/ab Bushaltestelle Abzweig Poggenhof mit der Buslinie 35 aus/in Richtung Bergen
Anforderungen: Mäßig anstrengende Rundtour auf ebenen Feld-, Wiesen- und Deichwegen sowie verkehrsarmen Fahrwegen. Für Familien mit Kindern unter 12 Jahren bedingt geeignet.
Streckenlänge: 17,7 Kilometer
Anstiege/Abstiege: 20 Höhenmeter
Einkehr: außerhalb von Schaprode keine
Karte: Blatt „Hiddensee, Ummanz"
Sehenswertes: Fischerkaten und Kapitänshäuser, St.-Johannes-Kirche und Mordwange in Schaprode, Udarser Wiek

Der alte Fischerort **Schaprode** ist das Tor zur **Insel Hiddensee**. Vom kleinen Hafen am **Schaproder Strom**, einer Meerenge zwischen der **Insel Öhe** und dem „Festland" Rügen, verkehren täglich zahlreiche Personenfähren und „Wassertaxis" hinüber zum „söten Lännecken". **Schaprode** ist jedoch nicht nur der (einträgliche) Parkplatz des autofreien **Hiddensees**. Das Dorf beherbergt einige hübsche alte Fischerkaten und Kapitänshäuser und eine der ältesten Kirchen Rügens. Die **St.-Johannes-Kirche**, weithin sichtbares Seezeichen, wurde Anfang des 13. Jahrhunderts als romanische Basilika errichtet. Aus der Zeit ist noch der Chorraum mit der Apsis erhalten. Bis auf eine spätgotische Triumphkreuzgruppe (um 1500) ist die sehenswerte Ausstattung der Kirche überwiegend barocken Ursprungs. Anlässlich der Tötung des **Ritters Reynwart von Platen** und seiner Söhne im Juli 1368 wurde eine **Mordwange** aufgestellt. Der aus Granit bestehende Sühnestein enthält die älteste niederdeutsche Inschrift Rügens (beide *Lange Straße*). Einen Steinwurf

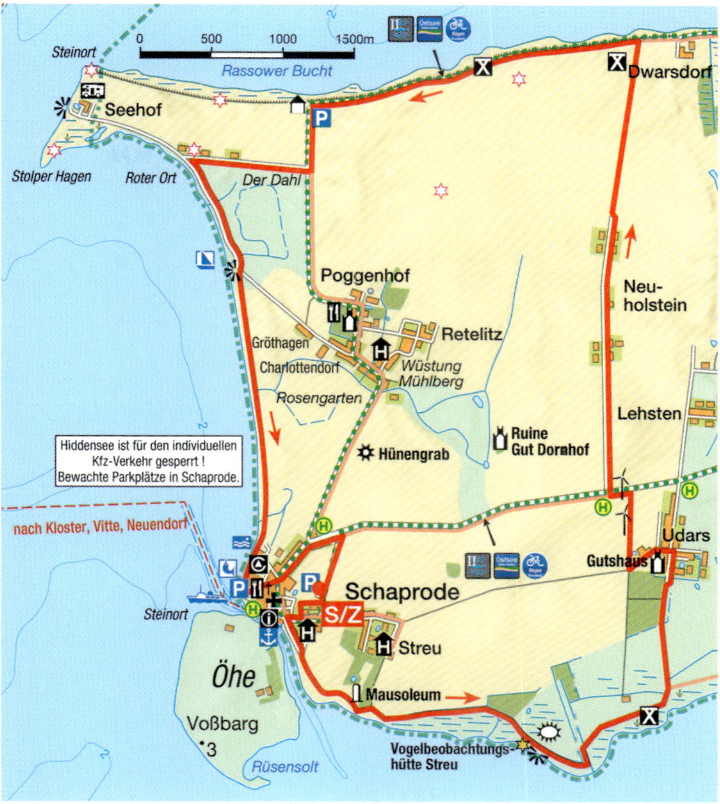

vom Schaproder Hafen entfernt liegt die 75 Hektar „kleine" **Insel Öhe.** Das durch den **Schaproder Strom** vom „Festland" getrennte Eiland befindet sich seit dem 14. Jahrhundert in Privateigentum. Ein kleines Gutshaus, ein ehemaliges Gesindehaus, eine alte Scheune, ein offener Rinderstall, ein Schafstall und ein kleiner Familienfriedhof – hier lebt und arbeitet seit dem 19. Jahrhundert die Familie Schilling. Der derzeitige Eigentümer, **Mathias Schilling**, hat sich der Bio-Rinder- und Schafzucht verschrieben. Auf den nährstoffreichen Salzwiesen grasen etwa 140 Rinder der für ihr zartes Fleisch bekannten Rassen **Blonde d' Aquitaine** und **Limousin** sowie etwa 60 **Heidschnucken.** Die hochwertigen „Endprodukte" der Aufzucht können in **Schaprode** im hauseigenen Hofladen gekauft und in **„Schillings Gasthof"** genossen werden.

Von der Einfahrt zum **Parkplatz Ortseingang** folgen wir der *Wegweisung Hafen*. Rechts an einem Kleingartengelände entlang gelangen wir zum hier nicht ausgewiesenen *Streuer Weg*, dem wir nach rechts folgen. Hinter dem Haus Nr. 69 zweigen wir ohne Wegweisung nach links in einen für den öffentlichen Verkehr gesperrten Fahrweg. Rechter Hand begleitet uns eine bis zum **Yachthafen** am **Schaproder Strom** reichende kleine Parkanlage. Nachdem wir eine alte Garagenanlage passiert haben, geht der Fahrweg in einen Wanderweg über. Zunächst rechts am Feldrand entlang, dann durch einen Mischwald erreichen wir eine Rasthütte. Rechts haltend folgen wir zunächst einem Wiesenweg, dann durchqueren wir einen kleinen Wald. Aus diesem heraus kommen wir zu einem weiteren Feld, vor dem wir uns rechts halten. Rechter Hand begleiten uns in Reihe gepflanzte Eichen, hinter denen sich bis zur **Udarser Wiek** ein Schilfgürtel erstreckt.

Die zum **Nationalpark Vorpommersche Boddenlandschaft** gehörende **Udarser Wiek** ist eine sehr flache lagunenartige Bucht. Im Frühjahr und Herbst bietet sie zahlreichen Gänsearten und Kranichen einen sicheren Schlaf- und Rastplatz. Ganzjährig sind Seeadler, Rotmilan und zahlreiche Enten- und Gänsevögel zu beobachten.

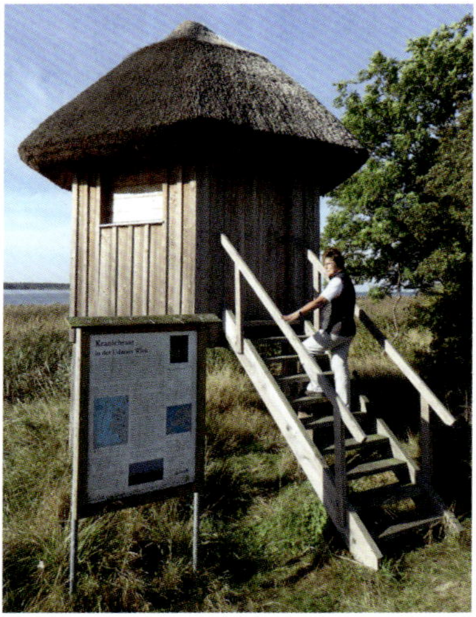

Vogelbeobachtungshütte an der Udarser Wiek

Wo sich der Weg vom Feld nach rechts abwendet, begleiten uns die Eichen nun linker Hand bis zu einem kleinen Wald. Aus diesem heraus passieren wir eine Rasthütte, zweigen nach wenigen Metern nach rechts auf einen niedrigen Deich. Linker Hand begleitet uns nun Wiesengelände, rechter Hand der breite Schilfgürtel an der **Udarser Wiek**. Die nun bald erreichte **Vogelbeobachtungshütte** sollten wir in jedem Fall erklimmen, gibt es doch aus

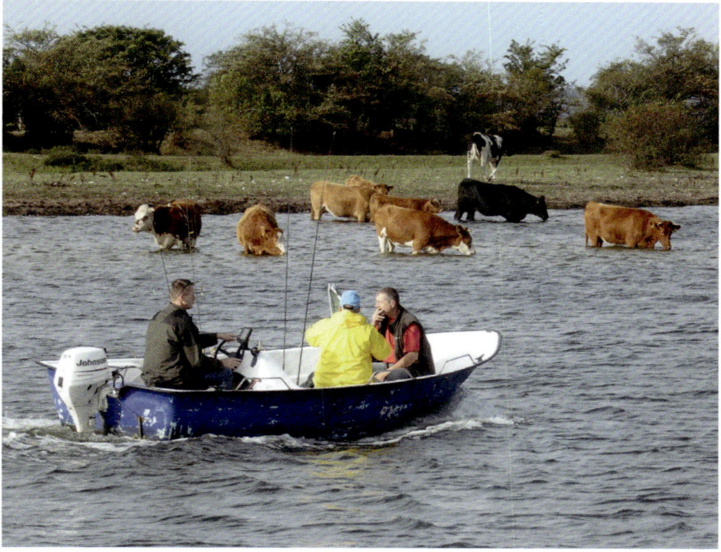

Die vierbeinigen Bewohner der Insel Öhe genießen ein Bad im Schaproder Strom

erhöhter Position eine freie Sicht über die **Wiek** hinweg zur **Insel Ummanz**. Wir setzen unsere Wanderung auf dem grasigen Deich fort. Nach einem ersten Links-Rechts-Knick des Deiches passieren wir eine Rasthütte, im zweiten Links-Rechts-Knick verlassen wir den Deich nach links. Zwei Findlinge markieren den Zugang zu einem Feldweg. Auf diesem gelangen wir durch Acker- und Weideland, zuletzt rechts an einem eingefriedeten Wald(park) entlang nach **Udars**. Im Zentrum der landwirtschaftlich orientierten Siedlung steht das um 1730 errichtete **Gutshaus**. Nach jahrelangem Leerstand und Verfall wird der zweigeschossige Putzbau derzeit von dem norwegischen Architekten und Konservator **Lars Jacob Hvinden-Hang** und dem Berliner Künstler **Tilo Uischner** aufwändig saniert. Zwischen Gutshaus und Dorfteich kommen wir zu einer Kreuzung. Links haltend folgen wir einem Asphaltsträßchen an Stallungen entlang zu einer weiteren Wegkreuzung. Auf dem nach rechts führenden Feldweg gehen wir bis zur Hauptstraße. Auf deren straßenbegleitendem Fuß- und Radweg gelangen wir nach links zum Abzweig des schmalen Asphaltsträßchens nach *Neuholstein*. Durch weitläufige Felder erreichen wir die angezeigte Straßensiedlung. An deren

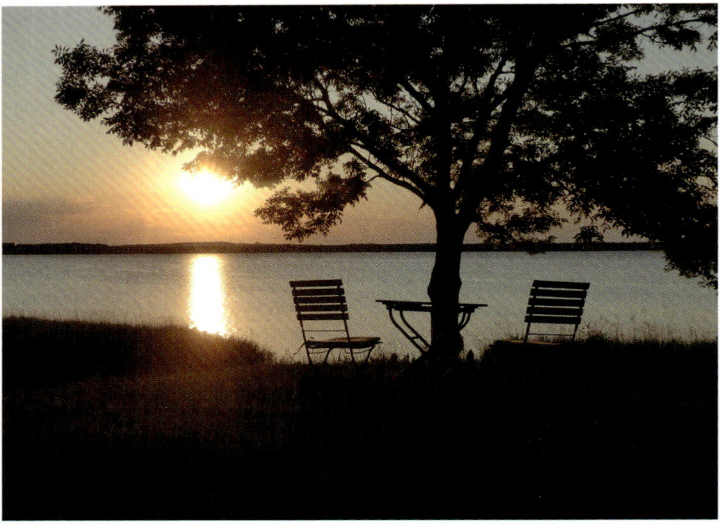

Abendstimmung am Buger Bodden, im Hintergrund zeigt sich der Hiddenseer Leuchtturm Dornbusch.

Ende geht der Asphalt- in einen Schotterweg über, auf dem wir zum Uferweg am **Buger Bodden** gelangen. Wo die üppige Ufervegetation einen Durchblick gewährt, zeigt sich über den Bodden hinweg die **Halbinsel Bug**. An einem überdachten Rastplatz vorbei setzen wir unsere Wanderung nach links fort. Nach der Passage einer Wegschranke folgen wir einem teilweise grasigen Wanderweg über eine kleine Anhöhe hinweg, passieren eine Unterstandshütte und erreichen einen Parkplatz samt weiterer Unterstandshütte. Hier bietet sich uns eine großartige Sicht über den **Vitter Bodden** hinweg auf den nördlichen Teil der **Insel Hiddensee** und die gegenüber liegende **Halbinsel Bug**. Wir setzen unsere Wanderung landein auf einem breiten Feldweg fort. Nach etwa 400 Metern zweigen wir mit *Wegweisung Seehof* nach rechts auf einen Betonspurweg, auf dem wir an den **Schaproder Bodden** gelangen. Vor diesem lotst uns die *Wegweisung Poggenhof* nach links auf einen Feldweg. Linker Hand begleitet uns Weideland, rechter Hand reicht der Blick über den Bodden hinweg zum südlichen Teil der **Insel Hiddensee**. Auf Höhe eines am Boddenufer gelegenen Rastplatzes teilt sich der Weg. Mit *Wegweisung Schaprode* folgen wir dem grasigen Wanderweg am Boddenufer entlang.

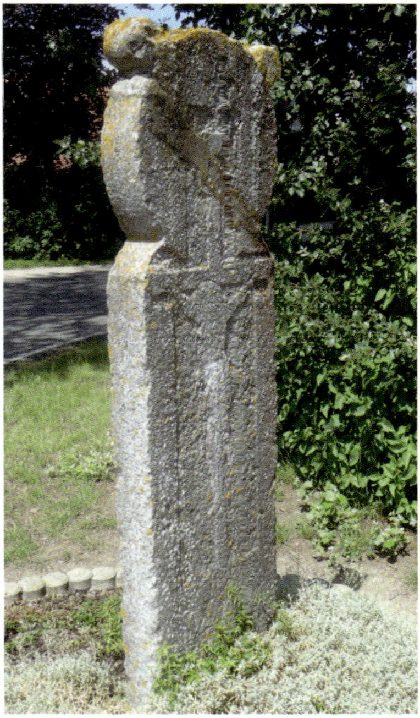

Die mittelalterliche Mordwange in Schaprode

Den **Kirchturm** von **Schaprode** im Visier passieren wir eine Unterstandshütte, überqueren einen Graben und kommen schließlich zum **„Campingplatz am Schaproder Bodden“** und mit diesem an den Ortsrand von **Schaprode**. Rechts an dem Campinggelände entlang gehen wir geradeaus an den Strand. An dessen Ende folgen wir nach links einem Schotterweg und gelangen rechts am Zaun des **Parkplatzes Hafen** entlang zum **Fährhafen**. Auf dem hier nicht ausgewiesenen *Hafenweg* passieren wir linker Hand die Gaststätte **„Zum Fährmann“**, rechter Hand liegen die von Hiddensee-Touristen stoßweise stark frequentierten Hafenanlagen. Vor dem sehr empfehlenswerten und „aussichtsreich“ gelegenen **„Schillings Gasthof“** zweigen wir nach links in eine unbenannte Straße. Nach wenigen Metern halten wir uns vor einem alten Kapitänshaus nach rechts, umrunden das Kirchengelände bis zu einer Straßengabelung. Geradeaus folgen wir der hier nicht ausgewiesenen *Langen Straße*. Nacheinander passieren wir das originelle und empfehlenswerte **Hotel-Restaurant „Alte Schule“** und einige liebevoll gepflegte alte Kapitäns- und Fischerhäuser. Vor der **Mordwange** gabelt sich die Straße. Mit *Wegweisung Trent* folgen wir der rechten Straße aus dem Ort hinaus. Auf Höhe des Buswendeplatzes halten wir uns rechts und erreichen nach etwa 400 Metern den **Parkplatz Ortseingang**.

Hiddensee – Von Kloster über den Dornbusch

Die Rundtour durch und über das Hiddenseer Hügelland bietet ein Höchstmaß an Abwechslung: Von Kloster, dem kulturellen Zentrum der Insel, wandern wir am Vitter Bodden entlang zum Enddorn und genießen die Aussicht auf die begleitende Hügelkette des Dornbuschs. Perspektivwechsel auf dem Rückweg – von den Höhen des Dornbuschs begeistern uns nicht nur die Aussichten auf den Vitter Bodden und die angrenzenden Landzungen des Alt- und Neubessins.

Start/Ziel: Kloster, Hafen
Anfahrt/Abfahrt mit Pkw: Schaprode, Parkplatz Hafen
Anfahrt/Abfahrt mit öffentlichen Verkehrsmitteln: bis/ab Bushaltestelle Schaprode Hafen mit der Buslinie 35 aus/in Richtung Bergen, bis/ab Kloster Hafen mit den Fähren der Reederei Hiddensee ab/bis Schaprode Hafen
Anforderungen: Anstrengende Rundtour auf überwiegend leichten Wald-, Feld- und Wiesenwegen sowie autofreien Fahrwegen. Für Familien mit Kindern unter 12 Jahren bedingt geeignet.
Streckenlänge: 11,4 Kilometer
Anstiege/Abstiege: 110 Höhenmeter
Einkehr: außerhalb von Kloster Hotel-Restaurant „Enddorn" und „Altes Gasthaus zum Enddorn" in Grieben, Pension-Gaststätte „Zum Klausner" am Bakenberg
Karte: Blatt „Hiddensee, Ummanz"
Sehenswertes: Inselkirche und Inselfriedhof sowie Hafen in Kloster, Altbessin, Swantiberg, Leuchtturm Dornbusch, Inselblick und Gaststätte „Zum Klausner" im Dornbuschwald

Vom **Fähranleger** steuern wir links an **„Schillings Hafenamt"** vorbei das altehrwürdige **Hotel-Restaurant-Café „Hithim"** an. Rechts an dem grundsanierten Fachwerkbau entlang gelangen wir auf dem hier nicht ausgewiesenen *Hafenweg* zu einem kleinen Platz am Dorfteich. Mit *Wegweisung Enddorn* folgen wir einem breiten Pflasterweg nach rechts. Linker Hand begleitet uns der in Weideland eingebettete **Reedsal**, ein ehemals klösterlicher Karpfenteich. Hinter dem letzten Haus von Kloster und vor einem Rastplatz zweigen wir nach rechts auf einen Feldweg. Mit schöner Sicht über den **Vitter Bodden** hinweg auf den **Altbessin**

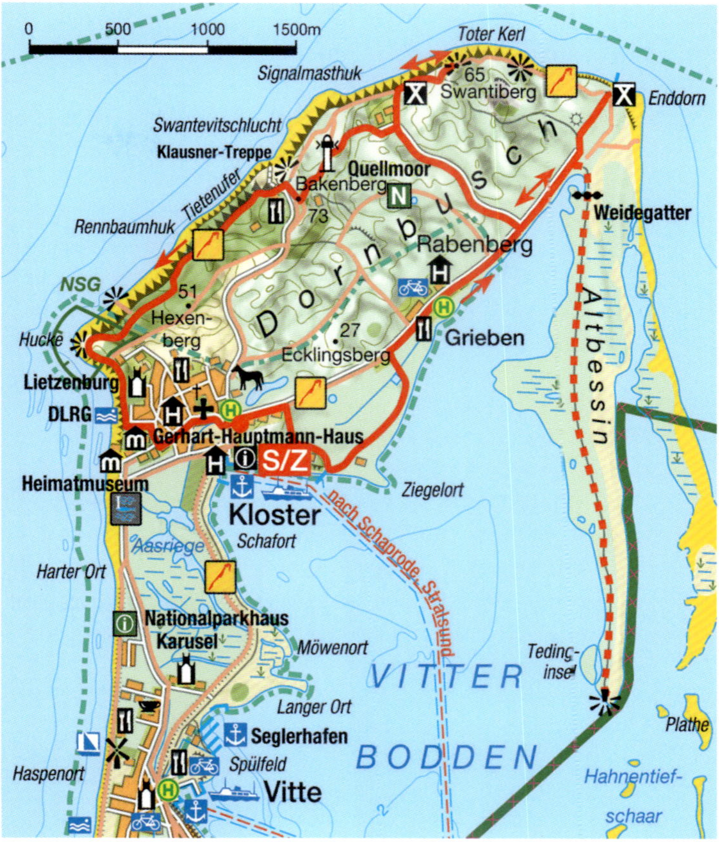

Kloster – vom namengebenden, 1296 gegründeten und 1536 aufgehobenen **Zisterzienserkloster „Zum heiligen Nikolaus“** finden sich heute fast keine Spuren mehr. Lediglich Reste eines Torbogens, der ab dem 18. Jahrhundert das Eingangstor des auf dem Klostergelände entstandenen Gutshofs war, und die vor der Klostermauer um 1400 erbaute kleine Kirche stammen aus dieser Zeit. Im Unterschied zu den beiden anderen Inselorten war Kloster niemals ein Fischerort. Noch Ende des 19. Jahrhunderts bestand die Siedlung aus Kirche, Gutshaus und fünf Häusern. Erst mit dem aufkommenden Fremdenverkehr entwickelte sich die Siedlung am bewaldeten Hang des **Dornbuschs** zum Dorf, wobei zahlreiche prominente Gäste als „Entwicklungshelfer“ tätig wurden. Als kulturelle

Galionsfigur erwies sich der Schriftsteller **Gerhart Hauptmann** (1862–1946), der 1930 das Haus Seedorn als Sommersitz erwarb. Heute steht das im Originalzustand erhaltene **Gerhart-Hauptmann-Haus** als Museum und Gedenkstätte für Besucher offen (*Kirchweg*). Ein weiterer Treffpunkt für die Künstlerwelt war die weithin sichtbare, aus dem **Dornbuschwald** herausragende **Lietzenburg**. Die schlossartige Jugendstilvilla ließ sich der Maler **Oskar Kruse** (1847–1919) 1904 als Sommerhaus erbauen, später zog hier die berühmte Puppen-Käthe (1883–1968) ein. Heute wird der sanierte Bau als Appartementanlage genutzt (*Zum Hochland*). Die außerhalb des Zisterzienserklosters erbaute spätgotische **Inselkirche** wurde 1332 als Fischer- und Bauernkirche geweiht. Ihr heutiges Aussehen erhielt sie anlässlich einer grundlegenden Renovierung 1781/82. Die durch den Maler **Nikolaus Niemeier** 1922 durchgeführte Gestaltung des Tonnengewölbes ist als „Hiddenseer Rosenhimmel" bekannt. Auf dem die Kirche umgebenden Inselfriedhof ruhen zahlreiche Hiddenseer Berühmtheiten – **Gerhart Hauptmann**, **Walter Felsenstein**, **Oskar Kruse**, **Gret Palucca**, **Hans Pflugbeil** und andere. In der 1888 erbauten ehemaligen Seenotrettungsstation ist das **Heimatmuseum der Insel Hiddensee** untergebracht (alle *Kirchweg*).

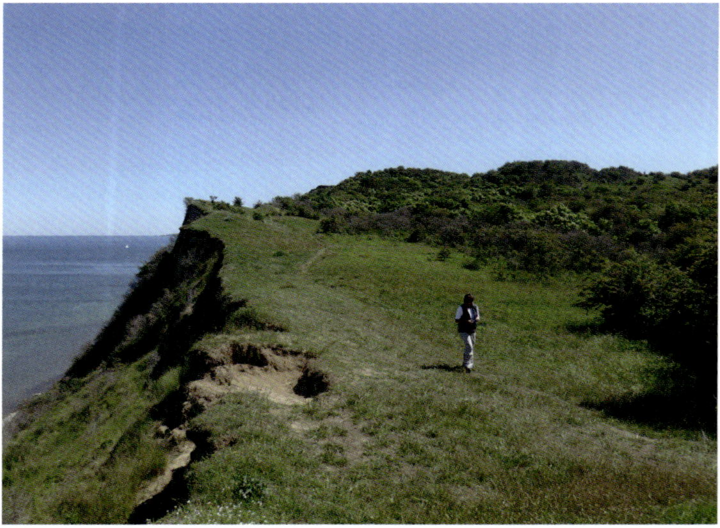

 Plateau unterhalb des Swantibergs

gelangen wir durch Weideland zu einer Weggabelung. Wir folgen dem linken Weg, passieren ein gut gesichertes Grundstück und erreichen unweit des Boddenufers die **Freibewitterungsstation** des **Instituts für Lacke und Farben e. V. Magdeburg**. Rechts oder links an der Hütte vorbei folgen wir dem Feldweg am schilfgesäumten Bodden entlang. Vor einer Rastbank wendet sich der Weg landein. Wir passieren ein kleines Schöpfwerk und erreichen den gepflasterten Fahrweg am Fuß des **Dornbuschs**.

Bis zu 72 Meter erhebt sich der teilweise bewaldete **Dornbusch** über dem Hiddenseer Flachland. Die Dornbuschendmoräne, die im Bakenberg ihren höchsten Punkt erreicht, ist der Materiallieferant für die andauernde Umgestaltung des Eilands. Der unbändige Einfluss von Wind und Wellen lässt das seeseitige, bis zu 60 Meter hohe Kliff jährlich um durchschnittlich 30 Zentimeter abbröckeln. Von küstenparallelen Strömungen mitgerissen gelangt das abgetragene Bodenmaterial zu neuen Ufern: So befand sich vor 700 Jahren das südliche Ende der Insel mehr als vier Kilometer nördlicher als heute. Mit der Klostergründung und der danach einsetzenden stärkeren Besiedlung der Insel wurde der einst stattliche Eichen-Buchenwald des Dornbuschs rasch aufgebraucht. Bereits im 17. Jahrhundert war das Hiddenseer Hügelland waldfrei. Durch zunehmende Beweidung vor allem durch Schafe entstanden die noch heute typischen Magerrasen. Im Jahr 1861 wurde im Bereich der Steilküste mit der Aufforstung des heutigen Dornbuschwaldes begonnen. Eine geringere Beweidung der Magerrasen hat in den letzten Jahrzehnten die Ausbreitung von Ginster- und Sanddorndickichten begünstigt.

Der *Wegweisung Grieben* folgend erreichen wir mit wunderschöner Sicht auf die sanft ansteigenden Weidehänge des **Dornbuschs** und den alles überragenden gleichnamigen Leuchtturm nach wenigen Metern die angezeigte Siedlung. Der älteste Ort Hiddensees empfängt uns mit Kopfsteinpflaster und dem empfehlenswerten **Hotel-Restaurant „Enddorn"**, das mit seiner gemütlichen „Bilderkneipe" und seinem Biergarten zur Einkehr lockt. In jeder Hinsicht ebenbürtig ist das benachbarte **„Alte Gasthaus zum Enddorn"**. Und auch ein kleiner Dorfladen behauptet sich in dem überschaubaren Straßendorf. Aus dem Dorf hinaus setzen wir unsere Wanderung auf einem Betonplattenweg fort. Rechter Hand schweift der Blick auf die kleine Ausbuchtung des **Vitter Boddens** und den angrenzenden **Altbessin**, linker Hand steigt das hügelige Weideland bis zum mit Buschwerk überzogenen **Swantiberg** an. Ein nach links abzweigender Betonplattenweg bleibt (zunächst) unbeachtet – wir folgen der *Wegweisung Enddorn* geradeaus bis zu einem nach rechts abzweigenden Wanderweg.

Abstecher: Altbessin

Die beiden gut drei Kilometer langen und nur wenige hundert Meter breiten Sandhaken **Neu- und Altbessin** sind sehr junge Landbildungen. Sie entstanden durch Sedimentabtragungen am Dornbusch. Während der sich seit dem 16. Jahrhundert herausbildende Altbessin nicht mehr wächst, verzeichnet der erst seit 100 Jahren entstehende Neubessin einen jährlichen Zuwachs um gut 30 Meter. Neu- und Altbessin sind von einer dichten Strauchschicht aus Sanddorn, Holunder und Weißdorn bedeckt. Durch Beweidung (Schafe, früher auch Rinder) haben sich auf dem Altbessin auch Trockenrasen gebildet. Der im Nationalpark Vorpommersche Boddenlandschaft als Schutzzone 1 ausgewiesene Neubessin ist für Besucher gesperrt. Er bietet zahlreichen bedrohten Küstenvögeln (u. a. Zwergseeschwalbe, Säbelschnäbler, Austernfischer, Brandgans) ein geschütztes Brutgebiet. Zu Vogelzugzeiten finden in den vorgelagerten Windwattflächen Tausende Watvögel, Enten- und Gänsearten einen sicheren Nahrungs- und Rastplatz. Über den Altbessin führt ein erlaubter Wanderpfad (Weg darf nicht verlassen werden, Hunde dürfen nicht mitgenommen werden) zu einem Beobachtungsturm an der Südspitze der Halbinsel. Hier bietet sich eine eindrucksvolle Sicht auf einen großen Teil der Sandbänke und Anlandungsflächen des Neubessins sowie über den Vitter Bodden hinweg auf den zu Rügen gehörenden Bug sowie auf das Hiddenseer Hügel- und Flachland (Mehraufwand 6 Kilometer).

Wir setzen unsere Wanderung mit *Wegweisung Enddorn* geradeaus fort. Wo der Betonplattenweg einen Linksknick macht, folgen wir geradeaus einem sandigen Weg zu einem großen Rastplatz am **Enddorn**. Mühelos gelangen wir durch das hier

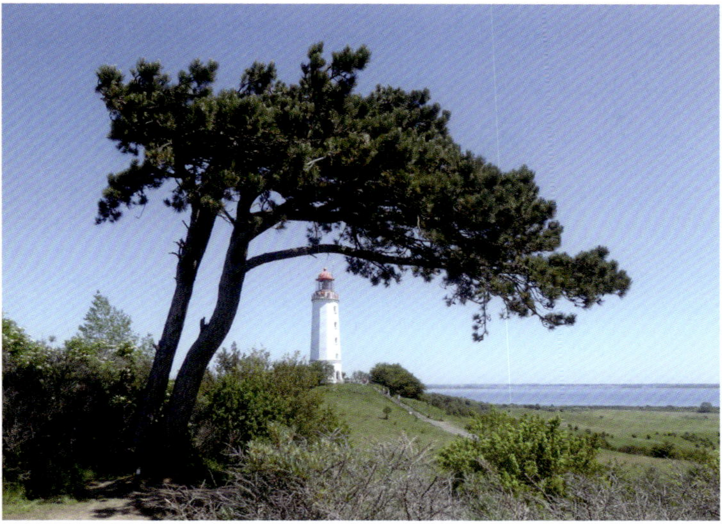

Leuchtturm Dornbusch

niedrige Hochufer an den steinigen Strand. Über das offene Meer hinweg zeigt sich die Nachbarinsel **Rügen** mit dem **Bug** und der Westküste **Wittows**, in westlicher Richtung beeindruckt die zunehmend mächtiger werdende Steilküste des **Dornbuschs**. Da der am Rastplatz beginnende Hochuferweg zum **Swantiberg** seit Jahren wegen fortwährender Abbrüche gesperrt ist, gehen wir auf dem Hinweg etwa 900 Meter bis zu einem nach rechts abzweigenden Betonplattenweg zurück. Der *Wegweisung Plateau* folgend steigen wir zunächst sanft, dann spürbar durch hügeliges Weideland. Wir durchqueren den **Honiggrund**, ein treffend bezeichnetes kleines Wiesental, und erreichen einen kleinen Platz. Mit gleicher Wegweisung gelangen wir auf einem Wanderweg durch eine Baum- und Strauchregion zum **Plateau**, einer Lichtung an der Kante des hier bis zu 50 Meter hohen Steilufers. An klaren Tagen bietet sich hier eine Sicht bis nach **Dänemark**. Eine umfassendere Rundsicht gibt es vom nahen **Swantiberg**. Dazu folgen wir dem neben einem Warnschild beginnenden Pfad durch Holunder-, Ginster- und Sanddorngestrüpp zunächst eben, dann steil hinauf auf den 65 Meter hohen „Gipfel“. Von einer Rastbank genießen wir eine großartige Sicht auf den **Vitter Bodden** und den **Alt-** und **Neubessin** sowie auf unser nächstes Ziel, den nahen **Leuchtturm Dornbusch**. Zurück zum Platz un-

Auf dem zweithöchsten Punkt des Dornbuschs, dem gut 70 Meter hohen Schluckwieksberg, thront der 1887/88 erbaute **Leuchtturm Dornbusch.** Das ursprünglich aus Ziegelsteinen errichtete Bauwerk, das 1927–29 mit Stahlbeton ummantelt wurde, ist 27,5 Meter hoch. Von dem über 102 Stufen erklimmbaren Aussichtsbalkon (ab Windstärke sechs geschlossen!) bietet sich ein beeindruckendes Panorama: Die gesamte Insel gleich einer farbigen Landkarte zu Füßen reicht die Sicht vom Kap Arkona über den Nordwesten der Insel Rügen bis zu den Kirchtürmen von Stralsund, am fernen Horizont erheben sich aus dem endlosen Meer die Kreidefelsen der dänischen Insel Moen.

terhalb des **Plateaus** folgen wir der *Wegweisung Leuchtturm* nach rechts. An drei Gebäuden vorbei wandern wir hinauf in eine Senke unterhalb des **Leuchtturms Dornbusch**.
Nach rechts können wir einen mit einer originellen Bank „angereicherten" Aussichtsplatz an der Abbruchkante des Steilufers ansteuern, nach links gelangen wir hinauf zum **Leuchtturm**. Nach einer am Boden oder in luftiger Höhe verbrachten Schaurast gelangen wir über eine Treppe hinunter auf einen breiten Wanderweg. Auf diesem tauchen wir in den **Dornbuschwald** ein. Wir passieren eine alte **Trafostation**, folgen einem ersten Querweg nach links, nach wenigen Metern einem weiteren Querweg nach rechts. Auf einem ebenen Waldweg erreichen wir einen breiten Fahrweg. Hier wenden wir uns zunächst mit Wegweisung *Kloster Hafen* nach links zum **Inselblick**. Von dem mit zahlreichen Rastbänken und Holzskulpturen ausgestatten Platz bietet sich aus der „Vogelperspektive" ein traumhafter Blick auf den mittleren und südlichen Teil der Insel. Auf dem Hinweg zurück bis zum Wegabzweig setzen wir unsere Wanderung mit *Wegweisung Klausner* auf einem breiten Waldweg/Betonplattenweg bis zum angezeigten Gasthaus fort.
Wir verlassen die einladende Gaststätte auf einem zwischen den beiden **Ferienhäusern „Mona"** und **„Klaus"** hindurch führenden Wanderweg. Mit Hilfe der steilen, aus zwei Abschnitten bestehenden **Klausner-Treppe** gelangen wir durch das bewaldete Steilufer hinab zu einem Querweg. Dort können wir nach rechts über eine weitere Treppenanlage durch die **Svantevitschlucht** an den Naturstrand hinabsteigen – eine schöne Sicht auf das impo-

sante Steilufer lohnt eventuell vergossene Schweißtropfen. Wir setzen unsere Wanderung nach links fort. In leichtem Auf und Ab führt uns ein Waldpfad alsbald zum **Hochuferweg**. Mit *Wegweisung Kloster* folgen wir diesem nach rechts. Auf dem nur wenig Höhenunterschied aufweisenden Waldweg gelangen wir in wechselndem Abstand zur Abbruchkante des bewachsenen Steilufers zum kleinen Rastplatz auf der **Hucke**. Von dem in die Ostsee vorspringenden Kliff bietet sich eine großartige Sicht auf das kilometerlange Strandrevier von **Kloster** und **Vitte**. Bei der nächsten Weggabelung folgen wir der *Wegweisung Kloster-Hafen* geradeaus unweit der Abbruchkante des Steilufers bis zu einer Wegkreuzung. Auf einem bequemen, 80-stufigen Treppenweg können wir hinab an den Sandstrand gelangen. Vor diesem befindet sich die 400 Meter lange **Huckemauer**, ein das gleichnamige Kliff schützender Steinwall. Wir setzen unsere Wanderung mit *Wegweisung Hafen* nach links fort. Leicht abfallend treffen wir auf einen breiten Schotterweg, dem wir nach rechts durch die Streusiedlung folgen. Wir passieren die **„Galerie am Hügel"** und erreichen den hier nicht ausgewiesenen *Kirchweg*. Der geschotterten Einkaufs- und Flaniermeile Klosters folgen wir nach links. An zahlreichen gastronomischen Einrichtungen und der **Inselkirche** vorbei kommen wir zum kleinen Platz am Dorfteich. Rechtshaltend erreichen wir auf dem Hinweg nach wenigen Metern den **Fähranleger**.

Der Ursprung der **Pension-Gaststätte „Zum Klausner"** liegt in der 1888 von Alexander Ettenburg eröffneten Bergwaldschänke „Eremitage auf Tannhausen". Der Hausherr, genannt der „Einsiedler", bot seinen Gästen neben dem Gasthaus ein Luft- und Sonnenbad, Turngeräte, Brausebad sowie Wohnlauben unter Reet. Zu Zeiten der DDR war das idyllisch gelegene Gebäudeensemble ein volkseigenes Ferienheim. Als solches gelangte es in dem 2014 erschienenen Roman „Kruso" von Lutz Seiler zu einiger Berühmtheit. Vor der Gaststätte gibt es seit 2005 einen kleinen Skulpturenpark. Dieser geht auf eine Initiative der derzeitigen Besitzerfamilie und des Bildhauers Jo Harbort in Zusammenarbeit mit der Kunsthochschule Dresden zurück.

Hiddensee – Rund um Vitte

Auf der wenig beschwerlichen Küstenwanderung am Vitter Bodden und dem offenen Meer besuchen wir mit Vitte und Kloster die beiden Hauptorte Hiddensees und mit der Dünenheide ein Landschaftsjuwel.

Start/Ziel: Vitte, Hafen
Anfahrt/Abfahrt mit Pkw: Schaprode, Parkplatz Hafen
Anfahrt/Abfahrt mit öffentlichen Verkehrsmitteln: bis/ab Bushaltestelle Schaprode Hafen mit der Buslinie 35 aus/in Richtung Bergen, bis/ab Vitte Hafen mit den Fähren der Reederei Hiddensee ab/bis Schaprode Hafen
Anforderungen: Mäßig anstrengende Rundtour auf leichten Wald-, Wiesen- und Strandwegen sowie autofreien Fahrwegen. Für Familien mit Kindern geeignet.
Streckenlänge: 12,5 Kilometer
Anstiege/Abstiege: keine
Einkehr: außerhalb von Vitte und Kloster keine
Karte: Blatt „Hiddensee, Ummanz"
Sehenswertes: „Karusel", „Blaue Scheune", Nationalparkhaus Hiddensee und Hafen in Vitte, Naturschutzgebiet Dünenheide, Gerhart-Hauptmann-Haus, Inselkirche und Inselfriedhof, Heimatmuseum der Insel Hiddensee und Hafen in Kloster

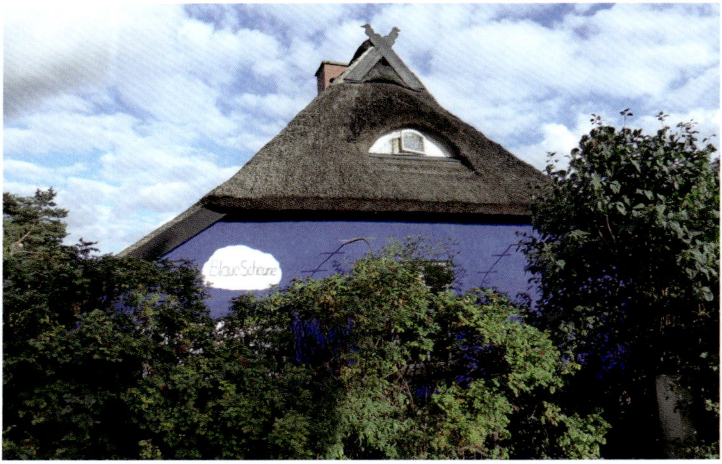

Die Blaue Scheune in Vitte ist nach wie vor Atelier.

Das erstmals 1513 erwähnte Dorf **Vitte** hat seinen Ursprung in den Heringsanlandeplätzen, den „Vitten", die im 13. und 14. Jahrhundert entlang der Ostseeküste entstanden und nur während der Fangsaison genutzt wurden. Heute vermittelt das ehemalige Fischerdorf das Bild einer ausgedehnten Feriensiedlung, in der sich unterschiedliche Baustile zu einem durchaus liebenswerten Sammelsurium vereinen. Zu den besonders auffälligen Gebäuden zählt der in den 1920er-Jahren entstandene Feriensitz der legendären Stummfilmdiva **Asta Nielsen** (1881–1972), das vom Bauhaus-Architekten Max Taut (1884–1967) entworfene **„Karusel"**. Der 2014 aufwändig restaurierte Bau beherbergt heute eine Ausstellung zu Leben und Werk seines Erbauers und seiner Bewohnerin. Kaum weniger exzentrisch zeigt sich das benachbarte, von einem asymmetrischen Dach behütete Häuschen, das sich der Filmstar **Henny Porten** (1890–1960) zur gleichen Zeit von Max Taut erbauen ließ (beide *Zum Seglerhafen*). Kaum zu übersehen ist die **„Blaue Scheune"**, ein reetgedecktes niederdeutsches Ständerhaus aus der ersten Hälfte des 19. Jahrhunderts, das in den 1920er-Jahren dem **„Hiddenseer Künstlerinnenbund"** als Ausstellungsraum diente. Heute beherbergt das wild umrankte Gebäude ein Künstleratelier (*Wiesenweg*).

Vom **Fähranleger** orientieren wir uns am Hafenbecken entlang zum niedrigen Landesschutzdeich. Dem gepflasterten Deichweg folgen wir nach links am **Vitter Bodden** entlang. Wo sich der Deich nach rechts landein wendet, verlassen wir ihn nach links. Alternativweg nach Regenfällen: Wir folgen dem Deich bis zum gepflasterten „Inselhighway" und wandern auf diesem nach links Richtung Heiderose/Neuendorf. Rechts an zwei reizvoll am Bodden gelegenen Ferienhäusern vorbei gelangen wir zum Boddenweg, einem grasigen, alsbald beidseitig von Schilf gesäumten Pfad. Rechter Hand begleitet uns zunächst das **Seeblänke**, ein kleiner Strandsee, später ausgedehntes, teils sumpfiges Weideland. Auch wenn sich der Pfad hin und wieder zu verlieren scheint – dank des begleitenden Weidezauns bleiben wir immer auf dem richtigen „Weg". Vor einem neuen Seezeichen mündet der Boddenweg in einen breiten Schotterweg. Auf diesem gelangen wir nach wenigen Metern zu einem Betonplattenweg. Folgen wir diesem wenige Meter nach links, erreichen wir die an der **Bäk**, einem schmalen Boddenarm, gelegene alte

Über die etwa 37 Hektar große **Fährinsel** verlief bis zum Ausbau des Schaproder Hafens (1952) der Fährverkehr zwischen Rügen und Hiddensee. Heute ist die zum Nationalpark Vorpommersche Boddenlandschaft gehörende Insel unbewohnt, ehemalige Gebäude sind bis auf eine kleine Schäferhütte abgerissen. Das für Besucher gesperrte Eiland ist Weideplatz für eine Schafherde und ein wichtiges Brutgebiet für Brandgänse, Mittelsäger, verschiedene Möwenarten, Feldlerche, Neuntöter und andere. Zu den Zugzeiten sind die Wiesen und flachen Boddengewässer ein beliebter Rastplatz für zahlreiche Wat- und Entenvögel.

Fährstelle hinüber zur greifbar nahen **Fährinsel**. Zurück auf dem Betonplattenweg wandern wir durch ausgedehnte Schilfflächen und durch ein überwiegend aus Birken bestehendes Wäldchen zum hier nicht ausgewiesenen gepflasterten „Fahrweg" *In den Dünen*. Über den„Inselhighway" geradeaus hinweg gelangen wir auf einem breiten Schotterweg durch das zur **„Hotelanlage Heiderose"** gehörende Feriendorf in einen Wald. Wir passieren einen kleinen Tümpel und erreichen nach wenigen Metern das **Naturschutzgebiet Dünenheide** (→ S. 142).

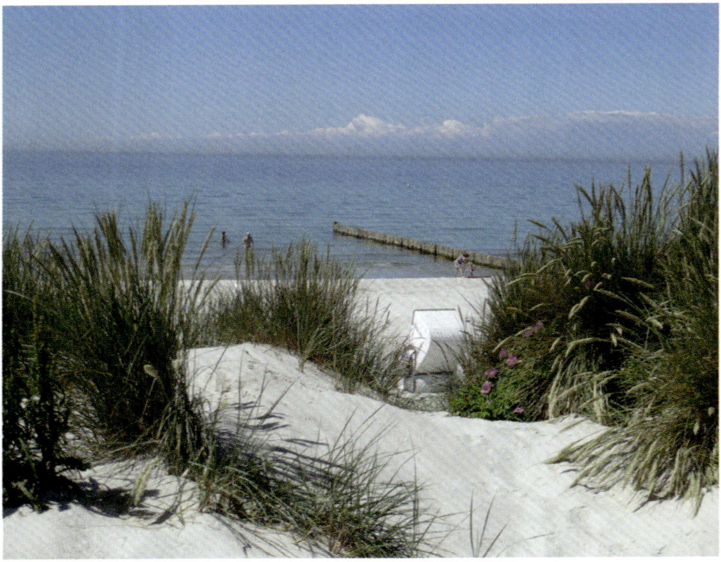

Wir folgen dem breiten Wanderweg geradeaus in Richtung Meer. Linker Hand begleiten uns einige im lichten Wald stehende Ferienhäuser, rechter Hand erstreckt sich die Heide. Zuletzt an einem Fahrradstellplatz vorbei kommen wir über die Düne hinweg an den feinsandigen Ostseestrand. Rechts haltend folgen wir diesem bis an den südlichen Ortsrand von **Vitte**. Für den Weiterweg bis Kloster gibt es hier zwei Varianten: Entweder wandern wir weiter am Strand entlang (mühsamer) oder wir wechseln auf die Strandpromenade (bequemer). Für die empfehlenswerte bequemere Variante steuern wir vor dem ersten rotgedeckten Haus einen Fahrradstellplatz an. Hier folgen wir der *Wegweisung Kloster* nach links auf die schmale **Promenade**. Linker Hand begleitet uns die mit Strandhafer bewachsene niedrige Stranddüne, rechter Hand reihen sich hinter Hagebuttenwällen die (Ferien-)Häuser von **Vitte**, voraus geht der Blick auf den **Dornbusch**. Am Ortsende passieren wir das **Nationalparkhaus Hiddensee**, dessen kleine Ausstellung über

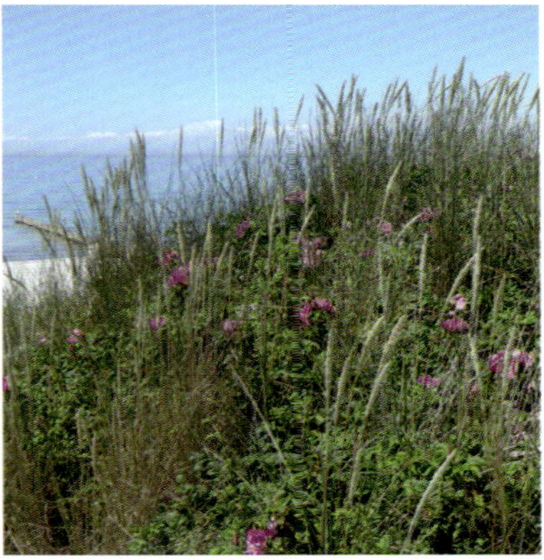

Stranddüne in Vitte

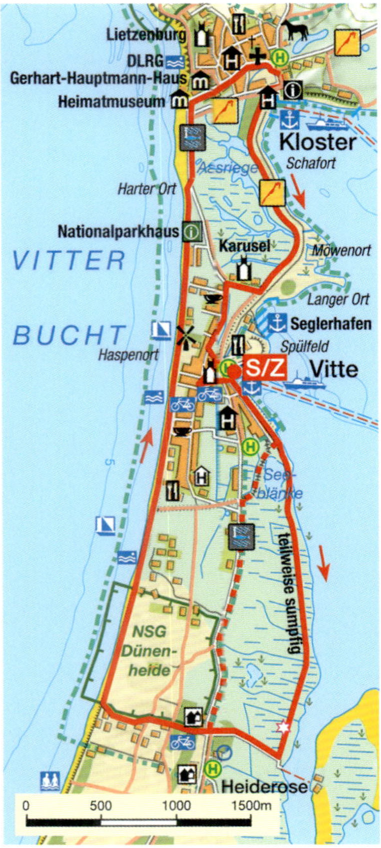

Hiddensee

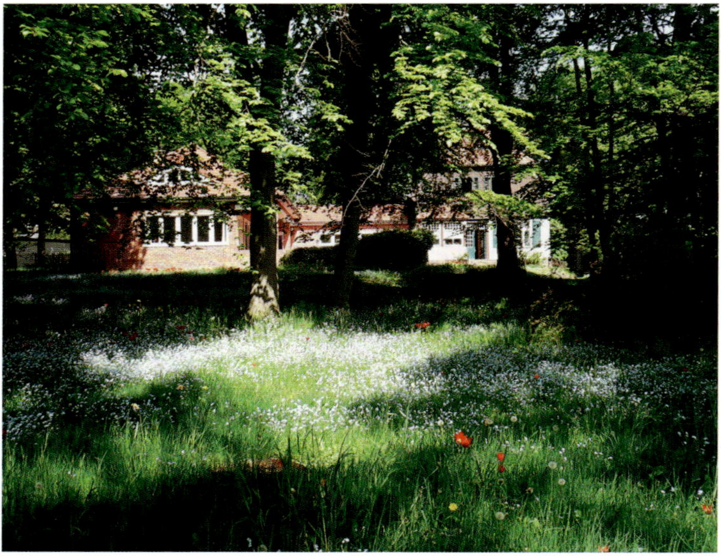

Das Haus Seedorn war Gerhart Hauptmanns Sommersitz und ist in seiner Art eines der wenigen authentisch erhaltenen Schriftstellermuseen in Deutschland.

Hiddensee als „Landschaft in Bewegung" und Flora und Fauna informiert. Wo die Steinaufschüttungen beginnen, verlassen wir den Strand/die Promenade und setzen unsere Wanderung auf dem gepflasterten Fahrweg Richtung Kloster fort. Mit dem *Kirchweg* haben wir **Kloster** (→ S. 128f) erreicht. Auf der von prächtigen Bäumen gesäumten Geschäfts-, Gaststätten- und Flaniermeile des Ortes passieren wir nacheinander das **Heimatmuseum der Insel Hiddensee**, das **Gerhart-Hauptmann-Haus** sowie die **Inselkirche** und den **Inselfriedhof**. Auf Höhe des **Dorfteichs** zweigen wir nach rechts in den hier nicht ausgewiesenen *Hafenweg*. Links am altehrwürdigen **Hotel-Restaurant-Café „Hithim"** vorbei erreichen wir den großen **Fähr- und Sportboothafen**. Vor dem Hafenbecken rechts haltend stoßen wir nach wenigen Metern auf den Landesschutzdeich, dem wir nach links folgen. Rechter Hand begleitet uns von Gräben durchzogenes Weideland, linker Hand reicht die Sicht über den **Vitter Bodden** auf den **Altbessin** und den **Bug**. Auf Höhe des **Seglerhafens** verlassen wir den Deichweg nach rechts und gelangen an den nördlichen Ortsrand von **Vitte**.

Auf dem hier nicht ausgewiesenen Fahrweg *Zum Seglerhafen* passieren wir das **„Karusel"** und seinen sehenswerten Nachbarn. Wir stoßen auf die hier ebenfalls nicht ausgewiesene Straße *Norderende,* der wir nach links folgen. Auf der gepflasterten „Hauptstraße" des Ortes kommen wir am lebenswichtigen **Hubschrauberlandplatz** vorbei und besuchen die **„Blaue Scheune"**. Vor dem **Restaurant „Seemannshus"** zweigen wir nach links in den hier nicht ausgewiesenen *Wallweg*. Geradeaus über den Landesschutzdeich hinweg erreichen wir den **Hafen** und nach wenigen Schritten den **Fähranleger**.

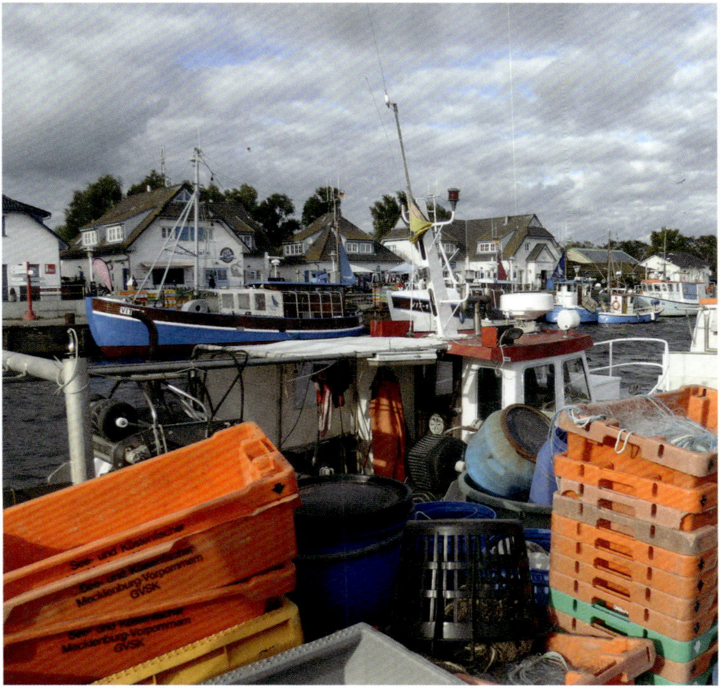

Fähr- und Fischereihafen Vitte

Hiddensee – Von Neuendorf durch die Dünenheide und auf den Gellen

Die Wanderung durch den im Vergleich zum vielbesuchten Inselnorden beschaulichen Süden der Insel bietet neben dem Besuch der einmaligen Dünenheide und des nicht minder reizvollen Gellen zahlreiche Gelegenheiten zu ausgiebigen Sonnen- und Meerbädern an einem besonders schönen Strand.

Start/Ziel: Neuendorf, Hafen
Anfahrt/Abfahrt mit Pkw: Schaprode, Parkplatz Hafen
Anfahrt/Abfahrt mit öffentlichen Verkehrsmitteln:
bis/ab Bushaltestelle Schaprode Hafen mit der Buslinie 35 aus/in Richtung Bergen, bis/ab Neuendorf Hafen mit den Fähren der Reederei Hiddensee ab/bis Schaprode Hafen
Anforderungen: Wenig anstrengende Rundtour auf leichten Wald-, Wiesen- und Strandwegen sowie autofreien Fahrwegen. Für Familien mit Kindern geeignet.
Streckenlänge: 10,4 Kilometer
Anstiege/Abstiege: keine
Einkehr: außerhalb von Neuendorf keine
Karte: Blatt „Hiddensee, Ummanz"
Sehenswertes: Hafen, „Lütt Partie" und „Groot Partie" in Neuendorf, Dünenheide, Leuchtfeuer Gellen

Vom **Fähranleger** steuern wir am **Imbiss** der **Fischereigenossenschaft Hiddensee „Zum Süder"** vorbei den Landesschutzdeich an. Über diesen geradeaus hinweg folgen wir dem gepflasterten Fahrweg mit *Wegweisung Dünenheide* durch die Streusiedlung in offenes Gelände. Alsbald stoßen wir ein weiteres Mal auf den Landesschutzdeich. Auf dessen Krone gehen wir nach links. Nach wenigen Metern folgen wir vor dem Strandübergang der *Wegweisung Dünenheide* nach rechts. Der beidseitig mit Bäumen und Sträuchern gesäumte Dünenweg mündet vor einem Zaun in einen Querweg, dem wir nach rechts folgen. Nach wenigen Metern erreichen wir einen weiteren Querweg. Diesem folgen wir nach links. Nach und nach wird der uns begleitende mit Sträuchern „angereicherte" Mischwald lichter, besonders rechter Hand zeigen sich erste Heideflächen. Wir haben das **Naturschutzgebiet Dünenheide** erreicht.

Abgesehen von der erst nach 1945 angelegten Zufahrtstraße von Vitte („Inselhighway") gibt es im denkmalgeschützten **Neuendorf** keine Fahrwege. In dem aus der bereits 1236 gegründeten Siedlung Plogshagen und dem erst um 1700 entstandenen „Neuen Dorf" bestehenden Doppeldorf bilden Trampelpfade die Verkehrswege zwischen den auf den ersten Blick scheinbar willkürlich auf der grünen Wiese errichteten alten Fischer- und neuen Ferienhäusern. Tatsächlich stehen die überwiegend weißgetünchten und reetgedeckten Häuser allesamt auf kaum erkennbaren, von Ost nach West verlaufenden Dünenwällen. Diese von den Einheimischen „Berge" genannten Sandhaufen bieten einen gewissen Schutz vor Hochwasser: Südlich des Dorfes zerriss die Sturmflut des Jahres 1872 das „söte Lännecken" in zwei Teile – und legte gleichzeitig den berühmten „Hiddenseer Goldschatz" frei. Heute schützt ein niedriger Deich den Ort vor neuen Sturmfluten – hoffentlich. Neben dem beschaulich kleinen Fischer-, Sportboot- und Fährhafen lohnen zwei Ausstellungen einen Besuch: Im ehemaligen Netz- und Geräteschuppen **„Lütt Partie"** (1885) ist das von Neuendorfer Fischern betreute **Fischereimuseum Hiddensee** untergebracht. Es thematisiert die Fischereigeschichte der Insel. Der ehemalige Reusenschuppen **„Groot Partie"** (1884) beherbergt neben wechselnden Ausstellungen ein einladendes **Museumscafé**.

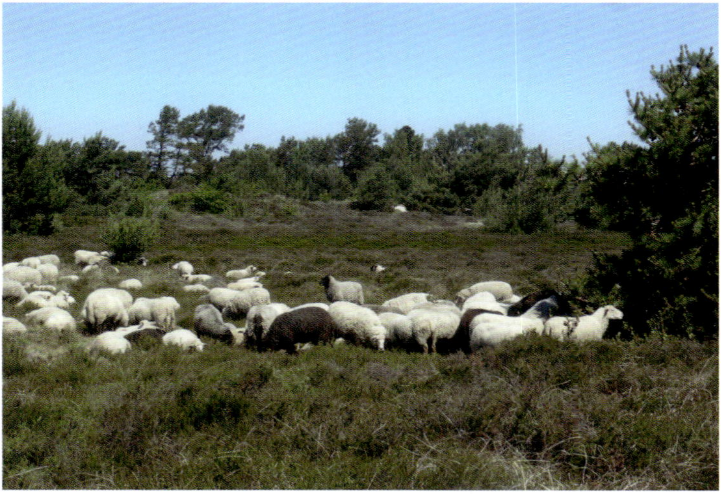

Vierbeinige Rasenmäher pflegen die Dünenheide.

Die seit 1964 unter Naturschutz gestellte **Dünenheide** ist mit ihren 75 Hektar die größte im Zusammenhang erhaltende Küstendünenheide im deutschen Ostseeraum. Sie bietet zahlreichen seltenen Pflanzen einen geschützten Lebensraum. Zu diesen gehören Besenheide, Krähenbeere, Kriechweide, Glockenheide und Sonnentau sowie verschiedene Flechtenarten.

Auf dem sehr sandigen „Hauptweg" mühen wir uns durch die zunehmend ausgeprägten Dünen- und Heideflächen. Zugegeben, es ist angesichts der vielen abzweigenden Pfade und Wegspuren nicht leicht, den „Hauptweg" als solchen zu erkennen. Bei einer deutlichen Weggabelung (Pfahl mit der Zahl „5") gehen wir geradeaus weiter und gelangen zu einer Wegkreuzung. Hier folgen wir mit *Wegweisung Strand* einem sandigen Fahrweg nach links und gelangen an einigen Ferienhäusern vorbei zum angezeigten Ostseestrand. Bevor wir uns auf diesem nach links wenden, genießen wir nach rechts einen schönen Blick auf den fernen **Dornbusch**. Bis vor **Neuendorf** verlieren sich selbst in der Hauptsaison nur wenige Badetouristen am feinsandigen, von einem Dünenkiefernwald gesäumten Strand. Dort, wo einige Strandkörbe aufgestellt sind, liegt jenseits der baumlosen Stranddüne **Neuendorf**. Nachdem wir den Hundestrand passiert haben, gelangen wir auf den **Gellen**. Nachdem wir **Neuendorf** hinter uns gelassen haben, zeigt sich der wieder von einem Dünenkiefernwald gesäumte Strand als wenig frequentiertes Badeparadies. Am **Leuchtfeuer Gellen** endet unsere lange Strand-

Der **Gellen** ist eine bis zu 500 Meter breite und etwa fünf Kilometer lange, vergleichsweise junge Landzunge im Süden Hiddensees. Er besteht aus nacheiszeitlichen Sandablagerungen. Während der von der Klimphoresbucht bis zur Südspitze Hiddensees reichende **Neugellen** noch Jahr für Jahr um einige Meter wächst, wird am **Altgellen**, der sich zwischen Neuendorf und der Klimphoresbucht erstreckt, bereits Sand abgetragen. Der überwiegend von Dünengräsern, Magerrasen und Heide bewachsene Neugellen ist als Kernzone des Nationalparks Vorpommersche Boddenlandschaft ausgewiesen. Zum Schutz bedrohter Brut- und Rastvögel darf er von Menschen nicht betreten werden.

wanderung. Das gut 10 Meter hohe, 1907 in Dienst gestellte Quermarkenfeuer entspricht dem gängigen Bild von einem Leuchtturm: runder weißer (Stahl) Turm mit roter Galerie, roter Laterne und rotem Dach. Rechts am Leuchtfeuer vorbei überqueren wir die Düne und erreichen einen kleinen Rastplatz - vor 700 Jahren befand sich ungefähr hier die Südspitze **Hiddensees**! Mit *Wegweisung Neuendorf* folgen wir einem sandigen Weg nach links. Bis vor **Neuendorf** begleitet uns linker Hand Dünenkiefernwald, rechter Hand erstrecken sich zunächst ausgedehnte Salzwiesen, dann ein Mischwald. Wir passieren einen Rastplatz mit Info-Tafeln zum Gellen und erreichen alsbald den Ortsrand von **Neuendorf**. Hinauf auf den Landesschutzdeich folgen wir dem breiten Deichweg nach rechts. Über einen niedrigen Steindamm geradeaus hinweg wandern wir rechts am Ortsrand entlang zum gepflasterten Fahrweg, dem wir nach rechts zum nahen **Fähranleger** folgen.

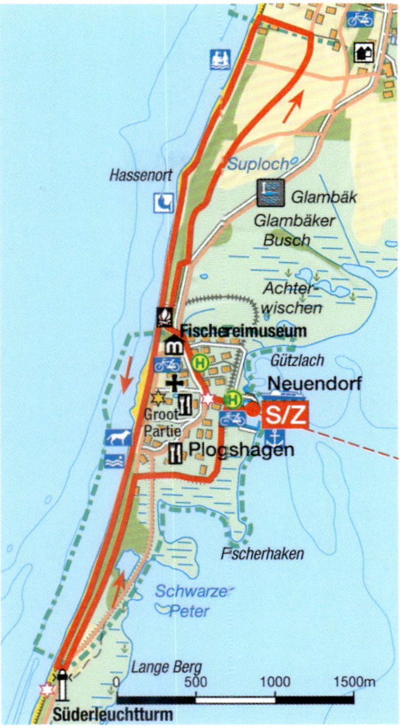

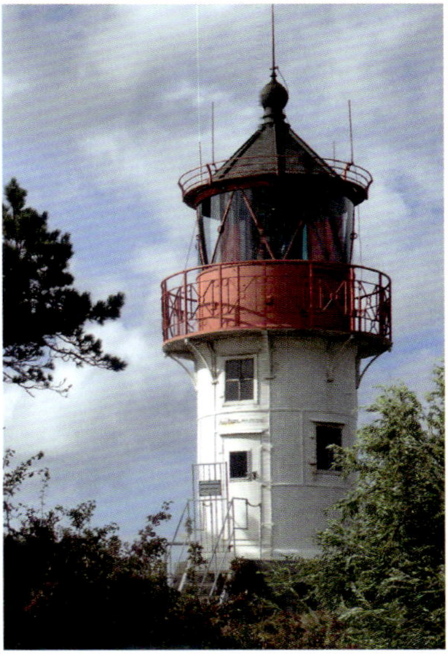

Das Leuchtfeuer Gellen

Hiddensee

Waase – Über die Insel Ummanz

Auf der seit 1901 mit einer Brücke ans „Festland Rügen" angebundenen „Vogelinsel" Ummanz erreicht die höchste Erhebung gerade einmal 6,7 Meter über dem Meeresspiegel - ideale Bedingungen für eine gemütliche Wanderung in einem der am geringsten besiedelten Gebiete Norddeutschlands.

Start/Ziel: Waase, Parkplatz an der Bushaltestelle
Anfahrt/Abfahrt mit öffentlichen Verkehrsmitteln:
bis/ab Parkplatz an der Bushaltestelle mit der Buslinie 38 aus/in Richtung Bergen
Anforderungen: Wenig anstrengende Rundtour auf ebenen Feld-, Wald- und Deichwegen sowie verkehrsarmen Fahrwegen. Für Familien mit Kindern geeignet.
Streckenlänge: 13,9 Kilometer
Anstiege/Abstiege: keine
Einkehr: Café „Ummanz" in Waase, Gartencafé „Zuckerguss" in Wusse
Karte: Blatt „Hiddensee, Ummanz"
Sehenswertes: St.-Marien-Kirche in Waase, Freesenort, „Alte Försterei" in Haide

Das reizvoll am **Focker Strom** gelegene Straßendorf **Waase** besitzt mit der unscheinbaren, backsteinernen **St.-Marien-Kirche** (um 1450) einen bemerkenswert ausgestatteten Sakralbau. Der um 1520 in einer Antwerpener Werkstatt entstandene, reich geschnitzte und mit bemalten Klappflügeln versehene gotische Altar zierte ursprünglich die Stralsunder Nikolaikirche und Heilgeistkirche. Im Jahr 1708 gelangte er zum „Schnäppchen-Preis" auf die Insel. Beachtung verdienen auch die 1934 freigelegten Malereien von Chor und Triumphbogen (um 1470), die barocke Bemalung der hölzernen Decke des Kirchenschiffs, das Kruzifix (1500) sowie die Renaissancekanzel (1572). Die benachbarte **Alte Küsterei**, ein reetgedeckter Fachwerkbau, beherbergt neben der **Ummanz-Information** und der **„Ummanz-Keramik"** eine vom Nationalpark Vorpommersche Boddenlandschaft realisierte Ausstellung „Westrügen".

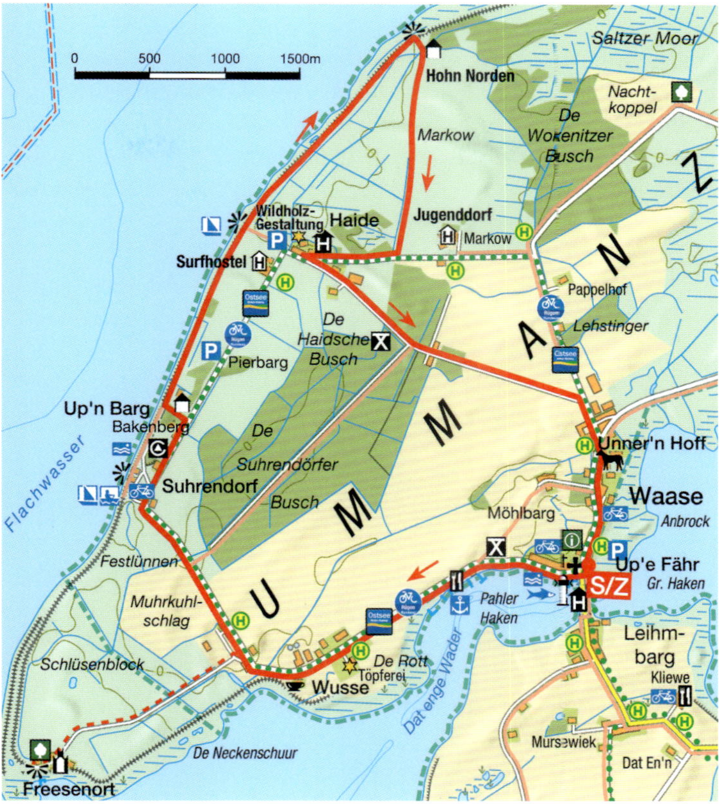

Vom **Parkplatz** an der **Bushaltestelle** folgen wir der hier nicht ausgewiesenen *Neuen Straße* für wenige Meter nach links bis zur nach rechts abzweigenden, gleichfalls hier nicht ausgewiesenen Straße *Am Focker Strom*. Linker Hand liegt der beschauliche **Fischereihafen** mit dem 1997 vom Ummanzer Gastronomen **Uwe Holzerland** errichteten kleinen **Leuchtturm**, rechter Hand passieren wir die **St.-Marien-Kirche**. Das in der benachbarten ehemaligen **Pfarrscheune** eröffnete **Café „Ummanz"** lockt mit köstlichen Kuchenkreationen der Rügener Konditoreimeisterin **Petra Köhler** und einer tollen Aussicht auf den **Focker Strom** – beides heben wir uns für den „Zieleinlauf" auf. Mit schöner Sicht auf die **Breite** verlassen wir das Straßendorf, passieren einen kleinen Sportboothafen und eine reetgedeckte Unterstandshütte und gelangen auf dem straßenbegleitenden Fuß- und Radweg durch Acker- und Weideland nach **Wusse**. In der ansonsten wenig reizvollen Straßensiedlung lohnt das kleine **Gartencafé „Zuckerguss“** einen Besuch: Von der Gartenterrasse bietet sich eine einmalige Sicht über den **Kubitzer Bodden** hinweg auf die **Stralsunder Silhouette**. Nachdem wir den Hochwasserschutzdeich, der die Insel hufeisenförmig umschließt, passiert haben, macht die wenig befahrene Straße einen deutlichen Rechtsknick.

Abstecher: Freesenort

Mit *Wegweisung Freesenort* zweigen wir nach links auf einen Betonspurweg. Durch von Gräben durchzogenes Weideland kommen wir nach **Freesenort**.

Am südwestlichen Zipfel von Ummanz, der als Teil des Nationalparks Vorpommersche Boddenlandschaft unter besonderen Schutz gestellt ist, liegt der aus vier denkmalgeschützten Reetdachhäusern bestehende Weiler **Freesenort**. Die **Haasenburg**, ein im Zuckerhutstil erbautes Hallenhaus aus dem 17. Jahrhundert, gehört zu den ältesten Wohnhäusern Rügens. Von dem in eine reizvolle Parklandschaft eingebetteten Ensemble bietet sich eine großartige Sicht über den Kubitzer Bodden hinweg auf die Stralsunder Skyline, auf die Boddenküste an der Prohner Wiek, die Insel Bock sowie auf den Gellen an der Südspitze Hiddensees. Zum Greifen nah ist die im Bodden liegende Vogelschutzinsel **Heuwiese**. Das Eiland ist Salzgrasland, das nur wenige Zentimeter über dem Meeresspiegel liegt und daher regelmäßig überflutet wird.

Auf dem Hinweg kehren wir zurück zum Ausgangspunkt (Mehraufwand insgesamt 3,2 Kilometer).

Wir folgen der schmalen Landstraße durch Acker- und Weideland, passieren den Zugang zum **Suhrendörper Busch**, einem ausgedehnten Mischwald, und kommen nach **Suhrendorf**. In der Rechtskurve der Straße folgen wir der *Wegweisung Haide* durch die kleine Feriensiedlung. Rechts am **„Ostseecamp Suhrendorf“** entlang erreichen wir einen kleinen Parkplatz mit einer Rasthütte. Hier folgen wir der *Wegweisung Haide* nach links in den Kiefernwald hinein und gelangen rechts an der **Surf- und Kiteschule** vorbei zum Deich am **Schaproder Bodden**. Vor uns liegt mit zwölf Kilometern Länge und bis zu 500 Metern Breite Deutschlands größtes Flachwasser-Surfparadies. Mit *Wegweisung Haide*

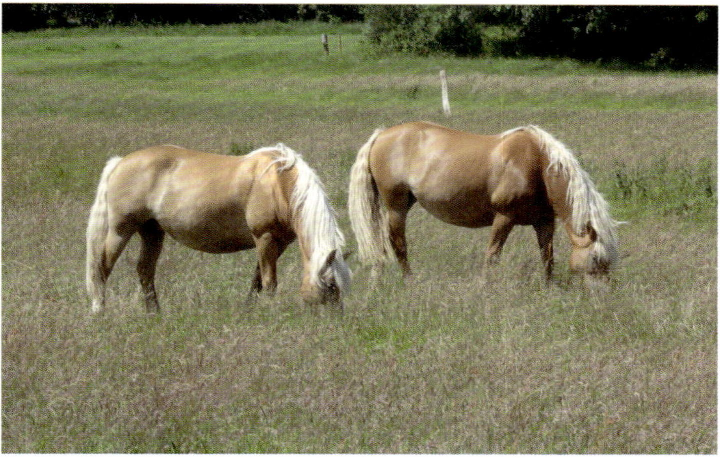

Auf Ummanz werden Haflinger gezüchtet

folgen wir dem asphaltierten Deichweg nach rechts. Rechter Hand begleitet uns Weideland, linker Hand reicht die Sicht über den schilfgesäumten Bodden hinweg nach **Hiddensee**. Am Ende des Deichweges zeigen sich über die **Udarser Wiek** hinweg die Insel **Öhe** und der Fährort **Schaprode**. Vom Deich rechts haltend gehen wir auf einem Betonweg an zwei am Waldrand gelegenen Rasthütten vorbei. Mit *Wegweisung Haide* setzen wir unsere Wanderung auf einem Feldweg fort. Durch Acker- und Weideland, zuletzt links an einem Wald entlang erreichen wir eine schmale Asphaltstraße, der wir mit *Wegweisung Haide* nach rechts zur angezeigten Siedlung folgen. An der **Trafostation Haide** wenden wir uns mit *Wegweisung Alte Försterei* nach links auf einen Betonspurweg. Nach wenigen Metern erreichen wir die **„Alte Försterei“** (1877) - Wohnsitz und Arbeitsplatz der Wildholzgestalterin **Regine Kather**. Am Ende des Betonspurweges gelangen wir in den **Suhrendörper Busch**. An einem Rastplatz gabelt sich der Waldweg. Links haltend passieren wir eine kleine Waldsiedlung. Auf einem Betonspurweg gelangen wir aus dem Wald in offenes Gelände. Durch ausgedehnte Felder stoßen wir am Ortsrand von **Waase** auf die *Neue Straße*, der wir nach rechts durch die Straßensiedlung folgen. Kurz vor unserem Ziel kommen wir an der weithin bekannten **„Haflingerzucht Ummanz“** vorbei, deren Besuch durchaus empfehlenswert ist. Wo wir nach Erreichen des **Parkplatzes** an der **Bushaltestelle** einkehren können.

Neuenkirchen – Rund um den Tetzitzer See

Dass auch asphaltierte Straßen und Betonspurwege ein durchaus akzeptabler Wanderweg sein können, beweist die Rundtour um den naturgeschützten Tetzitzer See. In die im Norden des Muttlandes liegende, dünn besiedelte Boddenregion „verirrt" sich nur selten ein (motorisierter) Tourist …

Start/Ziel: Neuenkirchen, Parkplatz an der Bushaltestelle
Anfahrt/Abfahrt mit öffentlichen Verkehrsmitteln:
bis/ab Parkplatz an der Bushaltestelle mit der Buslinie 37 aus/in Richtung Gingst, von dort/dorthin mit den Buslinien 35 oder 38 aus/in Richtung Bergen
Anforderungen: Lange Rundtour auf meist ebenen Wiesen- und Feldwegen sowie verkehrsarmen Betonspur- und asphaltierten Fahrwegen. Für Familien mit Kindern unter 12 Jahren bedingt geeignet.
Streckenlänge: 16,9 Kilometer
Anstiege/Abstiege: 40 Höhenmeter
Einkehr: „Wirtshaus Neuenkirchen" in Neuenkirchen, Gaststätte „Pension Wilbert" in Groß Banzelvitz, Landgasthof „andernorts auf Rügen" in Rappin
Karte: Wanderkarte „Rügen"
Sehenswertes: St.-Maria-Magdalena-Kirche in Neuenkirchen, St.-Andreas-Kirche in Rappin, Gut Tribbevitz

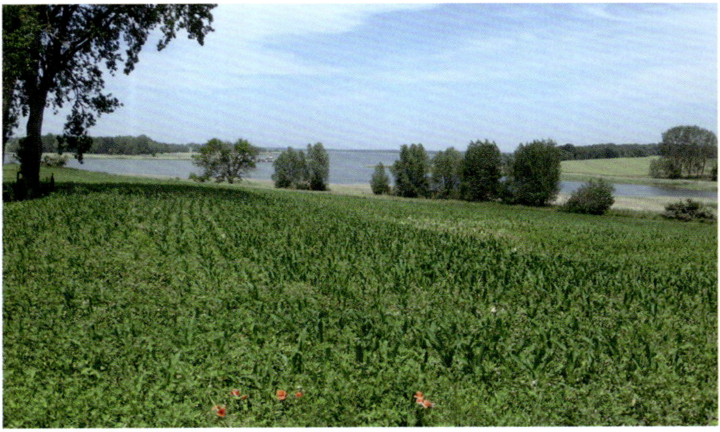

Blick von Laase auf den Liddower Strom und den Lebbiner Bodden

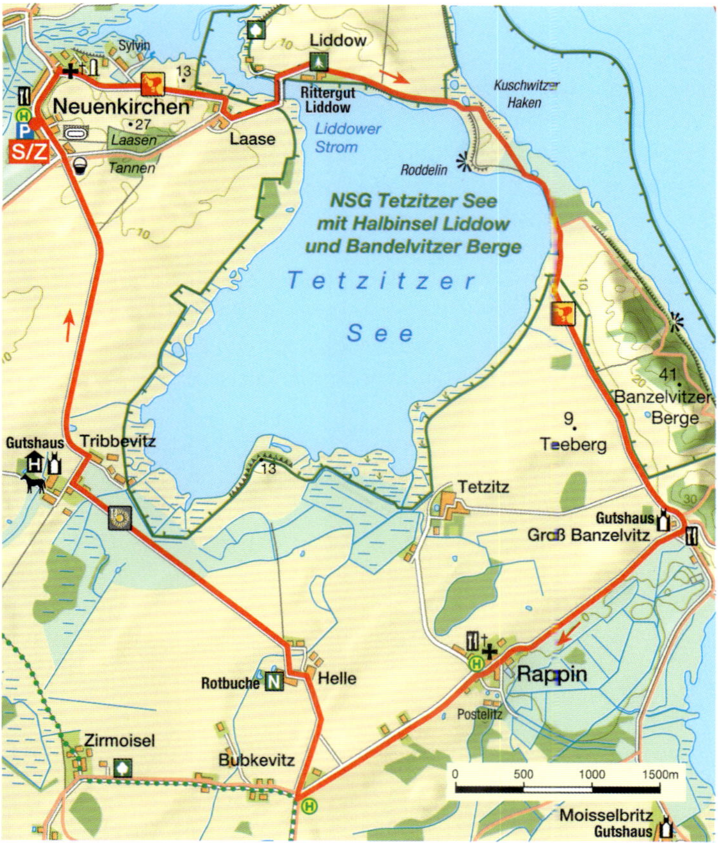

Weltabgeschieden, verträumt – Aufregendes gibt es über das 1318 erstmals urkundlich erwähnte Dorf **Neuenkirchen** nicht zu berichten. Vom bescheidenen **„Parkplatz"** an der **Bushaltestelle** folgen wir der hier nicht ausgewiesenen, leicht abfallenden *Dorfstraße* in nördlicher Richtung. Wenige Meter nach dem **„Wirtshaus Neuenkirchen"** zweigen wir mit *Wegweisung Liddow* nach rechts auf eine schmale, steil ansteigende Asphaltstraße. Auf dem höchsten Punkt des Ortes erreichen wir die **St.-Maria-Magdalena Kirche**. Die weithin sichtbare gotische Backsteinkirche entstand in ihrer heutigen Form zwischen 1380 und 1450. Ein hoher Feldsteinsockel deutet auf einen älteren Vorgängerbau hin. Sehenswert sind das in einen Feldstein am Südportal getriebene mittelalterliche Weihwasserbecken, der barocke Altar (1787) und die Renaissancekanzel (1567), die aus der **Bergener St.-Marien-Kirche** stammt. Mit schöner Sicht auf den von den Halbinseln **Lebbin** und **Liddow** eingerahmten **Lebbiner Bodden** folgen wir der schmalen Straße durch Weideland hinab nach **Laase**. Dort bei einer Weggabelung links haltend gelangen wir mit *Wegweisung Rappin* auf einem Betonspurweg zur aussichtsreichen Brücke über den **Liddower Strom**. Dieser verbindet den **Tetzitzer See** mit dem zum **Großen Jasmunder Bodden** gehörenden **Lebbiner Bodden** – insoweit ist der **Tetzitzer See** auch nur eine weitere Ausbuchtung des **Großen Jasmunder Boddens**. Mit der Brücke haben wir das **Naturschutzgebiet Tetzitzer See mit Halbinsel Liddow und Banzelvitzer Berge** erreicht.

Das **Naturschutzgebiet Tetzitzer See mit Halbinsel Liddow und Banzelvitzer Berge** ist ein Teil des nord- und ostrügenschen Hügel- und Boddenlandes. Prägend für das Schutzgebiet sind Flachwasserbereiche, Brackwasserröhrichte, Salzweiden, Halbtrocken- und Sandmagerrasen sowie artenreiche Laubwälder. Das teilweise landwirtschaftlich genutzte Gebiet bietet in Zugzeiten bis zu 20.000 Blässgänsen und mehr als 1.000 Kranichen einen sicheren Rast- und Schlafplatz.

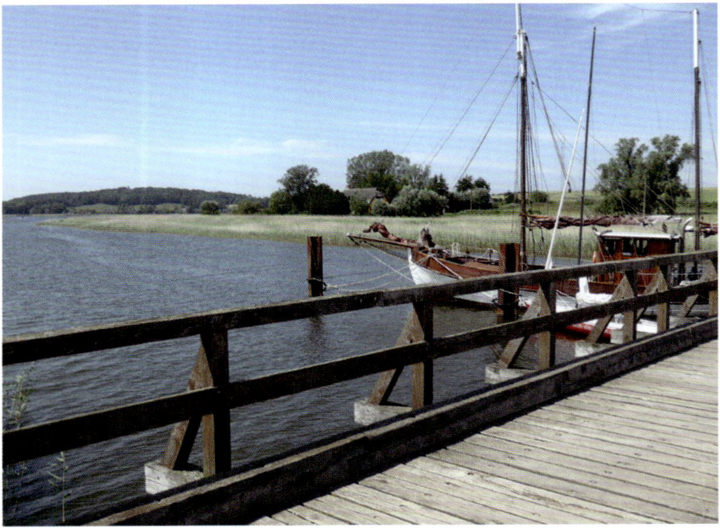

Blick über den Liddower Strom auf den Höhenzug Hoch Hilgor

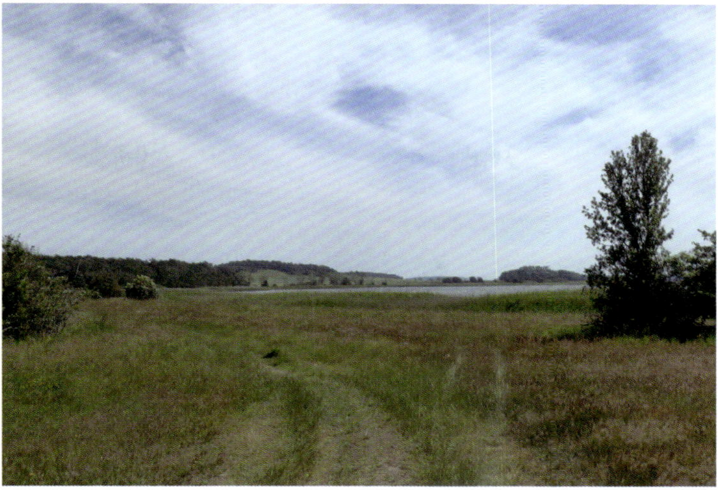

Blick auf den Tetzitzer See, im Hintergrund die Banzelvitzer Berge

Nach der Brückenpassage gelangen wir rechts haltend auf einem Schotterweg zum **Gut Liddow**. Das schlichte Herrenhaus des ehemaligen, erstmals 1318 urkundlich erwähnten Rittergutes, stammt aus dem 18. Jahrhundert und wird heute als Ferienwohnungsanlage und „Kulturgut" genutzt. Das am schilfgesäumten **Tetzitzer See** traumhaft schön gelegene Hofgut war eines der Hauptdrehorte der beliebten TV-Serie „Hallo Robbie". Links am eingefriedeten Gut entlang führt uns ein knickgesäumter Feldweg an das bewachsene Hochufer des **Tetzitzer Sees**. In offenem Gelände geht der Feld- in einen abschnittsweise wenig ausgeprägten Wiesenweg über: Wir haben den **Kuschvitzer Haken**, eine schmalen Sandnehrung zwischen der **Halbinsel Liddow** und dem **Muttland**, erreicht. Linker Hand bietet sich uns eine weitreichende Sicht über den **Jasmunder Bodden** hinweg auf die **Schaabe** und die **Halbinsel Jasmund**. Rechter Hand begleitet uns zunächst eine hügelige Ackerfläche, die die Sicht auf den **Tetzitzer See** verdeckt. Am Ende des Feldes wandern wir auf dem nun deutlich ausgeprägten Wiesenweg am Rand des Sees entlang. Nachdem wir eine große moderne Unterstandshütte passiert haben, begleiten uns linker Hand zunächst ein Mischwald, dann ausgedehnte, zu den bewaldeten Höhen der **Banzelvitzer Berge** ansteigende Felder – ein Blütentraum im Mai, wenn auf diesen Raps angebaut wird. Ein kleiner Anstieg beschert uns

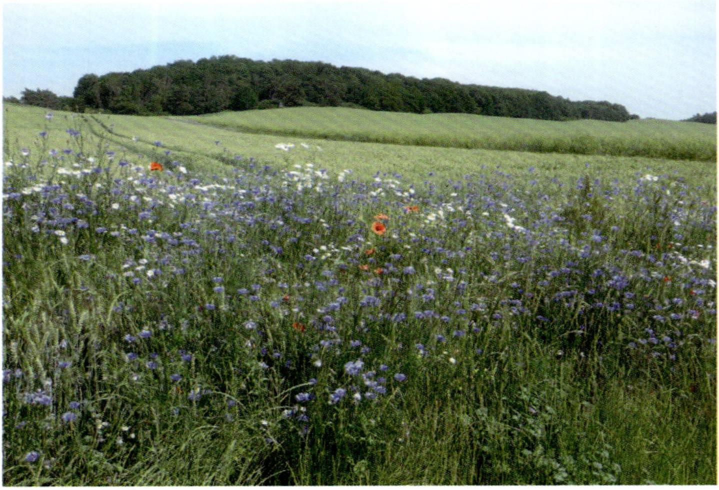

Banzelvitzer Berge

noch einmal einen schönen Blick über den **Tetzitzer See**, ehe wir in ein beiderseitiges Feldermeer eintauchen. Wo der grasige Feldweg in einen breiten, geschotterten Fahrweg übergeht, lockt uns die *Wegweisung Großer Jasmunder Bodden* nach links zu einem kurzen Abstecher hinauf auf die Höhen der **Banzelvitzer Berge**. Ein weitreichender Blick über den **Jasmunder Bodden** hinweg auf die **Schaabe** und die **Halbinsel Jasmund** lohnt die geringen Aufstiegsmühen. Mit und ohne Abstecher setzen wir unsere Wanderung geradeaus fort und erreichen die angezeigte (Ferien-)Siedlung **Groß Banzelvitz**. Vor der **Gaststätte „Pension Wilbert"** folgen wir der *Wegweisung Rappin* nach rechts. Auf der wenig befahrenen Kreisstraße wandern wir durch ausgedehntes Weideland und weitläufige Felder nach **Rappin**. Die kleine, 1305 erstmals urkundlich erwähnte Siedlung durchstreifen wir auf der kopfsteingepflasterten *Dorfstraße* – ein anderer Straßenbelag wäre angesichts der betagten, teils reetgedeckten Häuser auch vollkommen fehl am Platze. Die in der zweiten Hälfte des 13. Jahrhunderts entstandene **St.-Andreas-Kirche** gehört zu den ältesten Kirchen der Insel. Der auf einem Feldsteinsockel gründende Backsteinbau birgt ein mittelalterliches Taufbecken aus gotländischem Kalkstein (2. Hälfte 13. Jh.), der Altaraufsatz stammt aus dem Jahre 1669, die Kanzel wurde 1702 gefertigt. Originell wie sein Name ist der benachbarte **Landgasthof „andernorts auf Rü-**

gen" (beide *Dorfstraße*). Aus dem Ort hinaus folgen wir der nun wieder asphaltierten Kreisstraße in Richtung **Gingst**. Nach knapp einem Kilometer zweigt nach rechts ein Betonspurweg ab, auf dem wir die Siedlung **Helle** ansteuern. Dort halten wir uns bei einer Weggabelung links und stoßen am Ende einer Kastanienallee links haltend auf einen weiteren Betonspurweg. Der wenig reizvolle, schnurgerade auf **Tribbevitz** zuführende Weg entschädigt mit einer schönen Sicht über die sanft hügelige, mit zahlreichen Baumgruppen aufgelockerte Felderlandschaft und den **Tetzitzer See**. Das dreiflügelige, neogotische Herrenhaus des bereits 1315 urkundlich erwähnten **Gutes Tribbevitz** wird seit 2002 als **„Landhotel Gut Tribbevitz"** (kein Restaurantbetrieb!) genutzt. In der Tradition eines alten Rittergutes ist der Hotelanla-

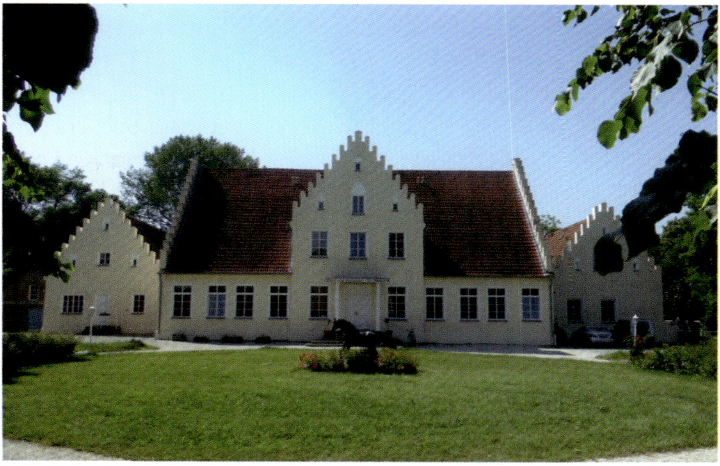

Herrenhaus Gut Tribbevitz

ge ein noch junges, aber bereits sehr erfolgreiches Trakehnergestüt angegliedert. Vor dem Gut halten wir uns nach rechts und erreichen nach wenigen Metern eine kaum befahrene Kreisstraße, der wir mit *Wegweisung Neuenkirchen* nach links folgen. Ein kaum spürbarer Anstieg wird mit einer weitreichenden Sicht auf den **Tetzitzer See** und die **Banzelvitzer Berge** belohnt. Alsbald haben wir **Neuenkirchen** erreicht. Über eine Kreuzung geradeaus hinweg gelangen wir mit *Wegweisung Grümbke-Aussichtsturm* auf der hier nicht ausgewiesenen *Dorfstraße* nach wenigen Metern zum **Parkplatz** an der **Bushaltestelle**.

Bergen – Von der „Inselhauptstadt" an den Großen Jasmunder Bodden

Abseits touristischer Pfade führt die Streckenwanderung durch eine abwechslungsreiche Kultur- und Naturlandschaft. Der wieder entstandene Nonnensee, das hübsche Gutsdorf Jarnitz, der reizvoll am Großen Jasmunder Bodden gelegene Festspielort Ralswiek und die einsamen Schwarzen Berge sind die Highlights zwischen der „Inselhauptstadt" Bergen und dem „Boddenwächter" Lietzow.

Start: Bergen, Parkplatz Busbahnhof
Ziel: Lietzow, Bahnhof
Anfahrt/Abfahrt mit öffentlichen Verkehrsmitteln:
bis/ab Parkplatz Busbahnhof mit den Buslinien 20 aus/in Richtung Göhren/Sellin, 24 aus/in Richtung Binz, 30 aus/in Richtung Putbus/Stralsund und 35 aus/in Richtung Schaprode/Trent sowie bis/ab Bahnhof mit der Deutschen Bahn aus/in Richtung Binz/Sassnitz/Stralsund

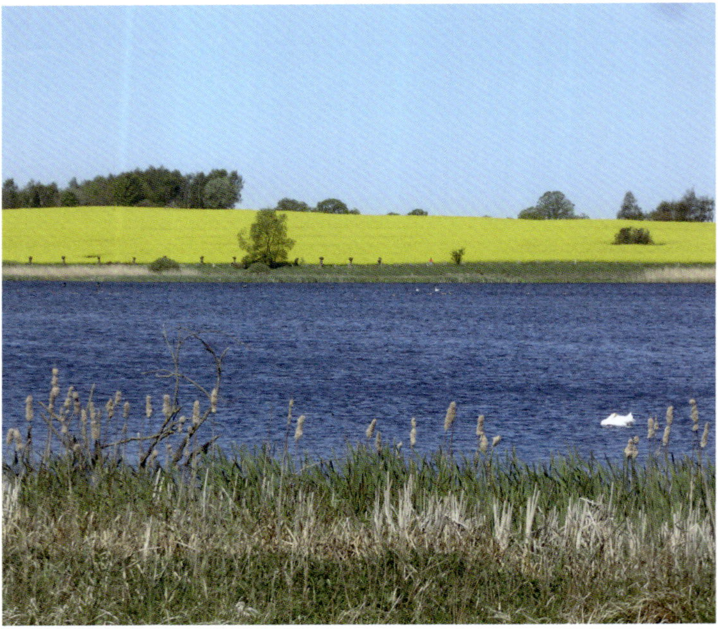

Blick auf den Nonnensee

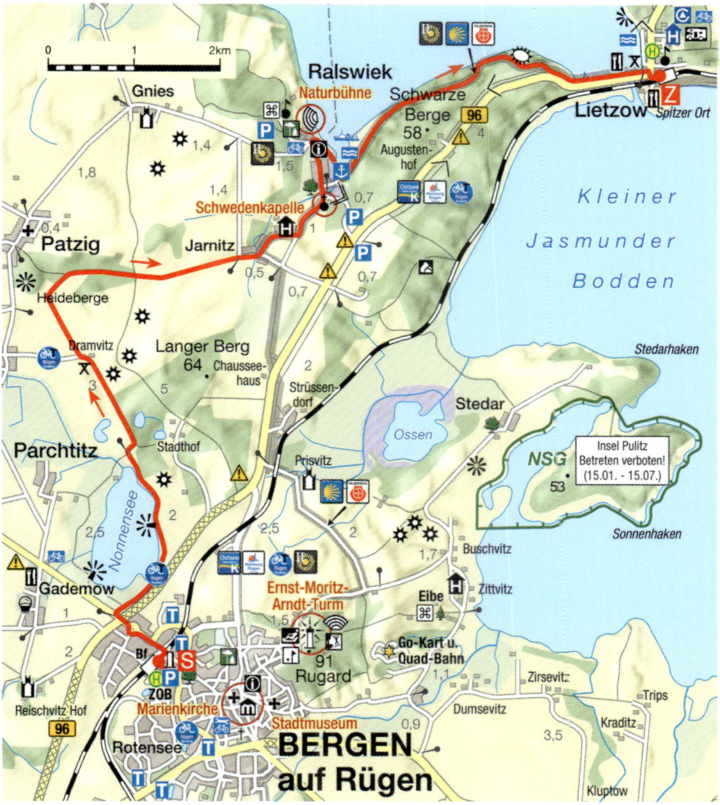

Rückfahrt mit öffentlichen Verkehrsmitteln:
ab Bahnhof mit der Deutschen Bahn oder ab Haltestelle B 96/ Boddenstraße mit der Buslinie 12

Anforderungen: Mäßig anstrengende Streckentour auf überwiegend guten Feld- und Wald- sowie verkehrsarmen Fahrwegen. Für Familien mit Kindern unter 12 Jahren bedingt geeignet.

Streckenlänge: 15,2 Kilometer

Anstiege/Abstiege: 100/120 Höhenmeter

Einkehr: außerhalb von Bergen und Ralswiek Hotel-Pension „Klaus Störtebeker" in Jarnitz

Karte: Blatt „Bergen, Putbus"

Sehenswertes: Nonnensee, Gutshaus Jarnitz, Schloss und Schlosspark, Freilichtbühne, Räucherschiff „Elbe" und Lastensegler „Käthe" in Ralswiek, Seeschlösschen in Lietzow

Bergen

Nach zahlreichen verheerenden Stadtbränden zwischen 1445 und 1726 findet sich in der „Inselhauptstadt" **Bergen** nur wenig historische Bausubstanz. Weite Wege braucht man nicht zurückzulegen – alle interessanten Gebäude befinden sich im Bereich des Markt- und Kirchplatzes. Die **Marienkirche** ist Rügens ältestes Bauwerk. Der unter „Rügenfürst" **Jaromar I.** zwischen 1170 und 1180 als romanische Basilika begonnene Bau wurde im 14. Jahrhundert im gotischen Stil vollendet. Der kreuzrippengewölbte Innenraum beherbergt zahlreiche Kostbarkeiten. Einmalig sind die Ende des 19. Jahrhunderts freigelegten Wandmalereien (Anfang 13. Jh.), die das einzig erhaltene Beispiel einer spätromanischen Totalausmalung unter einem einheitlichen Thema („Paradies und Hölle") in Norddeutschland darstellen. Im benachbarten sanierten **Klosterhof** (1732) ist das **Stadtmuseum** untergebracht. Hauptinhalt der umfangreichen Sammlung ist die historische Entwicklung Rügens von der Frühgeschichte bis zum 19. Jahrhundert. In einem ehemaligen Stallgebäude des Klosterhofes residiert die **„Schauwerkstatt"** – „historisches Handwerk lässt sich über die Schulter blicken ...". Am Marktplatz steht Rügens ältestes Wohngebäude, das **Bendixsche Haus** (16. Jh.). Wo einst **Jaromar I.** residierte, auf dem 91 Meter hohen **Rugard**, steht der 27 Meter hohe, backsteinerne **Ernst-Moritz-Arndt-Turm** (1877), den seit 2002 eine gläserne (Aussichts-)Kuppel krönt. Von dem über 90 Stufen erklimmbaren Aussichtsbalkon bietet sich eine Rundsicht über ganz Rügen – bei klarer Sicht sind Hiddensee, Usedom, Greifswald und Stralsund zu erkennen (*Rugardweg*).

Vom **Parkplatz** am **Busbahnhof** folgen wir der hier nicht ausgewiesenen *Friedensstraße* nach links zum **Bahnhof**. Vor diesem rechts haltend erreichen wir eine **Fußgängerbrücke**, mit deren Hilfe wir die Gleisanlagen überqueren. Wenige Meter nach rechts kommen wir zur hier nicht ausgewiesenen *Gingster Chaussee*, der wir nach links durch ein wenig attraktives Gewerbegebiet folgen. Über den Kreisverkehr geradeaus hinweg erreichen wir eine Kreuzung. Mit Ampelhilfe überqueren wir die *B 96* und folgen ihrem straßenbegleitenden Fuß- und Radweg nach rechts zum **Parkplatz** am **Nonnensee**.

Die *Wegweisung Rund um den Nonnensee* lenkt uns in eine Kastanienallee. An deren Ende überqueren wir Rügens längstes Fließgewässer, den **Duwenbeek**, das uns nun seeseitig begleitet. Von

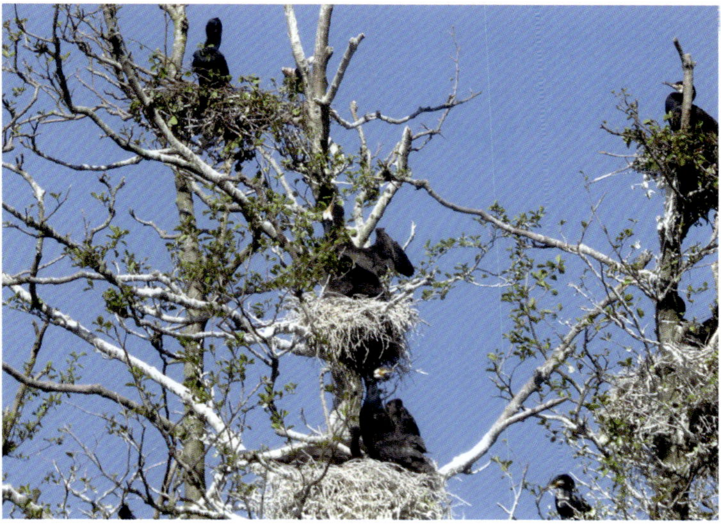

Kormorankolonie am Nonnensee

dem am Rand eines bewaldeten Höhenrückens **gelegenen Aussichtsturm** ist der gesamte **Nonnensee** zu überblicken. Die auch ohne „Erhöhung" weithin sichtbaren kahlen Bäume am Nordufer des Sees sind das „Werk" und der „Wohnsitz" einer aus etwa

Nach ersten, wenig erfolgreichen Versuchen Mitte des 19. Jahrhunderts wurde der **Nonnensee**, ein ehemaliger Schmelzwassersee, im Jahr 1967 bis auf eine kleine Schilfröhricht- und Grauweidefläche trocken gelegt. Die Gewinnung von Weideland war damals wichtiger als der Erhalt des Lebensraumes zahlreicher (Wasser-) Vögel. Im Winter 1993/94 fiel das Schöpfwerk aus, der See bildete sich in kurzer Zeit neu – 75 Hektar groß, maximal 1,5 Meter tief. Dank eines veränderten Umweltbewusstseins wurde der neue alte See bestehen gelassen und als Landschaftsschutzgebiet ausgewiesen. Bereits nach zwei Jahren konnten Ornithologen im Einzugsgebiet des Sees 55 ans Wasser gebundene Vogelarten nachweisen. Heute ist der See ein bedeutender Rastplatz für Zugvögel und Brutplatz für 25 Arten, darunter Lachmöwe, Graureiher, Rohrammer, Teichrohrsänger und verschiedene Entenarten. Eine Besonderheit: Für bis zu 1.500 Saat- und Blässgänse ist die Umgebung des Nonnensees der größte Mauserplatz in Ostdeutschland.

800 Brutpaaren bestehenden Kormorankolonie. An der vor allem zur Brut- und Aufzuchtszeit munteren Gesellschaft vorbei stoßen wir auf einen Betonspurweg, dem wir mit *Wegweisung Ralswiek* nach rechts folgen. Rechter Hand begleitet uns Wald, linker Hand sind über die Wiesen hinweg weitere Kormorankolonien auszumachen. „Mach mal Pause!" - die freundliche Einladung an einer auf privatem Grund errichteten Unterstandshütte in der Siedlung **Dramvitz** kommt für uns (leider) noch zu früh. Im Linksknick des Betonspurweges verlassen wir diesen und setzen unsere Wanderung ohne Wegweisung geradeaus auf einem Feldweg bis zu einer Wegkreuzung fort. Vor einer aussichtsreich gelegenen Sitzbank orientieren wir uns nach rechts und gelangen auf einem knickgesäumten Feldweg zu einer Weggabelung. Rechts haltend durchqueren wir einen schönen Mischwald. Aus dem Wald hinaus erreichen wir eine Wegkreuzung. Geradeaus wandern wir auf einem knickgesäumten Feldweg durch ein sanft hügeliges Feldermeer. Dem von links einmündenden Asphaltsträßchen folgen wir geradeaus nach **Jarnitz**. Auf Höhe des Dorfteiches lotst uns die *Wegweisung Gasthaus Jarnitz* nach links in die *Dorfstraße*. Nach wenigen Schritten erreichen wir das **Guts-**

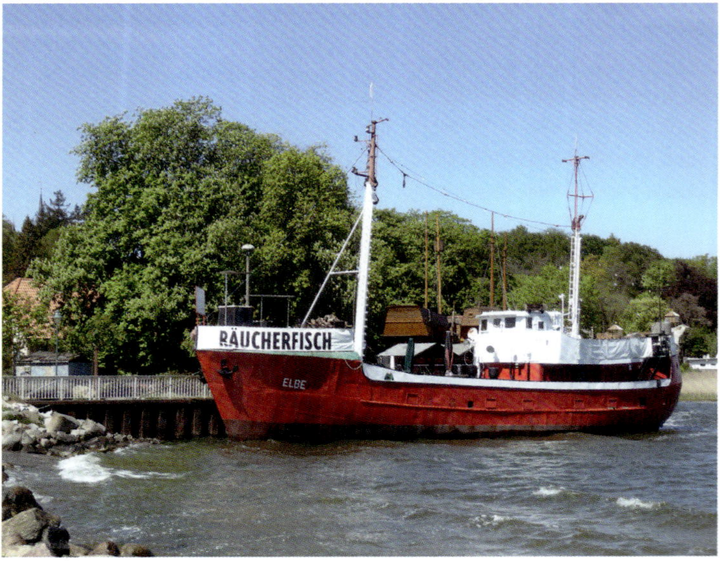

Auf dem ersten Hochseefischkutter der DDR gibt es Köstliches aus dem Meer.

In der Zeit der Raanen (9. bis 12. Jahrhundert) war das in einer Bucht des **Großen Jasmunder Boddens** reizvoll gelegene **Ralswiek** eine der bedeutendsten slawischen Siedlungen an der gesamten deutschen Ostseeküste und ein wichtiger Seehandelsplatz. Die Handelsbeziehungen reichten damals bis in den Orient, wie der bei Ausgrabungen 1974 geborgene Dirhamschatz beweist. Heute lebt der kleine Ort überwiegend von dem zuschauerträchtigen Sommer-Open-Air-Spektakel **„Störtebeker-Festspiele"**. Seit 1993 werden auf der am Bodden geschaffenen **Freilichtbühne** die Abenteuer des legendären Seeräubers mit großem personellen und materiellen Aufwand allabendlich vor bis zu 10.000 Zuschauern zu Lande und zu Wasser in Szene gesetzt. Ganzjährig lohnt der Besuch des **Schlosses Ralswiek**. Mit dem Loire-Schlössern nachempfundenen Neorenaissancebau schuf sich der Unternehmer **Hugo Sholto Graf Douglas** 1893/94 eine standesgemäße Bleibe. 1945 enteignet, wurde das Schloss bis 1997 als Alten- und Behindertenheim genutzt. Nach umfangreichen Sanierungen eröffnete 2002 das Vier-Sterne **„Schlosshotel Ralswiek"** (*Parkstraße*). Der frei zugängliche, um 1800 entstandene **Schlosspark** besitzt zahlreiche, vorbildlich ausgewiesene dendrologische Kostbarkeiten. Den Musterbau der kleinen, hölzernen **Schweden-Kapelle** entdeckte **Graf Douglas** auf der Stockholmer Weltausstellung 1907 – er kaufte die Kirche und ließ sie nach **Ralswiek** bringen (*Dorfstraße*). Weit gereist ist auch das im Boddenhafen vertäute **Fischräucherschiff**. Die gut 26 Meter lange **„Elbe"** war der erste Hochseefischkutter der DDR und gehörte als „SAS 270" zur Sassnitzer Fischfangflotte.

haus Jarnitz. Der in seiner heutigen Form um 1780 errichtete zweigeschossige Putzbau beherbergt nach der in den Jahren 2001/02 erfolgten grundlegenden Sanierung die besuchenswerte **Ateliergalerie „nahtwerk. papierkunst"**. Weiter auf der sanft ansteigenden Dorfstraße passieren wir die am **Mühlenberg** gelegene **Hotel-Pension „Klaus Störtebeker"** (Storchennest) und einige alte Landarbeiterhäuser, bevor wir auf eine schmale Asphaltstraße stoßen. Dieser folgen wir nach links. Im Abstieg erhaschen wir einen ersten Blick auf den **Großen Jasmunder Bodden** und erreichen alsbald **Ralswiek**.

Auf Höhe einer von drei denkmalgeschützten Schwarzpappeln münden wir in die hier nicht ausgewiesenen *Dorfstraße*. Ihr folgen wir nach einem Besuch der sich rechter Hand am Waldrand „versteckenden" **Schweden-Kapelle** nach links. An meist älteren Siedlungshäusern entlang kommen wir durch die zunächst von Pappeln, dann von Kastanien gesäumte *Dorfstraße* zu einem Platz. Geradeaus können wir mit der *Parkstraße* in den **Schlossgarten** und zum **Schloss** gehen, rechts führt die Straße *Am Bodden* zum nahen **Hafen** am **Großen Jasmunder Bodden**. Dort angekommen zweigen wir vor dem **Räucherschiff „Elbe"** mit *Wegweisung Lietzow* nach rechts auf einen Wiesenweg. Mit schöner Sicht über den Bodden hinweg auf den bewaldeten Höhenzug der **Schwarzen Berge** gelangen wir zum **Seglerhafen**. Links am **Café-Restaurant „Riff"** und dem aufgebockten alten **Lastensegler „Käthe"** (1905) vorbei erreichen wir einen gut einhundert Meter langen Bootssteg, an dessen Ende wir mit Hilfe einer Brücke eine kleine Boddenausbuchtung überqueren. Über einen kurzen Damm erreichen wir einen Querweg. Diesem folgen wir mit *Wegweisung Lietzow* nach links in den Wald hinein. Bis **Lietzow** begleitet uns nun eine Blaustrichmarkierung. Bei einer Weggabelung entscheiden wir uns für den rechten, mit einer Schranke versehenen Weg. Nach wenigen Metern gabelt sich der Weg ein weiteres Mal. Links haltend beginnt nun ein langgezogener An-

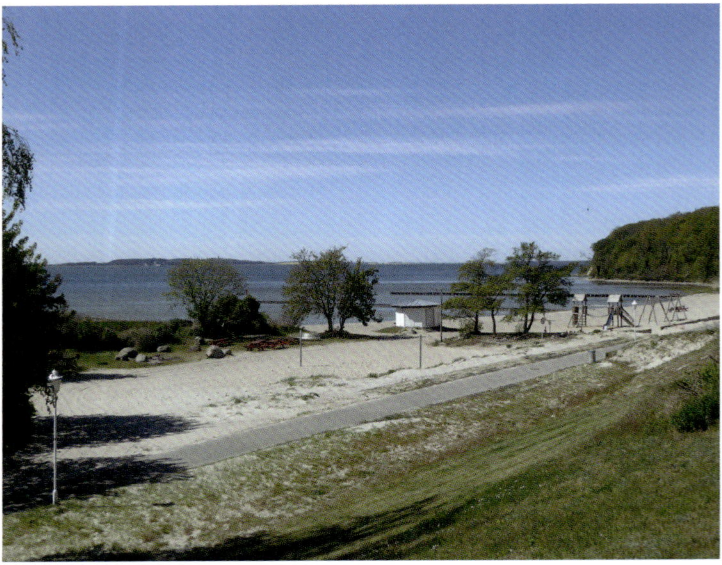

 Einladender Boddenstrand in Lietzow

Im 16. Jahrhundert bestand das an der Verengung zwischen dem **Großen** und **Kleinen Jasmunder Bodden** gelegene **Lietzow** nur aus zwei Höfen, in denen der Fährmann und ein Schiffer wohnten. Im Jahr 1868 wurde zwischen dem auf der ehemaligen **Insel Jasmund** gelegenen, nunmehr gewachsenen Dorf und dem nur wenige hundert Meter entfernten rügenschen „Festland" ein Straßen- und Eisenbahndamm aufgeschüttet. Begeistert von den landschaftlichen Reizen seines „Arbeitsgebietes" ließ sich der leitende Ingenieur am bewaldeten Hang der **Semper Heide** ein romantisches, weithin sichtbares weißes **Schlösschen** (1893) erbauen. Der landschaftlich reizvoll gelegene Ort bietet einen gepflegten Sandstrand am Großen Jasmunder Bodden und eine empfehlenswerte **„Traditionsräucherei"** (*Spitzer Ort*).

stieg über die **Schwarzen Berge**. Hier und da schimmert der **Große Jasmunder Bodden** durch den dichten Laub- und Nadelwald. Im Bereich des wenig ausgeprägten **Schlossberges** verliert der Weg deutlich an Höhe. Wo er sich dem **Bodden** nähert, lohnt ein kurzer Abstecher nach links hinauf zur Abbruchkante des (hier beachtlichen) Steilufers. Mit Hilfe einer Brücke überqueren wir einen Bachlauf, gelangen an den Bodden (Sicht auf das **Gnever Ufer**), überwinden mit Hilfe einer maroden Holzbrücke einen weiteren Bachlauf und erreichen nach wenigen Schritten die stark befahrene *B 96*. Mit *Wegweisung Lietzow* folgen wir dem straßenbegleitenden Radweg nach links. Vom Straßen- und Eisenbahndamm gibt es eine weitreichende Sicht über den **Großen Jasmunder Bodden** hinweg auf die nahen, bewaldeten Steilufer der **Schwarzen Berge** und **Semper Heide**, die fernen **Banzelvitzer Berge** und die noch fernere **Schaabe** zur Linken und den **Kleinen Jasmunder Bodden** zur Rechten. Mit Hilfe einer Brücke überqueren wir den durch eine **Schleuse** und einen **Fischdurchlass** regulierten Wasseraustausch zwischen den beiden Boddengewässern. Nach wenigen Schritten erreichen wir **Lietzow**.

Je nach gewähltem Verkehrsmittel für die Rückfahrt folgen wir der *B 96/Boddenstraße* leicht ansteigend zur **Bushaltestelle** oder wir überqueren mit Ampelhilfe die *B 96/Boddenstraße*, gelangen vor der Bahnschranke nach links in die Straße *Am Bahnhof* und erreichen auf dieser nach wenigen Metern den **Bahnhof Lietzow**.

Öffentlicher Nahverkehr

Mit der Bahn

Das Streckennetz der **Deutschen Bahn** auf Rügen umfasst die Abschnitte Stralsund-Bergen auf Rügen-Sassnitz bzw. Binz. Die Züge verkehren im Stundentakt (www.db.de).

Die Strecke Bergen auf Rügen-Putbus-Lauterbach Mole bedient die **Presnitztalbahn**, die zur **Rügenschen BäderBahn** gehört, im Stundentakt. Letztere betreibt den **„Rasenden Roland"**, der ganzjährig zwischen Putbus und Göhren mindestens im Zwei-Stundentakt verkehrt (www.ruegensche-baederbahn.de)

Mit dem Bus

Das gut ausgebaute Netz des **Rügener Personennahverkehrs (RPNV)** verbindet fast alle Ortschaften der Insel. Auf den Hauptstrecken, die die touristischen Zentren bedienen, wird von Mitte Mai bis Mitte Oktober mindestens ein Stundentakt eingehalten, abseits gelegene Ortschaften werden deutlich seltener angefahren (www.vvr-bus.de).

Mit dem Schiff

Die autofreie Insel Hiddensee ist nur per Schiff zu erreichen, ganzjährig und mehrmals täglich nur ab Schaprode (www.reederei-hiddensee.de). Von Wiek und Dranske gibt es von Juni bis Anfang September täglich eine Tour nach Hiddensee (www.reederei-hiddensee.de), von Juni bis Ende Oktober besteht eine tägliche Verbindung von Breege nach Hiddensee (www.reederei-kipp.de).

Ganzjährig verkehrt die Wittower Fähre, die zwischen dem Rügener Muttland und der Halbinsel Wittow pendelt (www.weisse-flotte.de).

Von Juni bis Ende Oktober besteht ein Linienverkehr zwischen Sellin, dem Baaber Bollwerk und Lauterbach mit täglich drei bis vier Abfahrten (www.weisse-flotte.de).

Die Seebrücken von Sassnitz, Binz, Sellin und Göhren werden von Anfang April bis Ende Oktober mehrmals täglich im Rahmen des „Seebrückenverkehrs" angelaufen (www.adler-schiffe.de).

Touristinformationen

Die Inselexperten, Informations- und Buchungscenter, www.ruegen.de

18573 Altefähr, Eigenbetrieb der Gemeinde Altefähr, www.altefaehr.de

18586 Ostseebad Baabe, Kurverwaltung Baabe, www.baabe.de

18528 Bergen auf Rügen, Stadtinformation Bergen auf Rügen, www.stadtinfo-bergen-ruegen.de

18609 Ostseebad Binz, Kurverwaltung und Touristinformation, www.ostseebad-binz.de

18556 Seebad Juliusruh, Informationsamt Seebad Breege-Juliusruh, www.breege.de

18556 Dranske, Fremdenverkehrsamt Dranske, www.gemeinde-dranske.de

18569 Gingst, Tourismusverein West-Rügen e. V., www.westruegen.net

18551 Glowe, Tourismusbüro Gemeinde Glowe, www.glowe.de

18586 Ostseebad Göhren, Kurverwaltung Ostseebad Göhren, www.goehren-ruegen.de

18586 Groß Zicker, Kurverwaltung Gager/Groß Zicker, www.mein-moenchgut.de

18551 Lohme, Touristik Lohme GmbH, www.lohme.de

18586 Middelhagen, Kurverwaltung Middelhagen, www.mein-moenchgut.de

18581 Putbus, Kurverwaltung Putbus, www.ruegen-putbus.de

18556 Putgarten, Tourismusgesellschaft Kap Arkona, www.kap-arkona.de

18546 Sassnitz, Tourist-Service Sassnitz, www.insassnitz.de

18586 Ostseebad Sellin, Kurverwaltung Ostseebad Sellin, www.ostseebad-sellin.de

15586 Ostseebad Thiessow, Kurverwaltung Thiessow, www.ostsebad-thiessow.de

18565 Vitte, Inselinformation Hiddensee GmbH, www.seebad-hiddensee.de

18569 Waase/Ummanz, Ummanz Information, www.ruegeninsel-ummanz.de

18556 Wiek, Touristinformation Wiek, www.wiek-ruegen.de

Museen, Kultureinrichtungen und Sehenswertes

18586 Alt Reddevitz,
Scheunenrestaurant „Kliesow's Reuse“, www.kliesows-reuse.de
18528 Bergen auf Rügen,
Stadtmuseum Bergen auf Rügen,
www.stadtmuseum-bergen-auf-ruegen.de
Schauwerkstatt, www.stadt-bergen-auf-ruegen.de
Ernst-Moritz-Arndt-Turm, www.rugard.de
18609 Ostseebad Binz,
Museum Ostseebad Binz, www.museum-binz.de
Kunstmeile Binz, www.kunstmeile-binz.de
Jagdschloss Granitz, www.jagdschlossgranitz.de
Informationszentrum Biosphärenreservat Südost-Rügen,
Granitzhaus, www.biosphaerenreservat-suedostruegen.de
18609 Ostseebad Binz, OT Prora,
Dokumentationszentrum Prora,
www.Dokumentationszentrum-prora.de
Oldtimer-Museum, www.oldtimer-museum-ruegen.de
Galileo Wissenswelt, www.galileo-ruegen.de
Naturerbe Zentrum RÜGEN, www.nezr.de
18556 Dranske,
Marinehistorisches- und Heimatmuseum Dranske/Bug,
www.gemeinde-dranske.de
18551 Glowe, Hotel Schloss Spyker, www.schloss-spyker.de
Dinosaurierland Rügen, www.Dinosaurierland-ruegen.de
18586 Göhren, Heimatmuseum; Museumhof; Dat Rookhus;
Museumsschiff „Luise“, www.moenchguter-museen.de
18586 Groß Zicker,
Pfarrwitwenhaus, www.kirche-auf-moenchgut.de
18565 Kloster/Hiddensee,
Gerhart-Hauptmann-Haus, www.hauptmannhaus.de
Heimatmuseum Hiddensee,
www.heimatmuseum-hiddensee.de
Leuchtturm Dornbusch, www.seebad-hiddensee.de
Pension „Zum Klausner“, www.klausner-hiddensee.de
18586 Middelhagen,
Schulmuseum Middelhagen, www.middelhagen.de
18565 Neuendorf/Hiddensee,
Fischereimuseum Hiddensee, www.seebad-hiddensee.de
Reusenschuppen Groot Partie, www.seebad-hiddensee.de

18581 Putbus, Rügener Puppen- und Spielzeugmuseum, www.puppenmuseum-putbus.de
18581 Putbus, OT Neukamp, Hotel „Nautilus", www.ruegen-nautilus.de
18581 Putbus, OT Wreechen-Kunstort „Alte Wassermühle", www.kunstort.net
18581 Putbus, OT Lauterbach, Hotel „Badehaus Goor", www.hotel-badehaus-goor.de
18556 Putgarten-Rügenhof Arkona, www.kap-arkona.de
Schinkelturm, Neuer Leuchtturm und Peilturm, www.kap-arkona.de
18528 Ralswiek, „Schlosshotel Ralswiek", www.schlosshotel-ralswiek.de
18528 Ralswiek, OT Jarnitz, Ateliergalerie im Gutshaus Jarnitz, www.nahtwerk.de
18551 Sagard, OT Gummanz, Kreidemuseum Rügen, www.kreidemuseum.de
18546 Sassnitz, Fischerei- und Hafenmuseum, www.hafenmuseum.de
HMS Otus, www.hms-otus.com
Nationalpark-Zentrum Königsstuhl, www.koenigsstuhl.com
UNESCO-Welterbeforum, www.welterbeforum.koenigsstuhl.com
18546 Sassnitz, OT Dargast, Landgut Dargast, www.landgut-dargast.de
18586 Ostseebad Sellin, Museum Seefahrerhaus, www.ostseebad-sellin.de
Tauchgondel, www.tauchgondel.de
Bernsteinmuseum, www.bernsteinmuseum-sellin.de
18586 Ostseebad Thiessow, Lotsenturm und Lotsenwache, www.ruegen-inselinfo.de
Rügen-Markt, www.ruegen-markt.de
18565 Vitte/Hiddensee, Asta-Nielsen-Haus, www.seebad-hiddensee.de
Blaue Scheune, www.hiddensee.m-vp.de
Nationalparkhaus Hiddensee, www.nationalpark-vorpommersche-boddenlandschaft.de
18569 Waase/Ummanz, Nationalparkausstellung Waase, www.ruegeninsel-ummanz.de
Haflingerzucht Ummanz Rügen, www.haflingerzucht-ruegen.de

Ausgewählte Literaturhinweise

Rügen und Hiddensee – Zeit für das Beste, Carsten Dohme, Hans Zaglitsch, Bruckmann Verlag, München 2019

Rügen & Hiddensee, Dagny Eggert, Karola Kostede, DuMont Verlag, Ostfildern 2022

Rügen, Heimatmomente, Dolores Kummer, 360° medien, Mettmann 2022

Rügen, Peter Höh, Reise Know-How Verlag, Bielefeld 2023

Inseltrip Rügen, Anne Kirchmann, Thomas Morgenstern, Reise Know-How Verlag, Bielefeld 2022

ADAC Reiseführer plus Rügen, Janet Lindemann, Gabriel Calvo Lopez-Guerrero, Sabine Tzschaschel, Gräfe und Unzer Verlag, München 2022

Rügen, Sven Talaron, Michael Müller Verlag, Erlangen 2024

Rügen Strand und Steine, Rolf Reinicke, Demmler Verlag, Ribnitz-Damgarten 2021

Rügen, Sagen und Geschichten, Krystin Liebert, Demmler Verlag, Ribnitz-Damgarten 2015

Hiddensee, Sagen und Geschichten, Margot Krempien, Demmler Verlag, Ribnitz-Damgarten 2010

Das kleine Rügenbuch, RhinoVerlag, Ilmenau 2024

Der Rasende Roland, Axel von Blomberg, Kai-Uwe Thiessenhusen, RhinoVerlag, Ilmenau 2023

Empfohlene Landkarten

Rad- und Wanderkarten 1:30.000, ***grünes herz***®, Ilmenau

Bergen, Putbus	978-3-86636-237-6
Mönchgut, Granitz	978-3-86636-236-9
Halbinsel Jasmund	978-3-86636-232-1
Wittow, Kap Arkona	978-3-86636-240-6
Hiddensee, Ummanz	978-3-86636-235-2

Wanderkarte 1:50.000, ***grünes herz***®, Ilmenau

Rügen & Hiddensee	978-3-86636-031-0

(fett hervorgehoben = Informationen im Kasten)

Impressum

Trotz gewissenhafter Bearbeitung kann eine Haftung für den Inhalt nicht übernommen werden. Für aktuelle Ergänzungen und Anregungen ist der Verlag jederzeit dankbar.

Der Autor dankt seiner Frau, Irene Schumacher, für die tatkräftige Unterstützung seiner Recherche.

Impressum

Am Hang 27–28, 98693 Ilmenau
Telefon: 03677 / 46628-0, Fax: 03677 / 46628-80
www.gruenes-herz.de

Titelfotos:	kleines Foto „Jasmunder Kreideküste“: Dr. Lutz Gebhardt; großes Foto „Seebrücke Sellin“: Irene Schumacher
Fotos:	Hans-Jürgen Fuß, außer Seiten: 38, 44, 53, 56, 92, 137, 138, 150, 157: Irene Schumacher
Titel:	Sibylle Senftleben
Layout/Satz:	Ute Schmidt, Grafik-Design, Geraberg
Schrift:	Book Antiqua, Zapf Humanist
Kartographische Ausführung:	mr-kartografie, Gotha
Redaktion:	Anette Cotta
Druck:	Jelgavas tipogrāfija, Jelgava

2. Auflage 2024

ISBN 978-3-86636-392-2